LA CONVENTION SINO-CONGOLAISE

Modèle de financement des infrastructures pour le développement de la République démocratique du Congo ?

Annicha Bualankay Bonsili

LA CONVENTION SINO-CONGOLAISE

Modèle de financement des infrastructures pour le développement de la République démocratique du Congo ?

Préface de Grégoire Bakandeja wa Mpungu

L'Harmattan

L’Harmattan 2024
5-7, rue de l’École-Polytechnique ; 75005 Paris

http://www.librairieharmattan.com

ISBN : 978-2-336-43902-0
EAN : 9782336439020

Lequel d'entre vous, s'il veut bâtir une tour, ne s'assied pas d'abord pour calculer la dépense et voir s'il a de quoi la terminer, de peur qu'après avoir posé les fondations, il ne soit pas capable d'achever, et que tous ceux qui le verront, ne se moquent et ne disent : cet homme a commencé à bâtir et n'a pas été capable d'achever.

Luc 14 : 28-30

Sigles, abréviations et acronymes

1. ACP : Agence Congolaise de Presse
2. ACGT : Agence Congolaise des Grands Travaux
3. APD : Aide Publique au Développement
4. APCSC : Agence de Pilotage de Coordination et de Suivi des Conventions de Collaboration
5. BAD : Banque Africaine de Développement
6. BADEA : Banque Arabe pour le Développement Economique de l'Afrique
7. BCECO : Bureau Central de Coordination
8. BCPSC: Bureau de Coordination et de Suivi du Programme Sino-Congolais
9. BTP : Bâtiments et Travaux Publics
10. CEA : Commission Economique pour l'Afrique
11. CDF : Franc congolais
12. CNUCED : Conférence des Nations Unies pour le Commerce et le Développement
13. CREC : China Railway Engineering Corporation
14. CTR : Comité Technique de Suivi et Evaluation des Réformes
15. DFS : Definitive Feasability Study
16. DGDA : Direction Générale des Douanes et Accises
17. DGI : Direction Générale des Impôts
18. DGRAD : Direction Générale des Recettes Administratives, Judiciaires, Domaniales et de Participation
19. DSCRP : Document de la Stratégie de Croissance et de Réduction de la Pauvreté

20. EIES : Etude d'Impact Environnemental et Social
21. ENP : Etude Nationale Prospective
22. EPSP : Enseignement Primaire, Secondaire et Professionnel
23. EXIM BANK : Export-import Bank of China
24. FFI : Flux financiers illicites
25. FMI : Fonds Monétaire International
26. GECAMINES : La Générale des Carrières et Mines
27. GCM : GECAMINES
28. GEC : Groupement d'Entreprises Chinoises
29. GRD : Gestion axée sur les Résultats de Développement
30. IDA : International Development Association
31. IED : Investissement Etranger Direct
32. IFR : Infrastructure financée par les ressources naturelles
33. IGF : Inspection Générale des Finances
34. ITIE : Initiative pour la Transparence des Industries Extractives
35. ITPR : Infrastructures, Travaux Publics et Reconstruction
36. KCC : Kamoto Copper Company
37. MOD : Maître d'Ouvrage Délégué
38. MW : Mega watt
39. NEPAD : Nouveau Partenariat pour le Développement de l'Afrique
40. JV : Joint-Venture
41. LOFIP : Loi organique relatives aux finances publiques
42. OCDE : Organisation de Coopération et de Développement Economique
43. OFID : The OPEC Fund for International Development

44. OHADA : Organisation pour l'Harmonisation du Droit des Affaires en Afrique
45. OMC : Organisation Mondiale du Commerce
46. PAP : Programme d'Actions Prioritaires
47. PE : Permis d'Exploitation
48. PGES : Plan de Gestion Environnementale et Social
49. PIB : Produit Intérieur Brut
50. PNB : Produit National Brut
51. PNSD : Plan National Stratégique de Développement
52. PNUD : Programmes des Nations Unies pour le Développement
53. PPP : Partenariat Public-Privé
54. PPTE : Pays Pauvres très Endettés
55. PR : Permis de Recherche
56. PSC : Programme Sino-Congolais
57. RBL : Resource-Backd loan/ Prêt adossé à des Ressources naturelles
58. RDC : République démocratique du Congo
59. RN : Route Nationale
60. RPC : République Populaire de la Chine
61. SGN-Congo : Service Géologique National du Congo
62. SNEL : Société Nationale d'Electricité
63. SIMCO : Société Immobilière du Congo
64. SICOMINES : La Sino-Congolaise des Mines
65. SICOHYDRO : La Sino-Congolaise Hydroélectrique de Busanga
66. TFM : Tenke Fungurume Mining

Préface

A défaut d'ignorer les controverses sur l'apport des investissements étrangers et particulièrement chinois sur le développement économique en République démocratique du Congo, l'ouvrage de Maître Annicha BUALANKAY dresse un bilan sur une coopération asymétrique entre son pays et un groupe d'entreprises de Chine en décelant les faiblesses dans la contractualisation des relations d'affaires entre les deux parties à la convention signée et s'interroge sur le modèle de financement des infrastructures du développement qui serait profitable à la République démocratique du Congo.

J'ai accepté avec plaisir d'assurer la préface de cet ouvrage qui porte sur une thématique d'actualité en République démocratique du Congo: La Convention sino-congolaise : modèle de financement des infrastructures pour le développement de la République démocratique du Congo? Une thématique d'actualité puisqu'elle a fait l'objet de beaucoup de controverses sur le déséquilibre des rapports entre les parties, la partie chinoise ayant plus gagné que l'Etat congolais. C'est ce déséquilibre qui a justifié la renégociation du contrat qui était qualifié de « contrat du siècle », mais qui en réalité était considéré comme un hold-up réalisé par un groupe d'entreprises chinoises au détriment des intérêts de la République démocratique du Congo.

C'est donc une vraie question de société pour un pays comme la République démocratique du Congo confrontée à des défis énormes : l'aggravation de la pauvreté, le sous-développement dus notamment au manque criant d'infrastructures de transport, d'équipement pour lesquels la partie chinoise s'était engagée à réaliser dans les délais fixés dans la convention. Et pourtant, ce modèle de développement, un partenariat novateur inspiré des conventions de partenariat public-privé était censé apporter une réponse à l'insuffisance des financements traditionnels pour le développement du pays.

Le cas de la Convention Sino-Congolaise, objet de la présente recherche, est révélateur du déséquilibre des rapports entre les parties signataires qui n'avaient pas pu assurer un meilleur suivi des engagements pris par elles. C'est justement l'une des raisons principales qui explique la nouvelle orientation des rapports entre l'Etat congolais et l'Etat chinois engagés désormais dans un partenariat mutuellement avantageux et donc équilibré dans l'intérêt de leurs populations respectives.

L'ouvrage de Maitre Annicha apporte donc un éclairage sur les conditions de conclusion d'un contrat que l'on peut classer dans la catégorie des contrats léonins, défavorable à la partie congolaise. C'est aussi un appel à la conscience, à la responsabilisation des dirigeants appelés à agir pour l'intérêt général de la nation.

En ce sens, l'ouvrage intéressera surement les décideurs publics, mais également les décideurs privés dans les relations d'affaires.

Je conseille vivement la lecture de cet ouvrage.

Fait à Bruxelles, le 03 juillet 2023

Grégoire Bakandeja wa Mpungu

Professeur Émérite des Universités

Doyen Honoraire de la Faculté de Droit de l'Université de Kinshasa

Avant-propos

De par sa superficie, la République démocratique du Congo occupe la 11ème place sur l'échiquier mondial. Son réseau de transport est constitué de 16.238 km de voies navigables, de 5.038 km de voies ferrées qui datent pour l'essentiel de l'époque coloniale, de 152.400 km de routes nationales et régionales et des pistes de 270 aéroports à travers l'ensemble du pays dont 5 aéroports internationaux ; ce qui représente un réel défi de modernisation ou reconstruction de ses infrastructures sociales qui englobent plusieurs secteurs notamment l'énergie, l'habitat, les voies et communications etc.

Cette question présente à mon sens un intérêt considérable pour tous les Congolais et particulièrement pour les cadres administratifs des ministères impliqués et/ou concernés par la mise en œuvre de ce genre des partenariats notamment les ministères ayant les Finances, le Budget, le Portefeuille, les Hydrocarbures, les Infrastructures, les Mines, l'Energie, l'Agriculture et l'Habitat dans leurs attributions.

C'est l'occasion pour moi ici de remercier toutes celles et tous ceux qui, par leurs conseils et encouragements, m'ont aidée à publier cet ouvrage. J'exprime ma sincère reconnaissance à l'honorable Martin Kabwelulu Labilo, ancien ministre des Mines, mon mentor, avec qui j'ai eu des échanges fructueux quant à certains aspects de la Convention Sino-Congolaise.

Mes remerciements s'adressent également à Monsieur le Professeur Grégoire Bakandeja wa Mpungu, qui a accepté de consacrer son précieux temps à la relecture de ce livre dont il est le préfacier. Je lui suis particulièrement reconnaissante pour ses pertinentes observations ayant permis l'amélioration de la rédaction de cet ouvrage.

Je ne saurai passer sous silence l'assistance et la collaboration dont j'ai pu bénéficier d'un bon nombre des personnes qui avaient également accepté de consacrer leur temps à la relecture de ce livre en faisant des observations ainsi que des propositions de corrections. Même si je ne peux les citer tous au risque d'oublier certains d'entre eux, je pense à Messieurs Raymond Kawanda, Steve Panza, Paul Ngoma, Freddy Mundele, Etienne Lufanka, Dominique Mpundu, Jim Mwambay et Madame Solange Muanji.

Enfin, j'exprime ma profonde gratitude à toute ma famille, mon époux, Antoine Babuele, à nos enfants Glodie-Perpetue, Chris-Narcisse et Annie-Rose, à mes frères et sœurs, qui ont souffert de mon inattention alors que j'étais très focalisée sur la rédaction de ce livre, à mes parents qui se sont sacrifiés pour mon instruction, je vous dédie spécialement ce livre.

Annicha BUALANKAY Babuele Bonsili

Introduction Générale

Le texte que je donne à lire a pour matrice La Convention Sino-Congolaise : modèle de financement des infrastructures pour le développement de la République démocratique du Congo?

Certaines raisons justifient ces pages. En effet, à l'instar de la majorité des pays africains, la République démocratique du Congo est un pays en plein essor dont la perspective de sa transformation structurelle et de la possibilité d'une croissance économique et d'un développement durable à long terme et inclusif soulèvent un fort optimisme.

En effet, il existe un large consensus sur le fait que les infrastructures favorisent la croissance et le développement. Elles y contribuent par divers biais, gains de productivité, réduction des coûts d'ajustement, en particulier pour les petites entreprises, durabilité accrue du capital privé et nette amélioration des réalisations en matière de santé et d'éducation (Agénor et Moreno-Dodson, 2006) [1]. Les infrastructures jouent un rôle essentiel dans le fonctionnement de l'économie. Aucune révolution industrielle n'aurait pu avoir lieu sans le développement parallèle des réseaux de transport, d'énergie et de télécommunications. Les infrastructures sont à la fois un préalable à la croissance et un moyen de l'entretenir tout en améliorant la capacité d'un pays à atteindre un niveau de développement supérieur[2].

Il est établi que les pays en développement ont des besoins massifs en matière d'infrastructures, mais les déficits de financement sont tout aussi importants. Bien que l'investissement du secteur privé dans les infrastructures ait augmenté depuis le début des années 1990, la poursuite de cette progression à l'avenir est entravée par un certain nombre de facteurs,

---

[1] Rapport du Conseil du commerce et du développement de la Conférence des Nations Unies, *Contribuer au développement des infrastructures pour promouvoir l'intégration économique : le rôle des secteurs public et privé*, Genève, 2013.

[2] Projet d'avis du Conseil économique, social et environnemental, *l'impact des infrastructures de réseaux dans l'économie,* in Journal officiel de la République Française, mai 2020.

dont principalement le risque excessif et effectif lié à des asymétries d'information.

Le financement de l'infrastructure évolue sur le continent africain depuis quelques années, et on assiste à l'apparition de nouvelles sources, y compris de plus en plus des sources privées et innovantes. Il est admis que, dans la mesure où les stratégies et les sources de financement traditionnelles ne suffisent pas, la satisfaction des besoins d'infrastructure de l'Afrique passera par des innovations de la part du secteur public, des partenaires au développement[3].

En ce qui concerne la République démocratique du Congo, plusieurs diagnostics mettent en évidence son manque criant d'infrastructures. L'insuffisance qualitative et quantitative de l'offre des services de transports accentuée par les mauvais états des infrastructures de transport constitue le principal problème prioritaire du pays ; elle constitue une entrave à une croissance économique durable et ne facilite pas les échanges commerciaux, ni l'accès des populations aux autres services sociaux de base.

Compte tenu de cette situation, le 22 avril 2008, le gouvernement de la République démocratique du Congo et un Groupement d'Entreprises Chinoises conclurent une Convention de Collaboration dont l'objectif pour la République démocratique du Congo était de trouver les ressources financières nécessaires à la réalisation des projets d'infrastructures nationales estimées importantes et urgentes. En revanche, la Chine, qui a intensément besoin des matières premières pour alimenter son industrie en plein essor, entendait exploiter les métaux non-ferreux de la République démocratique du Congo.

Cette convention porte en effet sur deux projets : la réalisation des infrastructures en République démocratique du Congo et le développement d'un projet d'exploitation minière devant garantir le financement du projet de coopération.

Il sied de noter que le Programme Sino-Congolais est l'un de plus grands programmes entrepris par la République démocratique du Congo aussitôt après l'investiture du Gouvernement issu des premières élections démocratiques, libres et transparentes. Les Chinois se sont engagés à

---

[3] Rapport sur le développement en Afrique 2011 : le développement de l'infrastructure

construire, entre autres, des routes, des hôpitaux et centres de santé, des barrages hydro-électriques et des logements sociaux.

Il est vrai que, loin d'être un facteur accidentel, face à l'insuffisance de ressources financières internes, la République démocratique du Congo qui sortait d'une longue période de guerre et dont le tissu socio-économique était complètement délabré se devait de trouver des voies et moyens, mieux, concevoir un modèle pouvant lui servir de palliatif à la modicité des recettes du Trésor public et financer ainsi le programme des « Cinq chantiers ». Pour répondre à cet impératif, des équipes d'experts ont été déployées à travers les différents continents à la recherche des partenaires, a soutenu M. Ekanga, alors Secrétaire exécutif du Bureau de Coordination et de Suivi du Programme Sino-Congolais, en sigle BCPSC, lors de la conférence de presse du 24 mai 2013 organisée à l'occasion du cinquième anniversaire de la Convention de Collaboration.

Face également au manque de soutien des partenaires traditionnels, la République démocratique du Congo, à l'instar de ses voisins notamment l'Angola et le Gabon, avait jugé bon de recourir aux entreprises chinoises d'autant plus que cette relation semblait lui permettre d'acquérir une plus grande indépendance par rapport aux bailleurs de fonds occidentaux. En effet, la communauté internationale, qui avait investi énormément en matière de financement des élections et de la sécurité, n'entendait pas financer prioritairement la reconstruction de ces infrastructures qui se trouvaient sans équivoque dans un état de délabrement total.

Selon Global Witness, « le Congo trouvait très attractif le fait que cet accord avec le Groupement d'Entreprises Chinoises s'assimile à du « troc ». L'idée était ainsi d'attirer les investissements vers le Congo sans pour autant accroître sa dette extérieure, à un moment où le pays cherchait à remplir les critères fixés par le FMI et la Banque mondiale pour faire annuler sa dette essentiellement un legs de l'ère Mobutu. La dette extérieure, qui se montait à environ 11,5 milliards de dollars américains au moment où l'accord a été négocié en 2007, atteignait les 13,1 milliards de dollars à fin 2008[4] ».

Ce contrat avait, à l'époque, suscité des débats intenses et contradictoires. Si pour les autorités gouvernementales, cet accord, qualifié de « gagnant-gagnant », avait le mérite de garantir l'intérêt mutuel des

---

[4] GLOBAL WITNESS, *La Chine et le Congo* : *Des amis dans le besoin*, mars 2011, pp 11-12

parties, force est de souligner que la présence des Chinois dans les grandes artères du pays en général et de la capitale congolaise en particulier a fait jaser plus d'un Congolais. Certains jugeaient qu'il y avait bradage de nos ressources minières tandis que d'autres pensaient qu'il s'agissait d'un bon deal pour l'Etat congolais, « qui ne savait pas fructifier ses ressources minières ».

A en croire P. Lumbi, ancien ministre des ITPR, « le recours à ce modèle se justifie au fait que la reconstruction de la République démocratique du Congo exige la mobilisation des ressources financières importantes. Ces ressources étaient estimées déjà dans les années 1990 par les principaux bailleurs de fonds de la République démocratique du Congo à au moins 9 milliards de dollars américains. Il faut multiplier ce chiffre par trois ou par quatre pour approcher la réalité. Compte tenu du contexte de l'époque marqué par l'endettement de la République démocratique du Congo qui l'empêchait d'accéder aux sources traditionnelles de financement, le Gouvernement avait opté pour le modèle d'exploitation de nos ressources naturelles, notamment celles minières contre le développement des infrastructures de base en partenariat avec les entreprises chinoises ».

Pour sa part, Global Witness avait décrié les aspects cruciaux de cet accord, dont : le mode de tarification des minerais ; les infrastructures appelées à être construites et leur coût ; la méthode de calcul des bénéfices et le régime fiscal auxquels ceux-ci seront soumis[5].

Le Fonds Monétaire International ainsi que la Banque mondiale et certains bailleurs de fonds bilatéraux avaient carrément fait pression pour que cette convention, jugée non viable, soit renégociée. Du point de vue économique, la République démocratique du Congo a été mise en garde contre l'alourdissement de sa dette. Ce qui était susceptible d'hypothéquer de nouveau l'avenir de la reconstruction et d'augmenter « le risque du dérapage du cadre macroéconomique ». En outre, ces institutions craignaient de voir la corruption augmenter du fait que la politique chinoise n'attacherait pas de conditions de « bonne gouvernance » à l'aide octroyée[6].

---

[5] *Idem*. p.5

[6] S. MARYSSE, « le Bras de fer entre la Chine, la République démocratique du Congo et le FMI : la Révision des contrats chinois en République démocratique du Congo», *in l'Afrique des Grands Lacs*, Annuaire 2009-2010, juin 2010, pp. 134-135

Dans son livre intitulé *Les cinq chantiers et la reconstruction de la RD. Congo*, Jean-Pierre Kambila Kankwende défend ce modèle de contrat en arguant : « Nous avons, en son temps, pris part à ce débat national. Aujourd'hui encore, convaincu qu'aucune œuvre humaine ne peut être parfaite, nous persistons dans l'idée que, compte tenu de nos réalités nationales, de la conjoncture internationale, des usages habituels dans le monde des affaires et des rapports de forces en présence, la République démocratique du Congo a obtenu le meilleur de ce qu'elle pouvait prétendre. En tout cas, le meilleur que les négociateurs congolais avaient obtenu parmi tous les contrats miniers signés jusqu'ici. »

« Le léger scepticisme, que certains s'évertuaient à entretenir quant à la concrétisation des travaux annoncés par ledit contrat, se dissipe peu à peu depuis l'arrivée du premier lot d'engins et autres matériels liés à l'accord. Même ceux qui se montraient les plus virulents, lors des premières discussions ayant suivi la présentation du texte du contrat en cause, se veulent maintenant moins tranchants, plus nuancés [7]».

La Convention Sino-Congolaise comme nous venons de le voir était une source de débats contradictoires au lendemain de sa conclusion. Les uns et les autres se sont exprimés en son temps pour ou contre sa conclusion. Des voies énergiques se sont fait entendre pour défendre cette convention. Quoi qu'on n'en parle plus avec la même intensité, ce contrat défraie toujours la chronique et fait parler de lui dans les milieux et officines politiques tant nationaux qu'internationaux. Ainsi, il a été noté que Washington dénonçait des contrats chinois « opaques » et proposait « un modèle différent ».

En effet, critiquant la Chine qui « contrôle la plus grande partie des opérations minières en République démocratique du Congo», Daleep Singh, Conseiller adjoint américain à la sécurité nationale, avait défendu ce qu'il a qualifié de « modèle de développement différent » proposé par les Etats-Unis en ces termes :

« Nous sommes ici pour offrir un modèle de développement différent, qui commence avec des valeurs démocratiques, la transparence, la durabilité… », a-t-il assuré, en insistant sur le rôle dans ce modèle du secteur privé américain. La République démocratique du Congo est riche notamment en minerais nécessaires à la révolution de l'énergie propre. (…). Nous

[7] JP. KABILA Kankwende, *Les cinq chantiers et la reconstruction de la RD Congo*, Paris, L'Harmattan, p.66, 2009

voulons investir dans cette transformation », a-t-il poursuivi, évoquant les réserves du pays en cobalt et lithium notamment. Nous aimerions donner le choix à la République démocratique du Congo, a-t-il insisté, un choix qui respecte la loi congolaise, qui paie des redevances, qui recrute et forme des salariés congolais, qui partage les bénéfices avec les communautés locales, qui donne à plus de gens une vie digne[8] ».

« Nous ne demandons pas au gouvernement congolais de choisir entre les Etats-Unis et la Chine, mais nous pensons, si je puis dire, que nous avons un meilleur produit », a-t-il dit en réclamant un « accès au marché sur base concurrentielle [9]».

Dans son rapport du 15 février 2023, l'Inspection Générale des Finances venait apporter de l'eau au moulin de ceux qui s'opposent ou s'opposaient à ce contrat dit chinois en dévoilant notamment d'important déséquilibre financier (au détriment de la République démocratique du Congo) entre les avantages octroyés à la partie chinoise et les engagements à sa charge ainsi que les gains attendus par la partie congolaise[10].

Malgré les commentaires négatifs que génère le Programme Sino-Congolais, il apparait que le Gouvernant congolais compte sur ce modèle de partenariat pour la réalisation des travaux d'infrastructures nécessaires pour le décollage du pays. L'importance attachée à ce modèle « innovant » du financement des ouvrages publics est soulignée dans l'exposé de motifs de la Loi N°18/016 du 09 juillet 2018 relative au partenariat public-privé. En effet, dès l'entrée en matière, le législateur congolais affirme que le partenariat public-privé constitue une solution innovante qui permet la rencontre des intérêts respectifs des partenaires, d'une part, pour l'Etat, la préservation de l'intérêt général en rendant un service public de qualité à la population et d'autre part, pour le secteur privé le retour sur l'investissement et le profit.

Le partenariat public-privé est par ailleurs motivé par le fait que ce modèle réduirait sensiblement le recours aux sources budgétaires pour le

---

[8] *Mines en République démocratique du Congo: Washington dénonce des contrats chinois opaques et propose un modèle différent* », in Jeune Afrique, le 30 janvier 2022 accessible sur : www.jeuneafrique.com / 1304828/economie/mines-en-République démocratique du Congo-washington-denonce-des-contrats-opaques-et-propose-un-modele different/

[9] *Ibidem.*

[10] https://brothermyephere.com/2023/02/17contrat-chinois-sicomines : Rapport complet de l'IGF sur le contrat chinois.

financement des infrastructures et équipements, et aurait l'avantage de mobiliser celles provenant du secteur privé.

En effet, la question du financement des infrastructures est analysée de diverses manières. Les choix et les modalités de financement présentent, en effet, de fortes similitudes mais aussi de différences majeures à l'échelle planétaire. La comparaison des choix de financement à différentes échelles montre également la diversité des options et des combinaisons possibles qui peuvent dépendre des traditions politiques, des conjonctures économiques, les échelons institutionnels sollicités… les routes, les voies d'eau et les ports présentent en général d'importants coûts de construction. Cela aurait pu, en principe, motiver le recours à l'emprunt étant donné la longue durée de vie des actifs, ce qui aurait permis de répartir le coût de leur financement entre les usagers actuels et ceux des générations à venir. Or d'autres choix ont largement prévalu pour assurer le financement des infrastructures que la concession.

D'aucuns estiment que des mécanismes, tels que les fonds souverains et le financement de l'infrastructure adossé à des ressources naturelles, conviennent mieux aux pays exportateurs de ressources naturelles pour le financement des infrastructures.

Compte tenu de tout ce qui est soutenu au sujet de ce modèle de financement des projets, il est nécessaire de faire une analyse minutieuse de la Convention Sino-Congolaise, plus de 15 ans après sa signature, afin d'évaluer si réellement ce contrat tant vanté à l'époque s'avère un bon modèle en matière des financements des infrastructures du pays en particulier et pour le développement socio-économique du pays en général.

Comme objectif notamment, le présent ouvrage entend apporter des réponses à certaines questions qui m'ont été posées sur son utilité. Il s'agit, en fait pour moi, de contribuer à la connaissance et à l'approfondissement des questions soulevées après la conclusion de la Convention Sino-Congolaise en matière d'infrastructures.

Ces pages s'adressent spécialement aux dirigeants des institutions politiques (du Président de la République, aux parlementaires et autres membres du Gouvernement) qui doivent, sur base des analyses objectives qui y sont faites, prendre des décisions idoines en s'inspirant des forces et faiblesses de la Convention Sino-Congolaise pour bien recadrer les choses en corrigeant bien entendu les failles constatées dans la conception ainsi que l'application de ce projet de coopération. Ainsi, cet ouvrage a-t-il été conçu dans le but de fournir un matériel de référence complet sur le contrat de partenariat et ce, dans le souci d'aider les dirigeants politiques à mieux préparer les futurs partenariats pour éviter de tomber dans les mêmes tares connues et décriées dans le « contrat chinois ».

Sans vouloir attaquer subjectivement la Convention Sino-Congolaise dont l'idée de base n'est pas du tout mauvaise à mon humble avis et surtout compte tenu du contexte politique et socio-économique dans lequel cet accord a été conclu, il est à noter cependant, qu'en fonction des résultats obtenus, j'ai bien voulu proposer des pistes de solutions susceptibles de réajuster la politique de développement axée sur ce modèle de partenariat public-privé.

En guise de problématique, la question fondamentale qui est posée dans ce livre est celle de savoir, sur base des résultats obtenus dans le cadre de ce projet de coopération conclu 15 ans plus tôt avec les entreprises chinoises, si ce modèle de partenariat est avantageux pour le pays ou non.

Comme limite notamment, s'agissant de la question relative au mode de financement de ces infrastructures, je me suis particulièrement intéressée à la Convention Sino-Congolaise, qui se présente comme un modèle innovant dans le système de financement des économies africaines en général et de la République démocratique du Congo en particulier. Je n'évoque donc pas les autres modes de financement. Je n'ai pas non plus la prétention d'avoir épuisé le débat sur cette question. Les apports des autres sont souhaitables pour enrichir mes réflexions.

Comme hypothèse, sans la connaissance et l'approfondissement des questions soulevées après la conclusion de la Convention Sino-Congolaise en matière d'infrastructures, sans un regard critique, sans une analyse objective, il me semble difficile pour les différents dirigeants des institutions de la République de prendre des décisions idoines en s'inspirant des forces et faiblesses de la Convention Sino-Congolaise pour recadrer les failles signalées tant dans la conception ainsi que dans l'application de ce projet de coopération. Autre hypothèse, fournir un matériel de référence complet sur ce contrat de partenariat permet de mieux préparer les futurs partenariats pour éviter de tomber dans les mêmes tares connues et décriées dans le contrat dit chinois.

Ces pages ne pouvaient aboutir sans la mise en œuvre d'une démarche adéquate. Il est admis que pour atteindre les objectifs de développement, les politiques publiques doivent répondre à des options économiques prédéfinies, à partir des stratégies bien définies. En effet, les politiques de développement ne peuvent donc être menées sans ressources financières conséquentes. D'où l'intérêt accordé à l'analyse comparative des modes de financement traditionnel des infrastructures par rapport à cette forme de contrat de partenariat que la République démocratique du Congo expérimente tant bien que mal.

Le présent ouvrage comprend trois parties à savoir : (i) revue du Programme Sino-Congolais ; (ii) Evaluation de la Convention Sino-Congolaise 15 ans après sa signature et (iii) choix du meilleur modèle de financement des infrastructures pour le développement de la République démocratique du Congo.

Au regard des mutations majeures qui s'opèrent dans les relations internationales et face à la mondialisation des marchés, l'analyse de la vision de la Chine face au développement de l'Afrique en général, et de la République démocratique du Congo en particulier est faite dans la dernière partie du livre pour déterminer les véritables enjeux des investissements chinois sur le sol congolais.

Première partie

Le modèle de développement que propose la Chine aux pays en voie de développement et sa mise en œuvre en République démocratique du Congo

La première partie met en exergue le modèle de développement proposé par la Chine aux pays en voie de développement et sa mise en œuvre en République démocratique du Congo. Elle est subdivisée en six chapitres traitant successivement de : (I) Notions générales sur le développement socio-économique ; (II) le modèle de développement proposé par la Chine ; (III) le contexte de la conclusion de la Convention de Collaboration avec les entreprises chinoises ; (IV) analyse de la Convention Sino-Congolaise ; (V) de la réalisation du projet minier et (VI) les infrastructures réalisées dans le cadre du Programme Sino-Congolais.

Chapitre 1

Notions générales sur le développement socio-économique

Le premier chapitre a pour matrice les notions générales sur le développement socio-économique.

En effet, H. Guitton explique[11] que trois mots (Développement, Croissance et Progrès) reviennent constamment dans les discussions contemporaines. Ils apparaissent d'abord comme synonymes, c'est-à-dire comme pouvant se substituer sans inconvénient l'un à l'autre. A la réflexion, ils doivent être distingués.

Le développement économique nécessitant notamment la création de richesse, on associe développement économique et « progrès », puisqu'il entraîne, généralement une progression du niveau de vie des habitants. On parle alors d'amélioration du bien-être social (au sens économique). La volonté de concilier développement économique et progrès ou amélioration du bien-être a mené à forger, à côté des indicateurs de développement traditionnels (PNB, PIB) d'autres indicateurs, tels que l'indice de développement humain (IDH) qui prend en compte la santé, l'éducation, le respect des droits de l'homme (dont font partie, depuis 1966, les droits économiques et sociaux).

Il est admis que l'objet ultime du développement est la promotion des conditions humaines minimales universellement reconnues, à savoir la santé, la nutrition, l'éducation, le logement, la communication et la sécurité. D'autres conditions implicitement indispensables à une vie décente, sont également admises, en l'occurrence l'eau potable comme ressource pour une bonne santé, la scolarisation en tant que moyen d'éducation et le revenu en espèce ou en nature comme prémices d'une nutrition satisfaisante.

La portée multidimensionnelle de la perception et même de la conception du développement indique que les facteurs sociaux et le développement social doivent être conjointement considérés avec les facteurs économiques et le développement économique. Cette vision a toujours été soutenue entant qu'approche intégrée du développement par les institutions des Nations Unies (Commissions du développement social, Conseil économique et social et Assemblée générale)[12].

---

[11] H. GUITTON, *Economie politique,* tome I, Paris, éd. Dalloz, 1965, p.519.

[12] www.hcp.ma › file : Les indicateurs du développement économique p.45

Il y a lieu d'admettre que parmi les facteurs qui ont des effets directs et indirects non seulement sur le bien-être de la population mais aussi sur la productivité, il y a l'électricité et la proximité des routes goudronnées, des centres d'encadrement agricoles, des écoles, des établissements de santé et des sources d'eau potables.

Ce chapitre est organisé en sections ci-après : les politiques de développement, les moyens et les stratégies du développement,

Section 1 : Les politiques de développement

Chaque politique des pouvoirs publics, pour parvenir au développement d'un pays, répond à une option économique prédéfinie, pour des objectifs précis, à partir des stratégies également bien définies.

Ces actions rythmées, constituent des instruments standards de gouvernance dont les politiques de développement. L'on ne saurait parler de politiques de développement sans partir de la conception de la politique économique, comme étant un ensemble de décisions cohérentes prises par les pouvoirs publics, visant, à l'aide de divers instruments, à atteindre des objectifs précis, afin d'orienter l'économie dans un sens souhaitable[13].

Un Etat fort doit disposer d'une bonne politique économique. La géographie, le climat, les ressources naturelles, la culture, la religion : tous ces facteurs auxquels on essayait de rattacher le développement, depuis les origines de la science économique n'avaient aucune incidence décisive.

Selon A. Matata Ponyo, ancien Premier Ministre de la République démocratique du Congo, le pays doit disposer d'une politique globale et cohérente clairement définie et connue de tous les ministres, de tous les gouverneurs de provinces et de toute la population. Au niveau des ministres, il faudrait que chacun, en arrivant au gouvernement, trouve dans un document officiel, des objectifs clairement définis de son ministère sur base desquels il va développer son action. Au niveau des provinces, il faudrait veiller à ce que les actions soient en harmonie avec celles du gouvernement central. La politique de développement d'une province devrait être en cohérence avec celles d'autres provinces surtout voisines. A titre d'exemple, la construction d'une route d'une province A peut se faire en harmonie avec la construction d'une route de même nature de la province B en vue de relier les deux provinces, notamment pour faciliter l'écoulement des produits alimentaires venant de la province A et consommé dans la province B et vice versa[14].

Il sied de noter que depuis 2001, le Gouvernement de la République démocratique du Congo a souscrit à la pratique de gestion axée sur les résultats

---

[13] https://La nouvelle tribune.info/archives/économie

[14] A. Matata Ponyo Mapon, *qualité des institutions et résultats économiques en République démocratique du Congo*, Paris, éd l'Harmattan, 2016, pp 71-72.

de développement (GRD), aux instruments de planification stratégique et opérationnelle et à la démarche participative. Il s'agit d'une approche d'identification et d'évaluation de besoins, de mise en place des programmes et des mesures nécessaires pour assurer le suivi de développement et garantir l'atteinte des résultats escomptés. Après près de 10 ans de lutte contre la pauvreté à travers les DSCRP, les gouvernements africains ont décidé de changer de paradigme et de passer à la phase de développement en mettant en place des plans nationaux de développement économique et sociaux, pour mieux lutter contre la pauvreté. C'est dans cette perspective que le Gouvernement de la République démocratique du Congo a pris l'option en 2015 d'élaborer un Plan National Stratégique de Développement (PNSD).

Rappelons d'emblée que juste après les épisodes macabres de la guerre sanglante de 1998, la République démocratique du Congo a tenté de renouer avec la croissance. Il a fallu l'appui de la communauté internationale en 2001 pour que la République démocratique du Congo soit éligible dans les institutions financières internationales afin qu'elle puisse à nouveau bénéficier de l'aide internationale. Avec le programme d'assainissement macro-économique formulé par le Programme économique du gouvernement (PEG) et exécuté avec les moyens de bord, le gouvernement a pu déblayer le terrain avec la formulation d'un document stratégique pour la croissance et la réduction de la pauvreté (DSRP I) pour arriver au point de décision en 2003 qui donnait droit à l'entrée du pays dans le programme PPTE[15].

L'adoption en 2006 du premier Document de Stratégie de croissance et de Réduction de la Pauvreté (DSCRP 1) a été un tournant majeur pour la gestion des politiques socio-économiques : pour la première fois, le pays a pu disposer d'un cadre de priorités de développement à moyen terme, orienté sur l'accélération de la croissance et la lutte contre la pauvreté[16].

Ce document se voulait un cadre unique de planification du développement. Il devrait permettre une remise à niveau des institutions et des structures de l'Etat, la mise en place des politiques sectorielles appropriées qui cadrent avec les objectifs des programmes définis par les populations ainsi que le renforcement des capacités en vue d'atteindre le point d'achèvement de l'initiative PPTE.

Quant au PNSD, ce document s'articule autour d'un canevas qui débute par le diagnostic de la situation de l'économie et de la société congolaise. L'état de lieux décrit les conditions sociales de pauvreté dans lesquelles vivent beaucoup de Congolais. La description de la pauvreté est faite en analysant la

---

[15] République démocratique du Congo, *Document de Stratégie de Croissance et de Réduction de la Pauvreté 1*

[16] République démocratique du Congo, *Document de Stratégie de Croissance et de Réduction de la Pauvreté 2*, Ministère du Plan, P.25

chaine de causalité qui détermine les conditions de vie suivant le schéma de « l'arbre à problème ». On constate ainsi que la pauvreté qui frappe 70 à 80 % de la population est due principalement au taux élevé de chômage, 63%. Ce chômage résultant lui-même d'une économie congolaise à croissance non-inclusive. En effet, la croissance de l'économie est tirée essentiellement par les secteurs extractifs notamment les mines et le pétrole qui ne sont pas porteurs d'emplois massifs, au détriment des secteurs tels que l'agriculture ou l'industrie qui ont des potentialités élevées de création d'emplois.

Ce déséquilibre dans la contribution de secteurs à la croissance est la conséquence de la mauvaise gouvernance macroéconomique et sectorielle. En effet, les dépenses publiques sont plus affectées à la consommation (résidences, véhicules, loisirs) qu'à des investissements productifs dans l'agriculture, l'industrie, les infrastructures, etc. ; la proportion de cette répartition peut atteindre 70% des dépenses de consommation contre seulement 30% d'investissements productifs[17].

Que dire des moyens et des stratégies du développement ?

Section 2 : Moyens et stratégies du développement

Les pratiques favorisant le développement peuvent se situer au niveau des dispositions légales, de l'adaptation des infrastructures et de l'éducation, voire de certaines incitations financières.

Une grande majorité d'économistes conseillent aux pouvoirs publics de s'appuyer, dans une large mesure, sur le marché pour fixer les prix et affecter leurs financements et d'éviter les barrières douanières élevées qui vont de pair avec la substitution aux importations. Mais l'on en compte également beaucoup qui condamnent l'impact de la liberté relative des échanges et le renforcement de la mondialisation qui, estiment-ils, génèrent des pertes d'emplois. Selon une autre thèse défendue par certains analystes, le développement ne sera possible qu'avec un transfert massif de ressources des pays riches vers les pays pauvres, sous forme d'aide et d'investissement étrangers. D'autres réclament l'annulation des dettes des pays démunis qui ont eu des difficultés à rembourser des prêts antérieurs.

De même qu'aucun facteur n'est à lui seul responsable du sous-développement, aucune politique ou stratégie ne peut non plus, à elle seule, initier le processus complexe du développement économique[18]. Toutefois, il faut reconnaitre le rôle combien important que peuvent jouer les infrastructures publiques dans le développement ainsi que la croissance économique d'un Etat.

---

[17] République démocratique du Congo, *Plan National Stratégique de Développement 2019-2023*, P.1

[18] DWIGHT H. PERKINS, Steven RADELET et David L. LINDAUER, *Economie du développement*, Belgique, Nouveaux Horizons , 3ème éd, 2008, p 46.

Infrastructures et développement

Le capital immobilisé dans les infrastructures, qui comprend les moyens de transport, les stations de traitement des eaux et d'épuration des eaux usées, les télécommunications et les installations de production, de transport et de distribution de l'énergie, est souvent cité comme une condition préalable indispensable au succès des politiques de développement. Les infrastructures sont importantes car elles peuvent influer sur un large éventail d'activités économiques ayant un impact direct sur les capacités de production des entreprises comme sur les possibilités de consommation. Outre ces effets à l'échelle microéconomique et sur les ménages, elles peuvent surtout appuyer la diversification de la production dans son ensemble et promouvoir le commerce et l'investissement intra régionaux, notamment par le biais de la facilitation des échanges. Les effets micro et macroéconomiques des infrastructures favorisent l'accélération de la croissance tandis que les infrastructures de services offertes aux ménages peuvent contribuer à l'accroissement de la productivité du travail et à la réduction de la pauvreté.

Infrastructures et croissance

Plusieurs études empiriques ont établi que l'investissement public dans les infrastructures a des répercussions très fortes et très favorables sur la production. Dans son ouvrage fondateur, David Ashauer (1989) a suscité un débat trop longtemps différé entre économistes et responsables politiques. Son étude prétend que la chute de la productivité aux Etats-Unis d'Amérique dans les années 1970 a résulté en grande partie de la réduction des dépenses d'infrastructure publiques. Les travaux d'Ashauer partaient du principe que les infrastructures publiques produisent des rendements très élevés, le produit marginal des investissements publics se situant au voisinage de 100% par an voire plus. Ainsi chaque unité d'investissement public serait rentabilisée en termes d'augmentation de la production au maximum en un an. Au vu de ces résultats, il n'est pas surprenant que les travaux d'Ashauer aient lancé le « débat sur les infrastructures publiques » qui s'est traduit depuis par de nombreuses études universitaires (Gramlich, 1994).

Conclusion

De nombreux facteurs structurels portent à croire que le développement des infrastructures nécessaires est plus important aujourd'hui que par le passé. Premièrement, comme le commerce mondial joue un rôle des plus importants dans le développement des pays, il en est forcément de même pour les infrastructures, dont celles, traditionnelles, relatives aux transports, et celles liées aux technologies de l'information. Deuxièmement, la rapidité de l'urbanisation et de l'accroissement démographique dans le monde en développement, la nécessité d'assurer la viabilité des économies du point de vue écologique fait que les infrastructures et les réseaux connexes ont un plus grand rôle à jouer[19].

Quel est le modèle de développement proposé par la Chine ?

[19] Rapport du Conseil du commerce et du développement de la Conférence des Nations Unies, *Op. Cit.*, p.4

Chapitre 2
Le modèle de développement proposé par la Chine

Le second chapitre porte sur le modèle de développement proposé par la chine. Sont traités le consensus de Pékin, certains commentaires suscités par les relations sino-africains, l'aide chinoise au développement ou échange commercial.

Section 1 : le consensus de Pékin

La Chine met également en lumière l'histoire de son propre développement économique, se concentrant d'abord sur les infrastructures, puis sur le développement économique, ensuite seulement prévoyant d'œuvrer à des progrès sociaux, et civiques. Placer la démocratie en premier n'est pas un modèle universel de développement, les pays en voie de développement peuvent suivre un autre modèle : le modèle chinois Infrastructure d'abord, puis réformes sociales et civiques venant potentiellement ensuite.

Le consensus de Pékin est un terme décrivant la diplomatie et le modèle de développement proposé par la République populaire de Chine, en particulier auprès des pays en voie de développement, notamment en Afrique[20]. L'occident et la Chine ont ici des positions très divergentes sur les besoins et méthodes pour soutenir le développement de ces pays. La position occidentale est contenue dans le consensus de Washington, avec pour axes principaux le libre-échange, la lutte contre la corruption, la transparence, les droits civiques et la démocratisation, ainsi que la défense des droits de l'homme. De son côté, l'approche diplomatique chinoise prête une grande estime à la non-ingérence (indépendance pour les affaires internes) de tout pays, ainsi qu'un développement à la chinoise : structurel (chemin s de fer, ports, barrages etc.) et économie d'abord (industrie, mines, pétrole) puis éventuellement civique.

Le consensus de Pékin est défini par quelques points :

La non-ingérence et le respect mutuel

La Chine commerce et octroie des prêts sans conditions politiques attachées. La règle chinoise est simple : « si vous êtes un pays avec des matières premières que la Chine souhaite, alors la Chine fera des affaires avec vous. » la Chine a ses propres affaires internes, et ne souhaite pas voir

---

[20] Fr.m.wikipedia.org/wiki/consensus_de_P%C3%A9kin Consensus de Pékin

les autres nations les commenter. Il est donc dans l'intérêt direct de la Chine de répandre sur la scène diplomatique internationale un concept où chacun respecte les affaires internes des autres pays comme des affaires purement d'ordre privé.

Amitié et respect mutuel

La Chine note facilement que le respect mutuel est la base de ses relations extérieures, et donc que la Chine respecte les choix internes et privés que font les pays en voie de développement.

Développement structurel

A travers l'Afrique, les compagnies chinoises s'emploient à réparer les infrastructures, hôpitaux etc. délabrés ou à construire de nouveaux chemins de fer, routes, hôpitaux, barrages, bâtiments gouvernementaux, stades, réseaux de communications. Les contrats chinois se concentrent généralement sur la construction ou la reconstruction d'infrastructures clés. L'objectif est clair : augmenter la productivité du pays. Le force de travail de la Chine récemment constituée permet de fournir de nombreux ingénieurs, techniciens, ouvriers, spécialisés très demandés, et ceci à un faible coût, par rapport à ce que l'occident peut fournir du fait du coût de sa main d'œuvre.

Le schéma d'investissement de la Chine dans les ressources naturelles africaines n'est pas neuf. Il est généralement dénommé comme le « modèle angolais ». Ces termes désignent un schéma de financement où un prêt est remboursé via l'exportation de ressources naturelles. Il fonctionne sur le principe d'infrastructures contre l'accès aux ressources naturelles. Ainsi, « le gouvernement chinois mandate une entreprise publique de construction recevant l'appui de la China Exim Bank pour réaliser des projets d'infrastructures avec l'accord du gouvernement africain concerné. En contrepartie, le gouvernement africain accorde aux entreprises chinoises le droit d'exploiter les ressources naturelles dans le pays d'accueil [21]».

Les infrastructures que construit la Chine en échange de l'accès aux ressources minières sont les fruits d'une intervention tant des entreprises privées que publiques. De manière similaire à ce qui se fait pour des projets financés par la Banque mondiale ou d'autres bailleurs multilatéraux, un projet d'infrastructures élaboré dans le cadre d'un accord bilatéral entre la Chine et un pays africain aboutit à un appel d'offre international auxquels les entreprises intéressées par le projet doivent répondre.

Il me semble important de rappeler certains commentaires suscités par les relations sino-africains.

---

[21] F. TRIEST, R. Minani BIHUZO, A. REROLLE, *Les stratégies d'approvisionnement en ressources minières des pays émergents (Brésil, Inde et Chine) en Afrique,* Kinshasa, éd. CEPAS, 2009, p.17

Section 2 : Quelques commentaires suscités par les relations sino-africaines

Il convient de souligner que les liens politico-économiques et diplomatiques entre la Chine et l'Afrique ont générés et continuent à générer beaucoup de commentaires tant positifs que négatifs.

§1 : Les critiques négatives à l'égard des projets de coopération sino-africaine

Les critiques les plus répandues et fréquemment répétées de la présence de la Chine en Afrique sont que sa stratégie sur le continent est complètement égoïste, agressivement orientée vers les activités mercantiles et exclusivement focalisées sur l'accès aux matériaux stratégiques, en particulier le pétrole, pour nourrir une industrialisation rapide du pays [22] dans sa préoccupation constante pour les ressources naturelles de l'Afrique, la Chine a fermé les yeux sur les Etats africains qui violent délibérément les droits civils et les libertés politiques de leurs citoyens. Dans ce processus, la Chine porte atteinte à la promotion de la démocratie dans le continent. En outre, les critique soutiennent que la Chine est très à l'aise de faire des affaires en Afrique car elle capitalise sur les pratiques de corruption qui sévissent déjà dans les secteurs pétrolier et minier[23].

Le fait que la Chine modernise les infrastructures longtemps négligées telles que la construction de routes flambant neufs, des aéroports, des ports maritimes ou des stades, entre autres, ne semble pas impressionner les critiques de sa présence croissante en Afrique. Ces projets d'infrastructure sont en fait considérés comme un moyen pour la Chine de faciliter le transport de matières premières africaines vers leur pays, comme le faisaient les colonialistes européens.

La Convention Sino-Congolaise a été analysée sur plusieurs angles dès sa genèse ; elle avait suscité des débats intenses et contradictoires comme nous l'avons relevé dans l'introduction du livre. Sur le plan interne, elle a été critiquée et soutenue selon qu'on était de l'opposition ou dans le camp du pouvoir. Au niveau national, il a été dit qu'il s'agissait d'un contrat où la République démocratique du Congo a été floué, que l'accord a été mal négocié.

Plusieurs institutions avaient exprimé leurs inquiétudes, principalement d'ordre économique et politique concernant certaines

---

[22] EIGEN, Peter, « Is China goor or bad for Africa », *Global public square*, 29 octobre 2012, http:// cité *globalpublicsquare*.blogs.cnn.com/2012/10/29/is-china-good-or—bad-for-africa/. Cité par EARL CONT-MORGAN, PHD

[23] EARL Conteh-Morgan, PHD*, *La vision du monde de la Chine et les représentations de son engagement en Afrique*, ASPJ Afrique & Francophonie-3e trimestre 2015

dispositions de ce contrat. Le Fonds Monétaire International ainsi que la Banque mondiale et certains bailleurs de fonds, préoccupés par certains aspects de l'accord, avaient fait pression pour que celui-ci soit renégocié.

Du point de vue économique, ces institutions internationales mettaient en garde la République démocratique du Congo contre l'alourdissement de la dette qui pouvait de nouveau hypothéquer l'avenir de la reconstruction et augmenter le risque du dérapage du cadre macroéconomique[24].

Cette question a été fortement débattue par les élus du peuple, dans le cadre du contrôle parlementaire. En effet, plutôt deux semaines après la publication de la Convention de Collaboration conclue entre la République démocratique du Congo et le Groupement d'Entreprises Chinoises, à savoir China Railway Group Limited et Sinohydro corporation, des préoccupations majeures ont été soulevées par certains députés nationaux congolais portant notamment sur l'équité du montage juridique de ce contrat.

Dans son intervention, lors de l'interpellation du Ministre des Travaux publics, Infrastructures et Reconstruction de l'époque, signataire dudit accord, D. Sesanga, alors député national, avait fustigé que : « ce contrat consacre le pillage de nos ressources et menace, à moyen terme, l'équilibre de nos finances publiques. En outre, avait-t-il renchéri, que cet accord condamne les générations futures à une pauvreté plus sévère. De façon générale, ce contrat met en péril les intérêts nationaux. Ceux qui ont lu l'histoire savent que c'est par ces types de contrats que certains pays ont perdu leur liberté, enchainés dans un cycle de la dette, provoqué par des financements vautours, pour finir comme des protectorats des pays étrangers [25]».

En gros, à l'issue de son intervention D. Sessanga avait notamment décrié :

- L'absence d'équivalence des prestations entre la partie congolaise et la partie chinoise. Selon lui, les marges du Congo sont infimes, sinon inexistantes dans ce contrat. Certes, poursuit-il, le Groupement d'Entreprises Chinoises s'engage à mobiliser et à mettre en place le financement pour le développement des gisements miniers, dans le cadre de la joint-venture minière, et pour la construction des infrastructures. Mais le Groupement des entreprises chinoises jouit trop des droits unilatéraux ; il décide du rythme et du volume des travaux d'infrastructures en fonction des résultats d'exploitation de la joint-venture minière ; et pourtant c'est lui qui gère et contrôle celle-ci. Il

[24] S. Marysse, *Op. Cit.*, p 134

[25] Intervention du député Delly Sessanga Hipungu lors de l'interpellation du ministre des Travaux Publics et Infrastructures lors de la plénière du 12 mai 2008.

choisit, entant qu'associé majoritaire, la technologie, le matériel et embauche le personnel, sans une obligation quelconque du choix, parce que la Chine a le monopole.

- Le sur-engagement de l'Etat par des garanties excessives dans un financement vautour. La Gécamines, fait-il remarquer, fait apport de ses titres pour des gisements connus et certains pour partie. Le Groupement des entreprises chinoises fait un prêt de 3 milliards de dollars, remboursable sans intérêt pour 30% du principal et à 6,1 % d'intérêt pour les 70 % restants. Mais dans le capital de la joint-venture minière, le Groupement des entreprises chinoises contrôle 68% des parts et tandis que la Gécamines contrôle 32%. Quelle est la cause qui justifie cette répartition du capital ? Par quelle magie la joint-venture minière rembourse-elle le prêt en compte courant d'actionnaire et gratifie l'actionnaire chinois de 68 % de la société ? Telles sont notamment les questions posées par ce député national lors de son intervention.

De surcroît, ce député national avait dénoncé la violation du Code Minier dans la mesure où la convention accorde une exonération totale de tous les impôts, droits, taxes, douanes, redevances directs et indirects, à l'intérieur ou à l'import et à l'export, payables en République démocratique du Congo et ceux liés aux activités minières et au développement d'infrastructures.

Au niveau international, la polémique autour du contrat Sino-Congolais a été considérée comme une crispation des pays occidentaux face à l'expansion de la Chine, en particulier en RD Congo. Les critiques occidentales n'ont pas manqué de fuser, et elles se sont principalement exprimées à travers la voix des institutions financières internationales dont le FMI en tête. La polémique lancée par les occidentaux tournait principalement autour de la clause du contrat prévoyant « la garantie par l'Etat congolais de l'emprunt de la SICOMINES, qui impliquait qu'en cas de chute des cours, l'Etat congolais devait assurer le paiement de manque à gagner chinois ». Le FMI affirme que cette clause risque d'alourdir la dette de la République démocratique du Congo qui avoisine 11 milliards de dollars américains. Face à ces inquiétudes, la Chine a assuré qu'en cas de difficultés, l'Etat congolais n'est pas tenu de rembourser le moindre sou, mais de proposer des alternatives aux industriels chinois. Comme par exemple leur accorder des nouvelles concessions minières ou des terres agricoles[26].

Il me semble opportun de rappeler certains commentaires positifs dans les lignes qui suivent.

---

[26] Frédéric TRIEST et Rigobert MINANI Bihuzo, *Op. Cit.*, p.33

§2 : Quelques commentaires positifs

Certaines élites politiques africaines voient les relations sino-africaines comme une partie du processus normal de relations économiques internationales et non un cas d'adoption par la Chine d'un rôle prédateur économique dans le continent. Certains responsables africains voient même la Chine comme un modèle pour l'Afrique.

Son engagement vis-à-vis des pays africains est même considéré comme un stimulant pour le moral, et une source d'espoir pour un continent abandonné en grande partie après la guerre froide. Le repli des superpuissances de l'Afrique et la dévastation causée par les exigences du consensus de Washington, étaient à des degrés divers responsables du grave déclin économique et des violents conflits en Afrique au début des années 1990. En particulier, l'intérêt de l'Occident à l'Afrique a nettement diminué, comme en témoigne une forte baisse de demande d'exportations de base du continent. Ainsi, la présence de la Chine en Afrique à la fin des années 1990 a servi comme stimulant psychologique pour la restauration de l'amour-propre aux pays africains. Avec les années 2000 et la formation du Forum sur la coopération sino-africaine (FOCAC), la rapide croissance de son engagement économique et l'accent mis sur la reconstruction des infrastructures longtemps négligées en Afrique, la Chine est devenue une source d'espoir et d'inspiration pour la plupart de pays africains. Elle a offert à certains pays africains une alternative aux mesures d'austérité du consensus de Washington[27].

Parmi les commentaires positifs enregistrés à l'égard de la Convention Sino-Congolaise, il y a lieu de relever la position de M. Ekanga, Secrétaire Exécutif du Bureau de Coordination et de Suivi du Programme Sino-Congolais (BCPSC) qui soutenait : « en signant un contrat avec les Chinois, les Congolais ont été séduits par quelques avantages qu'ils ne trouvaient pas auparavant chez les partenaires traditionnels. En optant pour l'investissement chinois, les Congolais ont aussi aimé le fait que les accords conclus précisent que les Chinois s'engagent avec les partenaires dans les affaires et, par conséquent, refusent de s'ingérer dans la politique intérieure du pays hôte. Ils savent que chaque peuple a ses problèmes et que lui seul parviendra à les surmonter. Lui donner les leçons n'entre pas dans la mentalité chinoise. Là où les occidentaux assujettissent leur aide ou leur investissement à l'orientation politique qui n'est pas la leur, les Chinois travaillent sans état d'âme. Peut-on leur reprocher cette attitude ? Trop des conditions politiques tuent assurément les affaires. Trop de critères « scientifiques » également qui font qu'un tel pays ne peut pas bénéficier ou mériter de l'aide financière d'un pays nanti. Ainsi, un pays sans argent ou sans capacité de

[27] EARL CONTEH-MORGAN, PHD*, *Op Cit*, p23

remboursement doit être exclu de la marche vers le développement. La Chine ne le pense pas[28].

La section suivante porte sur l'aide chinoise au développement ou échange commercial.

Section 3 : L'aide Chinoise au développement ou échange commercial

Comme par le passé, en effet, l'aide de la Chine à l'Afrique n'est officiellement pas assortie de conditionnalités politiques et économiques. Pékin, fidèle en cela aux grands principes qui commandent ses relations extérieures, se montre réticent à intervenir dans les affaires intérieures des Etats, au nom du respect de la souveraineté nationale et du refus du droit d'ingérence. Une posture qui ne va pas sans crisper les bailleurs de fonds traditionnels et une partie des acteurs sociaux, mais qui séduit au contraire la plupart des gouvernements africains, non mécontents de rentrer dans un rapport débarrassé de la chape de plomb que représentent à leur yeux les conditionnalités imposées par les Occidentaux, lesquels sont généralement assorties de discours paternalistes et moralistes[29].

Bien davantage qu'autrefois, cependant, l'aide chinoise est fortement adossée à d'autres types de flux (échanges commerciaux, investissements etc.) au point qu'il est difficile de démêler ce qui relève de l'aide au développement stricto sensu, de la coopération économique ou encore des simples intérêts privés (Guérin, 2008). Multiforme, l'aide chinoise à l'Afrique s'insère en fait dans un écheveau compliqué d'interventions, de relations et d'engagements mêlant logique « opportuniste » de l'intérêt et logique « altruiste » du don, dimension politique et dimension économique. De là, la difficulté de cerner les montants exacts de cette aide selon les critères du CAD (Comité d'aide au développement regroupant les bailleurs de fonds membres de l'OCDE).

Conclusion

Le multilatéralisme apparent de ces sommets et la générosité des montants annoncés ne doivent pas non plus dissimuler le fait que l'aide chinoise demeure bilatérale et fortement liée. « Plus précisément, note Bruno Hllentorff, la chine lie aide et affaires de manière innovante en promouvant ses intérêts nationaux au travers de partenariats mutuellement bénéfiques mis en œuvre par une large spectre d'acteurs et d'instruments. De cette façon, l'aide au développement chinoise n'est pas vue comme un enjeu moral, mais

---

[28] Jean MPISI, *Le Programme Sino-Congolais pour le développement des infrastructures en République démocratique du Congo*, Paris, éd L'Harmattan, 2020, pp159-160.

[29] L. DELCOURT, « la Chine en Afrique : enjeux et perspectives », *in Alternatives Sud,* Vol 18-2011/7, p.14

comme un outil de persuasion politique et une manière d'adoucir l'entrée d'opérateur économique chinois sur le continent.

Dans le pays en développement, d'abord en Amérique latine, puis en Afrique, la présence chinoise s'est considérablement accentuée dans les années 2000, et vise notamment à s'assurer l'accès aux ressources pétrolières ou minières. Des analystes estiment la frontière entre investissement et aide publique au développement est tenue pour la Chine. En effet, Pékin a signé avec différents pays des accords économiques impliquant des entreprises publiques chinoises. Ces accords portent surtout sur l'exploitation de ressources naturelles ou la construction d'infrastructures. En Afrique, ils ont connu un développement soudain à partir de 2005-2006.

Le chapitre suivant porte sur le contexte de la Conclusion de la Convention de Collaboration avec les entreprises chinoises.

Chapitre 3

Contexte de la conclusion de la Convention de Collaboration avec les entreprises chi noises

Le présent chapitre a pour pierre de touche le contexte de la Conclusion de la Convention de Collaboration avec les entreprises chinoises.

La Convention Sino-Congolaise a été conclue, dans un contexte post-électoral, 15 mois après des élections démocratiques organisées par la R.D. Congo. En effet, dans son appel à l'aide, appel marquant la rupture avec la politique de son Père, le Président Joseph Kabila avait tendu la main aux principaux acteurs occidentaux impliqués dans la crise et aux pays appelés frères. Cependant, la communauté internationale qui avait investi en matière des financements des élections et de la sécurité, trainait les pieds pour débloquer les fonds nécessaires pour la reconstruction de la République démocratique du Congo.

L'appui de la communauté internationale en 2001 était déterminant pour rendre la République démocratique du Congo éligible dans les institutions financières internationales afin qu'elle puisse à nouveau bénéficier de l'aide internationale. Avec un programme d'assainissement macro-économique formulé dans le PEG et exécuté avec les moyens de bord, le gouvernement a su déblayer le terrain avec la formulation d'un DSRP dans le programme PPTE. Cependant, l'application du principe de conditionnalité c'est-à-dire le choix de subordonner l'octroi des aides financières internationales à des critères économiques, politiques ou environnementaux, a conduit la République démocratique du Congo, à l'instar de la plupart des pays de l'Afrique subsaharienne, à tisser de nouvelles relations économiques avec les pays asiatique dont la Chine.

La République démocratique du Congo avait hérité d'une dette extérieure colossale accumulée par le Zaïre de Mobutu et quasiment impayée depuis 1993. Dans ce contexte, les statuts du FMI et de la Banque mondiale font de ses créanciers, des « créanciers prioritaires ». Ce qui signifie que les prêts qu'ils octroient doivent être remboursés intégralement et en priorité.

Dépendant des ressources extérieures pour financer sa reconstruction, le pays devait régler de manière urgente le problème de ses arriérés, afin de régulariser sa situation financière, de profiter de nouveaux prêts et de participer à l'initiative PPTE[30].

La phase de reconstruction de la République démocratique du Congo supposait un volume additionnel d'investissements qui ne pouvait être soutenu que par des financements extérieurs appropriés, en attendant la maturation des mécanismes de financements internes. En effet, les pouvoirs publics et les populations congolaises étaient dans un tel état de délabrement qu'il était illusoire d'espérer mobiliser à court ou à moyen terme les ressources intérieures nécessaires à l'énorme défi qui attendait le pays.

Les sources de financements externes pour un pays pauvre comme la République démocratique du Congo n'étaient pas nombreuses. Elles provenaient, soit des institutions financières internationales (essentiellement les facilités pour la réduction de la pauvreté et pour la croissance du FMI et les prêts concessionnels de l'Agence internationale pour le développement de la Banque mondiale), soit des prêts bilatéraux des pays partenaires (qui sont également les principaux actionnaires du FMI et de la Banque mondiale). Face à l'énorme défi de financement de la reconstruction du pays, les autorités congolaises s'étaient tournées vers la Chine.

Pour Steefaan Marysse, c'est là où les chinois ont vu clair et c'est aussi leur point fort et leur porte d'entrée en Afrique. La Chine a besoin de cette porte d'entrée pour avoir accès aux matières premières de l'Afrique, qui est non seulement le seul continent où il y a encore d'abondantes matières premières mais aussi un continent qui n'est pas encore tout à fait sous le contrôle d'entreprises multinationales, lesquelles rechignent de travailler ou d'investir dans la production minière dans des conditions de gouvernance et d'infrastructures difficiles. Dans l'approche occidentale les acteurs sont dispersés en différents points de décisions avec également des logiques différentes et les entreprises multinationales ne peuvent pas offrir de prêts pour des infrastructures en compensation de leur accès aux matières premières[31].

---

30 A. ZACHARIE, *La Stratégie DSRP-PPTE en R.D. Congo*, Bruxelles, Centre national de coopération au développement, 2003, pp 6-7.

31 S. MARYSSE, *Op. Cit.*, p.133

Les partenaires chinois de l'accord avaient initialement promis un financement de 9 milliards de dollars destiné à la construction de routes, de lignes de chemin de fer, d'hôpitaux, d'écoles et de barrages dans tout le pays, ainsi qu'au développement du secteur minier. En contrepartie, le gouvernement congolais s'était engagé à fournir aux entreprises chinoises jusqu'à dix millions de tonnes de cuivre et des centaines de milliers de tonnes de cobalt provenant de mines situées dans la province du Katanga, au sud-est du pays.

De ce qui précède, nous pouvons conclure que la Convention Sino-Congolaise a été conclue dans un moment déterminant et crucial pour le pays et surtout pour l'ancien Chef de l'Etat J. Kabila qui se devait d'honorer ses promesses électorales. Le Gouvernement mis en place après les élections devait nécessairement avoir les moyens de sa politique pour assurer la mise en œuvre des « cinq chantiers » promis à la population. Cependant, la question qui se posait était de savoir où trouver ces moyens financiers alors que, comme nous l'avons dit plus haut, à la suite des crises multiformes, les pouvoirs publics n'étaient pas en mesure de mobiliser à court ou à moyen terme les ressources intérieures nécessaires à l'énorme défi qui attendait le pays. Ainsi, la phase de la reconstruction de la République démocratique du Congo supposait un volume additionnel d'investissements qui ne pouvait être soutenu que par des financements extérieurs appropriés, en attendant la maturation des mécanismes de financement interne.

Compte tenu de cette situation, la logique de ce contrat qui s'apparente au troc s'est avérée très attractive pour les autorités du Pays qui défendaient énergiquement cette convention en ce sens que le financement de ces ouvrages projetés ne devait pas accroître la dette extérieure du Congo au moment où le pays cherchait à remplir les critères fixés par le FMI et la Banque mondiale pour faire annuler sa dette héritée de l'ère mobutienne.

Sont traités ici l'Accord-cadre de coopération de financement pour le développement conclu entre la République démocratique du Congo et la Banque de développement de Chine, les négociations en vue de la conclusion de la convention du 22 avril 2008.

Section 1 : De l'Accord-cadre de coopération de financement pour le développement conclu entre la République démocratique du Congo et la Banque de développement de Chine

La convention du 22 avril 2008 est la résultante d'une série d'actes et accords ayant précédé sa conclusion. Dix ans auparavant, le traité relatif à l'encouragement et à la protection mutuelle des investissements avait été signé entre les gouvernements congolais et chinois à la date du 18 décembre 1997. Des accords de coopérations ont été signés le 3 avril et le 7 décembre 2001. Des mémorandums d'entente commune et accords sur le financement du développement des infrastructures du Congo ont été signés le 9 août 2007 avec Sinohydro, le 16 août 2007 avec l'EXIM Bank of China et le 17 août avec China Railway Engineering Corporation, le protocole d'accord entre le Gouvernement congolais et un groupe de trois entreprises chinoises signé le 17 septembre 2007.

Par ailleurs, le 11 octobre 2007, la République démocratique du Congo, représentée par son ministre des Finances et celui du Budget conclut avec la Banque chinoise de développement un accord-cadre de coopération de financement pour son développement. Cet accord-cadre qui est le prélude de la Convention de Collaboration signée en avril 2008, définit d'ores et déjà les principes de coopération entre les deux parties.

Il ressort de l'article 2 de cet accord que la coopération entre les deux parties a pour objet non seulement d'accélérer le développement et d'atteindre les objectifs stratégiques de la République Démocratique du Congo, mais aussi d'élargir les relations bilatérales aussi bien économiques que commerciales. La priorité sera accordée aux secteurs clés qui répondent aux orientations du Gouvernement de la République Démocratique du Congo. Les deux Parties, à travers la coopération financière et la réalisation des projets, vont œuvrer pour le développement social, harmonieux et durable de la République démocratique du Congo.

Pour ce faire, la République démocratique du Congo y est appelée à mettre en œuvre son rôle de décideur, de planificateur, de coordonnateur du développement pour présenter un plan global des projets importants dans les domaines suivants : agriculture, infrastructure, énergie, santé, éducation, transports et communication, mines, environnement, industries manufacturières et télécommunications, offrir un environnement favorable et apporter le soutien nécessaire à la Partie B pour la réalisation desdits projets. La Partie chinoise, fort de son expérience réussie dans le financement du développement de la Chine, s'est engagée à fournir les ressources nécessaires pour la réalisation des projets présentés par la Partie A, en vue de l'amélioration de l'économie, du marché et la crédibilité du système financier de la République démocratique du Congo.

Aux termes de l'article 20 de cet accord, il est prévu la constitution conjointe d'une plate-forme financière dans le cadre de leur coopération, qui sera responsable de la planification et du contrôle des fonds fournis par la Banque de Développement de Chine à la République démocratique du Congo ainsi que de l'emprunt et du remboursement des prêts. Il y est également stipulé que cette plate-forme financière, guidée par le plan de développement stratégique de la République démocratique du Congo, devra agir de façon indépendante dans les domaines de planification des projets, la gestion du prêt et les opérations, l'établissement et amélioration des mécanismes de prêt, et la gestion quotidienne de comptes du prêt. La partie congolaise y est appelée à donner des orientations et offrir les conditions nécessaires pour l'implantation de cette plate-forme ainsi que pour la gestion des projets financés par cette dernière.

Hormis cette plate-forme financière qui devait être créée suivant le prescrit de l'article 20 précité, il est également prévu la mise sur pied d'un Bureau de Coopération financière et de Développement en République démocratique du Congo aux termes de l'article 12 de cet Accord-cadre. Cependant, il se constate que la mise sur pied de ces deux structures n'a jamais été réalisée. Et, quelle en est la raison ?

Nous pensons qu'avec la conclusion de la Convention du 22 avril 2008, les choses ont évolué autrement, si bien que certaines clauses de cet accord-cadre se sont avérées caduques. Par exemple, la création du Bureau de Coopération financière et de Développement a été devancée et/ou supplantée par l'érection du Bureau de Coordination et de Suivi du Programme Sino-Congolais que nous allons présenter dans un autre chapitre, lequel Bureau a pour objet la gestion et le suivi de la mise en œuvre des accords de coopération signés entre le gouvernement congolais et les partenaires privés chinois dans les domaines des Mines et des Infrastructures de base. Il faut noter que le BCPSC, avait également comme prérogative d'assurer le suivi de la mise en œuvre des conventions et accords de partenariat. En outre, il lui a été assigné comme mission d'assurer les négociations avec les banques ou institutions financières pour obtenir tout appui financier supplémentaire en vue de bien mener la mise en œuvre des projets.

Au regard de ce qui précède, il nous semble que la création de ladite plate-forme financière a été jetée dans les oubliettes alors qu'elle était censée soutenir le plan de développement de la République démocratique du Congo. Il convient de rappeler Section 2 : Les négociations en vue de la conclusion de la convention du 22 avril 2008.

Section 2 : Les négociations en vue de la conclusion de la convention du 22 avril 2008

Les négociations qui ont abouti à la conclusion de la convention du 22 avril 2008 se sont d'abord déroulées à Pékin. La partie congolaise était conduite par le ministre en charge des Infrastructures, Travaux Publics et Reconstruction Le ministre des Mines, les représentants de la GECAMINES, dont le PDG P. Fortin, faisaient également partie de la délégation.

Dans une interview accordée au journal le soir, ce dernier révéla le contexte de la conclusion de cet accord en ces termes :

« Tout a commencé par un accord entre les deux gouvernements, conclu en septembre par le ministre Pierre Lumbi, chargé des infrastructures. Il a suggéré aux Chinois de conclure un accord avec la GECAMINES. Je me suis rendu en Chine au nom de la GECAMINES. Les partenaires chinois sont de grandes sociétés d'Etat : chemin de fer, électricité, banque… nous avons négocié avec eux à hauteur du budget qui avait été prévu pour les infrastructures, c'est-à-dire six milliards de dollars plus trois milliards pour reconstruire la mine. Pour financer tout cela, il nous fallait trouver au moins dix millions de tonnes de cuivre, comme contrepartie. C'était une forme de troc. J'ai eu quelques difficultés à trouver ces dix millions de tonnes de cuivres, j'en avais 7,5 millions ; il m'en manquait 2,5 millions. C'est ainsi que j'ai été voir les gens de Katanga Mining car des propriétés leur avaient été concédées près de Kolwezi, où j'avais déjà mes 7,5 millions de tonnes. J'ai promis de compenser tonne de cuivre par tonne de cuivre. De toute façon, selon les études de faisabilité de Katanga Mining, les gisements convoités ne devaient être exploités que dans douze ans. Ce délai permet à la GECAMINES de faire des forages et de trouver 2,5 millions de tonnes promises. Machamba et Dikuluwe nous ont été cédés par Katanga Mining. »

Ces révélations de l'ancien PDG de la GECAMINES sont corroborées par les déclarations de P. Lumbi, alors ministre des Travaux Publics et

Reconstruction qui dans son interview accordée au Journal le Monde expose ce qui suit[32]:

« Étant ministre chargé des Infrastructures, c'est moi qui suis allé à Pékin négocier le financement des travaux que je m'étais engagé à réaliser. Il s'agit d'accords de troc : en échange de grands travaux, que seules les entreprises chinoises ont la capacité de réaliser dans les délais requis et à prix compétitifs, le Congo s'est engagé à permettre l'exploitation de ressources minières, à raison de 9 millions de tonnes de cuivre et de 200.000 tonnes de cobalt. Si les réserves actuellement connues ne nous permettaient pas de tenir nos engagements, d'autres prospections seraient entreprises. Nous trouverions d'autres moyens de financement, de nouvelles ou des terres agricoles par exemple. Alors qu'en ces temps de crise, les Etats occidentaux s'engagent massivement aux côtés de leurs banques, pourquoi l'Etat congolais ne pourrait-il encourager le développement du pays ? »

Conclusion

En analysant les dires de l'ancien PDG de la GECAMINES tels que recoupés par les déclarations du ministre Lumbi, il se révèle que le Congo s'était lancé dans la précipitation dans ce deal sans avoir préparé et documenté suffisamment le gisement minier qu'il devait offrir à ses partenaires chinois. En outre, il apparait que la République démocratique du Congo avait surestimé ses cocontractants en alléguant qu'ils avaient la capacité de réaliser dans les délais requis et à des prix compétitifs les projets envisagés, alors qu'à ce jour la réalité nous prouve le contraire comme nous allons le démontrer dans la partie relative à l'évaluation de la Convention Sino-Congolaise.

[32] Pierre LUMBI, cité par Jean MPISI dans son ouvrage, *La Sino-Congolaise des Mines*, p. 36.

Chapitre 4

Analyse de la convention Sino-Congolaise

Ce chapitre porte sur l'analyse de la convention sino-congolaise. La première section a pour pierre de touche la discussion sur la nature juridique de la convention sino-congolaise. La seconde porte sur les critiques relatives au mode de sélection des partenaires chinois. La troisième section a pour matrice les débats relatifs aux pouvoirs des signataires.

Section 1 : Discussion sur la nature juridique de la Convention Sino-Congolaise

A l'époque de la conclusion de la Convention de Collaboration, ce modèle techno-économique qui associe l'exploitation minière et les travaux d'infrastructures, deux activités distinctes, avait fait l'objet des critiques quant à sa nature juridique qu'on n'arrivait pas à définir avec exactitude faute de base légale.

A ce propos, Wenceslas Busane avait mis en relief la singularité de ce modèle en raison du rôle que les Etats y jouent et de l'objectif poursuivi, à savoir la réalisation des ouvrages et équipements publics en ces termes :

« L'Etat congolais intervient en tant que partie au contrat. Cela n'est guère étonnant car de nos jours l'Etat contracte de plus en plus souvent des engagements juridiques aux conditions auxquelles le ferait un particulier. Il demeure néanmoins une personne juridique spécifique dotée des prérogatives et des moyens qui excèdent ceux de la personne physique.

Et de souligner, cela soulève deux problèmes au plan juridique. Le premier est relatif à la personne ou de l'organe habilité à agir en son nom et pour son compte.

« Le contrat sino-congolais est encore singulier en raison de l'objectif pour lequel il a été conclu. La démarche suivie se démarque, sur certains aspects, des procédés habituels de réalisation des ouvrages publics. Trois modes d'exécution des travaux publics sont généralement répertoriés. Lorsqu'elle fait réaliser les ouvrages publics par une tierce personne, en principe, la personne publique paye directement le prix convenu. Tel n'est pas le cas dans le contrat sous étude. Il y est plutôt prévu que le cocontractant exploite les ressources minières de l'Etat, en association avec le représentant de ce dernier en vue du financement des travaux publics projetés. Nous sommes, en fait, devant une situation où l'Etat ne dispose pas actuellement de fonds pour financer les travaux publics projetés. Il dispose, par contre, des ressources minières qu'il peut offrir en échange. Ainsi, de l'opération classique qui consiste à échanger directement la réalisation des travaux publics contre de l'argent liquide, l'on passe à une autre variante qui instaure une étape intermédiaire. Concrètement, la personne publique, qui est le maître d'ouvrage, associe le maître d'œuvre à la recherche des moyens de financement des travaux publics. Cela a comme conséquence que l'entente entre la personne publique et le maître d'œuvre porte sur le double aspect de la recherche du financement et de l'exécution des travaux publics ».

Poursuivant sa réflexion, Wenceslas Busane, s'interroge si le procédé instauré par le contrat sino-congolais n'est pas finalement une variante de la concession des travaux publics. Ce procédé consiste, en effet, pour la personne publique concédante, à confier au concessionnaire la charge de construire un ouvrage public et de se rémunérer à partir de l'exploitation dudit ouvrage qui fera retour, à la fin de la concession, gratuitement, à la personne publique concédante. Vu sous cet angle, le procédé du contrat sino-congolais s'apparente au procédé de la concession des travaux publics. Dans les deux cas, en effet, le cocontractant de la personne publique participe au financement de sa rémunération. Cependant, la différence est que dans le contrat sino-congolais, le cocontractant ne se rémunère pas sur l'exploitation des ouvrages à réaliser mais par l'exploitation des ressources naturelles[33].

D'après Stefaan Marysse, la première caractéristique de ce contrat est qu'il englobe et règle dans un texte unique toutes les relations d'un pays avec un autre. Commerce, investissement, aide à la coopération et financement sont liés d'une manière qui démontre l'unicité de commande. Ainsi, la Chine par le biais d'EXIM Bank, va prêter de l'argent, estimé à 6.5 milliards de dollars, pour financer des travaux d'infrastructure dont la

[33] Wenceslas BUSANE, « le cadre juridique du Programme Sino-congolais » *in Revue d'intelligence stratégique et des relations internationales, la Chine en Afrique,* Paris, l'Harmattan, pp.126-128

République démocratique du Congo a besoin pour reconstruire le pays dévasté par trois décennies de mauvaise gestion et une guerre qui s'en est suivie. Seulement, a-t-il ajouté, il s'agit d'un prêt et non d'un don, prêt qui devra donc être remboursé, non avec de l'argent mais avec la garantie d'accès et de livraison de matières premières à la Chine. La dominance de l'intérêt politique à court terme force le gouvernement à mettre en exergue les avantages visibles et à court terme et de rester aussi vague que possible sur les retombées négatives qui se feront sentir à long terme[34].

L'auteur a donc poursuivi son analyse en disant que le principe de troc, dépeint par certains auteurs congolais comme nouvelle forme de coopération véritable, n'est rien d'autre qu'un substitut à la garantie de remboursement de la dette contractée lors de l'exécution des travaux d'infrastructures. Il renchérit en affirmant que l'exploitation minière destinée à rembourser « les prêts » contactés pour les infrastructures publiques en République démocratique du Congo est conçue de la même manière dont les Chinois ont passé des contrats avec des entreprises étrangères en Chine, par le biais de joint-ventures dans lesquelles ils ont le contrôle de la majorité.

Parlant de quelques considérations juridiques sur le « deal » sino-congolais, Ch. Kabange Nkongolo soutient pour sa part que l'existence d'un contrat de prêt dans la Convention Sino-Congolaise trouve sa consécration en ce que les fonds qui auront servi au financement aussi bien du projet minier qu'à celui d'infrastructures seront remboursés au groupe d'entreprises chinoises à la suite des bénéfices générés par l'activité de la SICOMINES. Cependant, la difficulté demeure ici du fait que le prêt consenti à une société peut prendre plusieurs formes, selon qu'on le fait comme actionnaire ou créancier de la société. Les modalités de participation du Groupement d'Entreprises Chinoises et celles des banques qui les accompagnent doivent être clairement définies et distinguées. Cela permettra de déterminer la nature du prêt consenti à la SICOMINES afin de savoir dans quel cas on serait en présence d'une action ou d'une simple créance[35].

De l'analyse de l'article 10.1 de la convention minière il apparait clairement qu'il y a contrat de prêt. En effet, cet article stipule que l'emprunteur des fonds pour les travaux d'infrastructures sera la JV Minière

[34] S. MARYSSE, *Op. Cit.*, pp135-136.

[35] C. KABANGE Nkongolo, *Quelques considérations juridiques sur le « deal » sino-congolais*, p.3 accessible sur : www.leganet.cd » Decon »Dcontrats

et/ou l'entreprise chinoise. La JV Minière sera constituée pour réaliser le projet minier et prendre en charge le remboursement des investissements miniers et d'infrastructures. L'analyse stricte de cet article suggère que l'Etat congolais n'est pas emprunteur direct de ce fonds. Cependant, l'article 10.3 précise que la République démocratique du Congo offre la garantie du remboursement, en octroyant au Groupement d'Entreprises Chinoises d'autres concessions minières ou d'autres ressources et moyens satisfaisants au cas où les bénéfices générés par la JV Minière s'avéreraient insuffisants pour réaliser le remboursement de ses investissements dans le projet d'infrastructure.

Au sujet du contrat de prêt en question, il y a lieu de faire remarquer que cette pratique n'est pas une nouveauté insérée dans la Convention Sino-Congolaise. Dans la plupart des projets miniers, les partenaires des entreprises publiques congolaises telles que GECAMINES et SOKIMO, se sont engagés aux termes de leurs contrats à mobiliser, au nom et pour le compte de la joint-venture à créer, le financement nécessaire pour les investissements devant mener à la production commerciale retenue sur base de l'étude de faisabilité. Les bénéfices nets découlant de ces activités minières sont premièrement affectés au remboursement des investissements suivant les proportions convenues entre parties. Ce n'est qu'à la fin de la période de remboursement que la totalité du bénéfice à distribuer est attribuée aux partenaires proportionnellement à leur participation à la société.

Contrairement à la garantie donnée par l'Etat congolais aux termes de l'article 10.3 précité, dans le projet minier ordinaire ni l'Etat ni ses entreprises publiques ne prennent aucun engagement financier ou équivalent pour garantir les remboursements de fonds empruntés pour réaliser le projet minier dans le cadre d'une joint-venture. La seule garantie qu'offrent les entreprises publiques c'est de coopérer pleinement pour faciliter l'obtention notamment en signant tout document donnant toutes assurances pouvant être raisonnablement requis pour contracter un tel financement. Il est entendu que les remboursements des investissements miniers sont à charge des Joint-ventures.

En considération de ce qui précède, il convient d'apprécier à juste titre les efforts déployés par le FMI, instigateur de la renégociation du contrat Sino-Congolais, qui est venu à « la rescousse » de la République démocratique du Congo en l'affranchissant d'un engagement de trop qui consistait à garantir le remboursement des investissements miniers.

Cependant, comme nous l'avons vu plus haut, en se portant garant de l'exécution parfaite des engagements financiers de la JV, il apparait que la République démocratique du Congo est indirectement redevable vis-à-vis des institutions financières chinoises, en l'occurrence EXIM Bank of China. De ce point de vue, il est important de s'assurer des conséquences éventuelles de la non-exécution des obligations endossées par la République démocratique du Congo.

Il découle donc de ces différentes analyses et commentaires qu'il ne s'agit pas d'un contrat de prêt proprement dit entre la République démocratique du Congo et le Groupement d'Entreprises Chinoises ; il ne s'agit encore moins d'un contrat de prêt conclu entre l'Etat RD Congolais et les institutions financières chinoises. Par contre, au regard des engagements souscrits pas l'Etat congolais vis-à-vis des Chinois pour garantir la bonne exécution dudit contrat, les engagements pris par la République démocratique du Congo lui font porter une certaine responsabilité qui fait penser qu'il y aurait un contrat de cautionnement entre le gouvernement congolais, qui s'engage à désintéresser la banque chinoise d'export et d'import au cas où la SICOMINES serait incapable d'honorer ses engagements financiers dans le délai imparti.

De ce point de vue, la grande question qui mérite d'être posé est de savoir comment une société commerciale qui n'est pas signataire de la Convention de Collaboration peut-elle accepter de financer les travaux publics ? Tous ces méandres traduisent vraisemblablement la complexité de ce fameux contrat.

Comme l'a si bien expliqué Wenceslas Busane, cette complexité tient au nombre et à la nature des opérations juridiques, aux mécanismes institutionnels et aux questions juridiques connexes. Les opérations juridiques prévues par le contrat sino-congolais sont, globalement parlant, relatives à la recherche du financement et à la réalisation des infrastructures.

La nature juridique de la Convention Sino-Congolaise a été définie bien plus tard par la Loi n°18/016 du 09 juillet 2018 relative au partenariat public-privé. En effet, l'article 3 de cette loi différencie deux sortes de contrats, à savoir : le contrat de délégation de service public, lequel porte obligatoirement sur un service public prenant notamment l'une des formes ci-après : la concession, l'affermage et la régie intéressée et le contrat de partenariat qui porte notamment sur une mission globale de financement des infrastructures, sa conception, sa construction, son exploitation, son entretien à charge du partenaire privé.

Par ailleurs, l'article 4 de cette loi nous donne un élément distinctif majeur de ces deux contrats en précisant que les accords de longue durée, ayant pour objet l'exploitation des ressources naturelles, en contrepartie de la construction des infrastructures dans lesquels le partenaire privé a une mission globale notamment de financement et de conception d'ouvrages ou d'acquisition d'équipements, constituent des contrats de partenariat.

De ce qui précède, nous pouvons à ce jour affirmer que la Convention Sino-Congolaise est un contrat de partenariat. Ce contrat a donné lieu à deux opérations juridiques majeures, suivantes :

- Le contrat de société conclu d'un côté entre la GECAMINES et la SIMCO (partie congolaise) et d'autre côté Zhejiang Huayou, China Railway Group et Sinhohydro (partie chinoise). Ce contrat a donné lieu à la création de la SICOMINES ;
- Contrat de Prêt entre la SICOMINES et la banque chinoise d'export et import (EXIM Bank) ;

En effet, les dispositions de l'article 5 de l'avenant à la convention relatives aux remboursements des investissements d'infrastructures par l'Etat congolais en cas d'insolvabilité de la SICOMINES porte à croire qu'il y a une sorte de contrat de cautionnement entre la République démocratique du Congo et l'institution bancaire chinoise susmentionnée.

Cependant, le cautionnement est une sûreté personnelle. Il s'agit d'un contrat par lequel celui qui se rend caution d'une obligation se soumet envers le créancier à satisfaire à cette obligation, si le débiteur n'y satisfait pas lui-même. Mais la difficulté ici, pour déduire une telle conclusion, est que par essence, la caution est une personne physique (ce qui n'est pas le cas pour la RDC). Ce peut être un dirigeant se portant garant des prêts souscrits par sa société. Par contre, le débiteur principal (dans le cas d'espèce, la SICOMINES) peut être une personne physique ou morale : peu importe sa qualité. Le créancier pour sa part (China EXIM Bank), doit être un prêteur professionnel. EXIM Bank, entant qu'institution financière remplit cette condition.

Parlant de contrat de prêt, il faut préciser que malgré que ce contrat de prêt soit conclu entre la SICOMINES et la banque chinoise d'export et import (EXIM Bank), le bénéficiaire, pour ce qui concerne surtout le projet d'Infrastructures, n'est rien d'autre que l'Etat congolais. Il s'agit en fait de prêt adossé à des ressources naturelles appelé en anglais resources-backed loans ou RBL. Le RBL est un prêt accordé à un gouvernement ou entreprise publique, et dont le remboursement est effectué au moyen de ressources naturelles.

Les RBL postulent que ce sont les ressources naturelles d'un pays qui serviront de base de remboursement ou des garanties pour certains prêts consentis à un Etat ou à une entreprise publique par un autre Etat, le secteur privé et/ou des institutions financières internationales. D. Milalyi, A. Adam et J. Hwang soulignent qu'un premier exemple de cette pratique, dans l'histoire récente, fut l'emprunt du gouvernement péruvien contracté auprès d'investisseurs britanniques au milieu du XIXe siècle, lequel fut remboursé à l'aide des recettes de l'Etat provenant du guano, florissant à l'époque. Alors que la plupart des autres pays d'Amérique latine s'étaient vu interdire l'accès aux emprunts au cours des décennies de turbulences politiques et financières, ayant suivi l'indépendance, le Pérou a ainsi pu accéder aux capitaux étrangers dont il avait ardemment besoin[36].

Pour revenir à la Convention Sino-Congolaise, notons que pour ce qui concerne le projet d'infrastructures, il est prévu la conclusion pour chaque projet, d'un contrat spécifique entre le maître d'ouvrage, en l'occurrence le Ministère en charge des Infrastructures, Travaux publics et Reconstruction (ITPR) de la République démocratique du Congo, la JV Minière, l'une ou l'autre des sociétés du Groupement d'Entreprises Chinoises et/ou ses sociétés affiliées. Ces contrats spécifiques sont logiquement des contrats administratifs qui sont régis par une législation pertinente dans notre pays.

Un contrat est dit administratif dans plusieurs cas : tout d'abord, si la loi le qualifie tel (exemple les marchés de travaux publics) ou si un texte déclare le juge administratif compétent pour régler les conflits sur le contrat de l'administration.

[36] D. MIHALYI, A. ADAM et J. HWANG, *Op. Cit.*, p.2

En l'absence de qualification du contrat par un texte, des critères dégagés par la jurisprudence doivent être :

- un des signataires du contrat est une personne publique ;
- le contrat vise l'exécution d'un service public ;
- le contrat contient des clauses exorbitantes c'est-à-dire des clauses qu'on ne trouve pas dans un contrat privé et qui confèrent à la personne publique des prérogatives ou des avantages, ou imposent à son cocontractant des obligations ou des sujétions exorbitantes.

Il faut noter qu'en matière de contrats administratifs, le droit congolais est formé de deux principales législations : la loi du 27 avril 2010 relative aux marchés publics qui abroge l'Ordonnance-loi n°69/054 du 5 décembre 1969, et la loi du 9 juillet 2018 relative au partenariat public-privé, qui est entrée en vigueur 30 jours après sa promulgation.

Certaines analyses martèlent sur la singularité du contrat chinois au regard de l'objectif pour lequel il a été conclu. La démarche suivie se démarque, sur certains aspects, des procédés habituels de réalisations des ouvrages publics. Lorsqu'elle fait réaliser les ouvrages publics par une tierce personne, en principe, la personne publique paye directement le prix convenu. Tel n'est pas le cas dans le contrat sous étude. Il y est plutôt prévu que le cocontractant exploite les ressources minières de l'Etat, en association avec le représentant de ce dernier en vue d'obtenir le remboursement du financement des travaux publics projetés y compris les intérêts qu'ils généreront. Ces analystes font remarquer que nous sommes devant une situation où l'Etat ne dispose pas actuellement de fonds pour financer les travaux publics projetés.

Par ailleurs, les auteurs se demandent si le procédé instauré par le contrat sino-congolais n'est pas finalement une variante de la concession des travaux publics. Ce procédé consiste, en effet, pour la personne publique concédant, à confier au concessionnaire la charge de construire un ouvrage public et de se rémunérer à partir de l'exploitation dudit ouvrage qui fera retour, à la fin de la concession, gratuitement, à la personne publique concédant. Il s'avère que la différence est que dans le contrat sino-congolais, le co-contractant ne se rémunère pas sur l'exploitation des ouvrages à réaliser mais par l'exploitation des ressources naturelles.

Il est impérieux d'envisager des critiques relatives au mode de sélection des partenaires chinois

Section 2 : Critiques relatives au mode de sélection des partenaires chinois

Le contrat chinois a donné lieu à une autre discussion relative au mode de sélection des entrepreneurs. Global Witness avait recommandé à la République démocratique du Congo de respecter les législations congolaises en matière de passation des marchés et de sous-traitance aussi longtemps que ce dernier est le lieu d'application de ladite convention.

Il convient de noter qu'à l'époque de la conclusion de cette convention, la matière des marchés publics était organisée et régie par l'O.L n° 69-054 du 05 décembre 1969 relative aux marchés publics, de travaux et de fournitures.

S'agissant d'un contrat administratif, il faut relever que la passation des contrats administratifs obéit à un certain nombre de modalités et formes déterminées, mais le principe qui domine cette matière, c'est la restriction de la liberté contractuelle.

L'Administration, en effet, n'est libre ni dans le choix de son cocontractant, ni dans celui des formes du contrat. Cette restriction qui ne se limite pas aux seuls contrats administratifs s'étend également aux contrats de droit commun de l'administration. Elle a comme objectif principal la protection des intérêts financiers de l'administration.

Or dans le cas d'espèce, il a été reproché à la République démocratique du Congo de n'avoir pas procédé à l'appel d'offre pour les travaux d'infrastructures et la « mise aux enchères » de concessions minières pourtant des préalables normaux pour garantir un rapport coût-efficacité.

Au sujet de cette question de passation de marché, Y. Gaudemet affirme [37] que dans les contrats administratifs autres que les marchés, la conclusion du contrat n'est pas assujettie à des règles obligatoires originales pas plus en ce qui concerne le choix du contractant sur lequel l'administration se décide librement qu'en ce qui concerne la forme du contrat qui est également libre (le contrat peut, par exemple, être verbal aussi bien qu'écrit). Ils doivent cependant respecter les principes généraux de transparence et de concurrence communautaire déduits, pour tous les contrats passés par des « entités adjudicatrices » ou des pouvoirs adjudicateurs du droit primaire des traités communautaires.

---

[37] Y. GAUDEMET, *Droit administratif*, LGDJ, 19e éd. Paris, 2010, p.309

Bien avant la conclusion de la Convention Sino-Congolaise, la possibilité de conclure un marché de gré à gré a été reconnue et admise dans l'arsenal juridique de la République démocratique du Congo. A Ce jour, la législation relative au partenariat public-privé a prévu la procédure de gré à gré à laquelle l'autorité cocontractante peut recourir, exceptionnellement. Cette procédure n'est autorisée que pour les deux cas ci-après :

- lorsque la procédure d'appel d'offres lancée ne suscite aucune offre ou a été déclarée infructueuse à deux reprises ;
- lorsque le projet ou l'infrastructure ne peut être réalisée ou exploité pour des considérations techniques ou des raisons tenant à la protection de droits d'exclusivité, que par un seul opérateur économique. Il s'avère que dans le cas sous étude, l'intérêt financier avait prévalu dans la conclusion de cette convention pour la République démocratique du Congo. Cet intérêt consistait donc à trouver les ressources financières nécessaires à la réalisation des projets d'infrastructures nationales estimées importantes et urgentes.

Que retenir des débats relatifs aux pouvoirs des signataires ?

Section 3 : Débats relatifs aux pouvoirs des signataires

L'accord-cadre de coopération de financement pour le développement a été signé pour le compte de la République démocratique du Congo par le Ministre des Finances, A. MATENDA KYELU et le Ministre du Budget, A. MUZITO tandis que la Banque de Développement de Chine a été représentée par Chen Yuan, dont la qualité n'a pas été indiquée. Cependant, c'est GAO JIAN, qui signa cet accord pour le compte de cette Banque.

Quant à la Convention de Collaboration, elle a été signée pour le compte de la République démocratique du Congo par le Ministre en charge des Infrastructures, Travaux Publics et Reconstruction, P. LUMBI, et pour la partie chinoise LI CHANGJIN et FAN JIXIANG, respectivement représentant légal de CHINA RAILWAY GROUP LIMITED et SINOHYDRO CORPORATION.

Comme l'a si bien rappelé J. Mpisi, la signature de la Convention de Collaboration par le Ministre des Infrastructures, Travaux Publics et Reconstruction, et non celui des Affaires étrangères (ou encore celui d'un ministère ayant en charge l'Economie, ou les Finances...) a été fustigée et partant, ladite convention a été qualifiée d'illégale.

En réaction à ces critiques, P. Lumbi, dans son intervention à la plénière de l'Assemblée nationale du 14 mai 2008 avait soutenu que cette convention constitue bien un contrat légal, qui a été conclu en conformité avec les lois de la République. Il s'en était référé à l'article 213, alinéa 2 de la Constitution du 18 février 2006, qui prévoit la possibilité pour le Gouvernement de la République démocratique du Congo de conclure certains accords internationaux non soumis à la ratification après délibération du Conseil des Ministres et d'en informer après les deux chambres (Assemblée nationale et Sénat). Il s'agirait « des accords en forme simplifié » qui sont des traités bilatéraux ou multilatéraux signés par des Etats suivant une procédure raccourcie.

A la question de savoir pourquoi cette Convention n'a donc pas été signée par les deux Gouvernements (la Chine et la RDC), le numéro un des Infrastructures de la République démocratique du Congo, de l'époque, avait expliqué qu'il fallait, à tout prix, rechercher un financement qui n'aurait aucune incidence devant alourdir la dette extérieure de la RD Congo. Pour y arriver, les deux parties avaient convenu de travailler sur un modèle qui évite le prêt d'Etat à Etat. Le choix des entreprises publiques de deux Etats en était donc un passage obligé[38].

En ce qui concerne la première question nous estimons qu'il eut fallu que cette convention soit signée par le ministre du Budget et des Finances vu que le régime juridique de cette Convention place la SICOMINES dans un régime qui s'apparente au régime minier conventionnel prévu par les articles 38 à 43 de l'Ordonnance-loi n° 81-013 du 02 avril 1981 portant législation générale sur les Mines et les Hydrocarbures. Cette loi dispose clairement en son article 43 que la convention minière est initiée au nom du Conseil exécutif par le département des Mines. Elle est signée pour la partie Zaïre par les Commissaires d'Etat aux Finances et Budget. Au cas où la Convention prévoit la participation de l'Etat dans la société minière qui sollicite les avantages de cette législation, le Commissaire d'Etat au Portefeuille interviendra également à sa signature.

---

[38] Jean MPISI, *Op Cit*, pp. 38-39

Conclusion

De la lecture de cette disposition légale, il semble à première vue qu'il n'y a pas d'inconvénient que le Gouvernement ait signé la convention avec les entreprises chinoises puisque cette pratique date de longtemps dans le secteur minier où on pouvait concevoir suivant l'article 43 précité que le Gouvernement Zaïrois s'engage avec le privé pour la création d'une société minière devant bénéficier d'un régime conventionnel. Cependant, il se pose un problème parce qu'en 2008, année de la conclusion de la Convention de Collaboration entre le GEC et la République démocratique du Congo, l'option pour les entreprises minières qui devaient se constituer après l'entrée en vigueur du Code minier de 2002 d'être régies suivant le régime minier conventionnel était abolie.

Chapitre 5

De la réalisation du Projet Minier

Il m'apparaît important de parler de la réalisation du projet minier dans le présent chapitre. La première section porte sur l'aperçu général du projet SICOMINES. La seconde section évoque le défi relevé de l'alimentation en énergie électrique. La troisième porte sur la production réalisée par la SICOMINES et les paiements effectués en faveur de l'Etat congolais ainsi que ses réalisations en faveur de la population locale, les réalisations sociales en faveur de la communauté locale impactée par le projet

Section 1 : Aperçu général du projet SICOMINES

Sont traités la création de la SICOMINES, les aspects techniques du projet SICOMINES. Les paramètres techno-économiques du projet minier.

§1 : De la création de la SICOMINES

La Sino-Congolaise des Mines, en abrégé SICOMINES SARL, a été créée en date du 30 novembre 2007 et approuvée par décret présidentiel du 15 décembre 2007 sous la forme d'une société par action à responsabilité limitée. Elle s'est transformée en une société anonyme en 2014, consécutivement à l'adhésion de la République démocratique du Congo à l'OHADA.

Elle a pour objet social toutes opérations d'études, de prospection, de recherches et d'exploitation de toutes substances minérales valorisables ainsi que toutes opérations de concentration et traitement métallurgique et chimique, de transformation et de commercialisation de substances et leurs dérivés, pour son compte ou pour le compte des tiers, ainsi que toutes autres opérations connexes de nature à favoriser le développement de son objet social.

Elle peut, en conséquence, faire toute opération à caractère industriel, commercial, financier ou de nature immobilière, ayant un rapport direct ou indirect avec son objet ou pouvant en faciliter la réalisation ou en assurer le développement.

A. Localisation du Projet et siège social de la SICOMINES

Le projet SICOMINES se situe au Sud-Ouest de la ville de Kolwezi à une distance de 7 km de la ville. Le gisement SICOMINES est constitué par 6 mines, à savoir : Dikuluwe, Mashamba Ouest, Cuvette Dima, Jonction Dima, Cuvette Mashamba et Synclinal colline D.

Le siège social de la société est établi au numéro 2432 de l'avenue Maman Yemo, commune de Lubumbashi, dans la province du Haut-Katanga.

B. Capital social et actionnariat

Le capital social entièrement libéré est de 100 millions de dollars américains. L'investissement total de la SICOMINES est chiffré à 3,24 milliards de dollars américains constitué de :

- USD 2,49 milliards pour les travaux de construction de la mine ;
- USD 350 millions de pas de porte (le pas-de- porte a été intégré dans l'investissement total pour calculer la rentabilité du projet minier) ;
- 260 millions d'intérêt sur la durée du Projet (i) intérêt sur l'emprunt, (ii) frais de gestion et (iii) frais d'assurance ;
- USD 140 millions de fonds de roulement

Le capital social de la SICOMINES est réparti comme suit : 68 %, soit 68 millions USD pour le Groupement d'Entreprises Chinoises (China Railways 41,72%, PowerChina 25,28% et ZHEIJIANG HUAYOU 1%) et 32 %, soit 32 millions USD pour la GECAMINES et la SIMCO qui ont respectivement 20 % et 12%.

A propos de cette répartition Southern Africa Ressource Watch, SARW, relève que la participation congolaise varie entre 10 et 25 %, à l'exception de la SICOMINES où la GECAMINES détient 32% dans le capital social. En effet, il n'y a aucun contrat ou partenariat dans lequel la partie congolaise est majoritaire ou partage à part égale les participations sociales. Malheureusement, les remboursements des capitaux apportés par les investisseurs sont effectués par le projet commun, donc par les deux parties et aucun dividende ne peut être partagé avant l'amortissement de ces capitaux[39].

---

[39] SARW, *Op. Cit*, p.48.

Il a été constaté lors de la révisitation de contrats miniers signés par les entreprises publiques et d'économie mixte avec les partenaires privés que l'octroi de la majorité des parts à ces derniers s'est fait pour la quasi-totalité des contrats sur simple engagement de recherche de financement dont le remboursement est pourtant à charge de joint-ventures créées. L'absence d'une étude de faisabilité a conduit à une fixation arbitraire et déséquilibrée des parts sociales.

Il s'avère que le projet SICOMINES, quoi qu'entrepris bien après le lancement du processus de la révisitation de contrats miniers, est également empreint d'un caractère léonin. En effet, les parts sociales de cette entreprise minière ont également été fixées arbitrairement sans qu'aucune étude de faisabilité déterminant la valeur réelle de gisements cédés par la GECAMINES ne soit élaborée au préalable.

A ce sujet L. Mupepele a formulé des critiques acerbes à l'endroit de cette Convention en relevant notamment ce qui suit : « pour justifier la portion congrue au capital social dont est gratifié l'Etat congolais aux termes des négociations de ce genre des contrats de gré à gré, le principal argument avancé par la partie privée, est bien naturellement l'insuffisance de connaissances géologiques sur les gisements convoités. Pour compenser les risques que l'investisseur privé accepte ainsi de prendre en se lançant dans des travaux d'exploration sur des gisements aux ressources incertaines, on admet qu'il soit majoritaire dans le capital social de telles joint-ventures. Mais, la JV SICOMINES est aux antipodes de tels contrats. Les gisements cédés par la GECAMINES étaient parfaitement documentés, et l'analyse montre que, par rapport aux études de la GECAMINES déjà disponibles à cette époque, la valeur ajoutée des rapports des études technico-économiques menées à l'initiative de la partie chinoise demeure contestable ».

« Ce qui choque davantage dans cette distribution arbitraire des parts sociales est que les accords aient exigé de la partie congolaise la libération en numéraire de sa contribution au capital social ; ce qui revient à dire que, dans ce partenariat, les 32% des parts sociales ne constituent même pas la contrevaleur de l'apport en gisements minier de la partie congolaise. Ainsi donc, l'Etat congolais a consenti de céder dans ce partenariat, sans contrepartie, et donc à titre tout à fait gracieux, ses riches gisements de la ceinture cuprifère de Kolwezi pourtant connus pour être des plus beaux fleurons de son patrimoine géologique du Katanga de cette époque [40]».

Sans l'ombre d'un doute, la Convention Sine-Congolaise, qui concède des avantages exorbitants au Groupement d'Entreprises Chinoises qui a injustement obtenu 68 % des parts sociales pour le simple fait d'avoir amené la Banque d'import-export de Chine à financer principalement le projet minier en vertu de l'Accord de financement qu'elle a signé avec la SICOMINES SA, se révèle lésionnaire à l'égard de l'Etat congolais, qui a cédé les gisements miniers aussi riches et dont les réserves sont bel et prouvées pour n'obtenir en retour que 32%. Les parties doivent sans ambages reconnaitre l'aspect léonin qui affecte cette convention qui est donc appelée à être réexaminée en vue de rétablir l'équilibre des avantages entre Parties.

Je rappelle les aspects techniques du projet SICOMINES dans les lignes suivantes.

§2 : Aspects techniques du Projet SICOMINES

Il est question de l'extraction minière et métallurgique, des ressources et réserves des SICOMINES et des paramètres techno-économiques du projet minier

A. Extraction minière et métallurgie

Le gisement de SICOMINES est une mine à ciel ouvert. L'étude de faisabilité de la société recommande de traiter ces minerais dans un concentrateur d'une capacité de traitement de 25 milles tonnes par jour. Après concassage, le minerai passe par un broyage semi-autogène (SAG-Mill), puis par un broyage à boulets avant une flottation des sulfures suivie d'une flottation des oxydes.

Les concentrés sulfures et oxydes ainsi obtenus sont respectivement alimentés dans les circuits d'extraction pyrométallurgique et hydrométallurgique.

---

[40] Léonide MUPEPELE in Rapport ITIE-RDC, *Etude d'évaluation de la mise en œuvre de la Convention de Collaboration relative au développement d'un projet minier et d'un projet d'infrastructure en RD Congo/ Projet SICOMINES*, décembre 2021, pp.71-72.

Cette étude renseigne que la capacité annuelle de l'exploitation de la carrière et de traitement de concentrateur de SICOMINES est de 9,1 millions tonnes de minerai, soit 27576 t/d ; la capacité de production annuelle des usines pyrométallurgie est de 138 982 tonnes cuivre noir et 1 312 tonnes de l'alliage cupro-cobaltifère (30% de cobalt) ; la capacité de production annuelle du linge d'hydrométallurgie est de 117 143 tonnes de cathode de cuivre et 12 688,8 tonnes (40% de cobalt) de carbonate.

Que dire des Ressources et réserves des SICOMINES ?

B. Ressources et réserves des SICOMINES

Tel qu'il a été précisé plus haut, les périmètres miniers de la SICOMINES lui ont été cédés par la GECAMINES suivant l'article 4 de la Convention de Collaboration du 22 avril 2008. Il s'agit de Dikuluwe, Mashamba Ouest, Jonction D, Cuvette Dima, Cuvette Mashamba et Synclinal Dikuluwe Colline D couverts par les Permis d'exploitation n°9681 et 9682. Dans le cadre de la prospection et exploitation de ces mines, la GECAMINES avait effectué 682 sondages. Les gisements de Dikuluwe et Mashamba Ouest ont été exploités par cette dernière entre les années 1970 et 1990 avec une production de 483,4 millions de tonnes de minerais en teneur de 4,9% de cuivre et 0,114% de cobalt, soit 2,37 millions de tonnes de cuivre métal et 55000 tonnes de cobalt.

Dans le cadre de l'accord de coopération avec les entreprises chinoises ayant abouti à la constitution de la SICOMINES, la GECAMINES avait présenté des réserves confirmées de 6 813 400 tonnes de cuivre et 426 600 tonnes de cobalt, des réserves probables et possibles sont de 3 450 000 tonnes de cuivre, soit, au total, 10 260 000 tonnes de cuivre métal[41].

Pour vérifier la véracité et la stabilité des données présentées par la partie congolaise à l'Est et à l'Ouest du périmètre minier, la SICOMINES avait pour sa part effectué une prospection géologique sur un réseau de 100m*100m dans le gisement de Dikuluwe et Mashamba Ouest avec un sondage plus profond de 372 m pour Dikuluwe et 446m pour Mashamba. Elle

[41] Par réserve minérale, on entend la partie des ressources minérales techniquement exploitables avec les moyens et méthodes que l'on s'est donnés, dans un contexte environnemental et social donné et pour un prix de vente déterminé tandis qu'une ressource minérale c'est la quantité totale d'une ou plusieurs substances minérales contenu (s) dans un gisement dont la forme et la composition sont définies.

a eu à effectuer, au total, 118 sondages avec un mesurage de 38 828,04m dans la première tranche des travaux de prospection complémentaire. En comparaison avec le sondage effectué par la GECAMINES, il s'est dégagé une différence de 0,98% sur la profondeur de sondage, une augmentation de la teneur de cuivre et cobalt respectivement de 3,93 % et 40,94%.

Il résulte des travaux de recherche effectués par la SICOMINES que la réserve totale de ses gisements de cuivre est de 254 000 000 tonnes, avec une teneur de 3,36% et 0,22% pour le cobalt, soit 8 544 900 tonnes de cuivre métal et 571 000 tonnes de cobalt métal, dont la réserve confirmée des minerais est de 200 000 000 tonnes de cuivre métal et 3 73 000 tonnes de cobalt ; la réserve probable des minerais est de 53 000 000 tonnes avec une teneur de 2,94% de cuivre et 0,37 % de cobalt, soit 1 567 000 tonnes de cuivre métal et 197 900 tonnes de cobalt métal.

A propos de l'étude de faisabilité de la SICOMINES qui a été élaborée par China ENFI Engineering Corporation en avril 2010, elle a été qualifiée d'une étude partielle et inachevée par L. Mupepele[42] qui fustige le fait que China ENFI ait affirmé ne s'être limitée dans son approche qu'à confirmer le potentiel des gisements déjà documentés par la GECAMINES et n'avoir réalisé aucune campagne sur la partie Nord de la concession minière occupée notamment par le Synclinal Dik Colline sur une superficie de 1,44 km2, et d'autres gisements additionnels de la série Kamirombe. De même, en extension verticale, ses travaux se seraient limités à la côte 1100 m alors que le gisement continue plus en profondeur et que la mine est prévue de s'approfondir jusqu'à la 990 m.

De cette analyse, L. Mupepele conclut que cette étude de faisabilité ne serait que partielle et qu'en conséquence, le projet SICOMINES, dans sa conception et son format actuels, reste un projet inachevé. Au nombre des effets que cette vision séquentielle de mise en œuvre du projet SICOMINES implique, c'est le fait que l'Etat congolais devra encore attendre que SICOMINES daigne un jour initier une deuxième tranche de campagne de prospection sur les zones non encore explorées pour qu'il soit en position de connaître le potentiel réel qu'il a effectivement engagé au travers de ce partenariat.

---

[42] L. Mupepele in Rapport ITIE-RDC, *Op. cit,* pp 86-90

Réagissant aux critiques formulées L. Mupepele par lettre numéro 0078/DG/SCM/2021, la SICOMINES avait dressé la situation sur l'état de son patrimoine minier tel que repris dans les deux tableaux suivants :

Ressources de SICOMINES

Ressources	Minerai	Teneur moyenne en %		Stock métal en T	
	T	Cuivre	Cobalt	cuivre	cobalt
Mesurées	0			0	0
Indiquées	200 799 000	3,48	0,186	6 977 824	373 103
S/Total	200 799 000	3,48	0,186	6 977 824	373 103
Inférés	53 363 000	2,94	0,371	1 567 098	197 860
Total	254 162 000	3,36	0,225	8 544 922	570 963

Réserves de SICOMINES

Réserves	Minerai	Teneur moyenne en %		STOCK METAL EN T	
	T	Cuivre	Cobalt	cuivre	cobalt
Prouvées	0			0	0
Probables	168 733 000	3,61	0,139	6 089 080	235 257
	168 733 000	3,61	0,139	6 089 080	235 257

La situation telle que présentée par L. Mupepele démontre à suffisance le réel problème de la méconnaissance de notre sous-sol. Et pourtant, dans la loi minière l'Etat a notamment pour rôle de promouvoir et de réguler le développement du secteur minier. A cet effet, il entreprend, à travers des organismes spécialisés créés à cet effet, des activités d'investigation du sol ou du sous-sol dans le but d'améliorer la connaissance géologique du territoire national ou à des fins scientifiques ou d'amélioration et de promotion de l'information géologique du pays ou de la province qui ne requièrent pas l'obtention d'un droit minier ou d'un droit de carrières[43].

Il faut souligner que par décret n°17/016 du 04 décembre 2017, la République démocratique du Congo a créé le Service Géologique National du Congo, SGN-C, qui est un établissement public à caractère scientifique et technique dont l'objet est de procéder à la recherche géologique de base, la compilation et la publication d'informations relatives aux géosciences ainsi que la diffusion et la vulgarisation desdites informations.

Cependant, depuis sa création jusqu'à ce jour ce service n'arrive pas à assumer pleinement son rôle faute de moyens financiers. La Banque mondiale qui avait prévu d'accompagner sa mise en place par l'érection d'un bâtiment devant l'abriter, la dotation d'un laboratoire moderne et performant ainsi qu'une banque de données géologiques s'était dessaisie à cause de la lenteur administrative de la République démocratique du Congo qui avait pris du temps pour la création de ce service.

Le Gouvernement qui devait prendre en charge le SGN-C n'a pas accordé un intérêt particulier à sa mise en œuvre si bien qu'à ce jour ce service connait des difficultés de tous ordres.

Que retenir des paramètres techno-économiques du projet minier ?

C. Paramètres technico-économiques du Projet minier

Dans l'étude de faisabilité présentée par ENFI, l'analyse technico-économique a été élaborée sur la base des paramètres suivants :

SICOMINES SARL s'est fixé pour objectif d'opter pour un process et une technologie performante, capables de minimiser les coûts d'exploitation qui devront être avantageusement comparables à ceux des sociétés opérant dans le même secteur.

L'investissement total du projet s'élève à 3 664,08 Mi USD dont Mi 3 198,35 USD pour la construction, 300,06 USD d'intérêt, et Mi 167, 67 millions USD de fonds de roulement. Dans son étude de faisabilité la SICOMINES estime qu'à l'année de l'atteinte de la capacité prévue pour la

[43] Loi n°007/2002 portant Code minier telle que modifiée et complétée par la Loi n°18/001 du 09 mars 2018, article 8

production du projet, elle devra donc produire 133 249 tonnes de cuivre noir (98,5% de la teneur, soit 131 250 tonnes de cuivre métal), 1461 tonnes d'alliage (52,38% de la teneur de cuivre et 30% de la teneur de cobalt, soit 765 tonnes de cuivre métal et 438 tonnes de cobalt métal), 115 954 tonnes de cathode de cuivre (99,9935% de la teneur, soit 115 946 tonnes de cuivre métal), 12 822 tonnes de carbonate de cobalt (40% de la teneur de cobalt, soit 5 129 tonnes de cobalt de métal).

Le chiffre d'affaires de la SICOMINES s'élève à 1374,33 millions Mi USD, le coût total annuel est de 690, 62 millions de dollars américains, le bénéfice total annuel est 667,48 millions USD. La durée de récupération d'investissement est de 8,85 ans, le taux de rentabilité capital est de 18,57%.

L'étude de faisabilité de SICOMINES suggère qu'en investissant 3 milliards USD dans le projet d'Infrastructures, le taux de rentabilité d'investissement de la partie chinoise est de 15,78%. Au cas où le taux de rentabilité n'atteint pas le chiffre d'affaire prévu dans la Convention de Collaboration, le montant d'investissement du projet d'Infrastructures sera réajusté par rapport à la rentabilité du Projet Minier.

Il convient de relever les obstacles dans la mise en œuvre du projet SECOMINES.

§3 : Obstacles connus dans la mise en œuvre du Projet SICOMINES

Comme nous l'avons relevé plus haut la SICOMINES a été créée en décembre 2007 avec comme objet social toutes opérations d'études, de prospection, de recherche et d'exploitation de toutes substances minérales valorisables, ainsi que toutes opérations de concentration et de traitement métallurgique et chimique, de transformation et de commercialisation de ces substances et de leurs dérivés, pour son compte ou pour le compte des tiers.

Pour ce faire, la SICOMINES avait lancé les travaux de construction de sa mine en date du 16 avril 2013, soit 5 ans après la signature de la Convention de Collaboration. Il se révèle que le démarrage des travaux de construction de la mine en 2013 a accusé un réel retard. D'après les explications fournies par Jean Mpisi ce retard serait dû à plusieurs difficultés[44] dont celles reprises ci-dessous.

Comme obstacles, il convient de relever la non approbation du projet de coopération, de l'étude de faisabilité, la problématique autour de la constitution de la SICOMINES, la libération du solde du capital social,

1) Non approbation du Projet de coopération

   Le projet de coopération n'était pas encore formellement approuvé ni par les ministères congolais des Mines et du Portefeuille, ni par les autorités compétentes de la République Populaire de Chine (RPC) et que, par conséquent, la Convention de JV n'était toujours pas entrée en vigueur.
   Il me faut souligner en outre comme obstacle la non approbation de l'étude de faisabilité.

2) Non approbation de l'étude de faisabilité

   L'étude de faisabilité initialement prévue pour six mois à partir du 10 octobre 2008, date de cession des droits et titres miniers, n'était toujours pas approuvée ni par le Conseil d'administration de la SICOMINES ni par les autorités gouvernementales des deux pays.
   Il faut souligner aussi la problématique autour de la constitution de la SICOMINES.

3) Problématique autour de la constitution de la SICOMINES

   Le décret portant autorisation de fondation de la SICOMINES SARL a été donné illégalement sans que l'une des conditions impératives pour la fondation d'une SARL, à savoir la libération préalable d'au moins un cinquième du capital social, ait été remplie. Si la preuve de cette libération n'existe pas, SICOMINES SARL s'exposerait aux mêmes désagréments que l'entreprise minière KMT SARL. Plus tard, ce problème sera résolu, en précisant que SICOMINES SA a cessé d'être une SARL pour devenir une société anonyme (SA)

Je signale dans les lignes qui suivent l'obstacle en lien avec la libération du solde du capital social.

---

[44] J. MPISI, *Op. Cit*, pp 178-184.

4) Libération du solde du capital social

Dans les deux mois de l'approbation de l'étude de faisabilité par le Gouvernement de la RPC, la partie chinoise devait libérer le solde du capital social de SICOMINES SARL, soit 50 millions USD. Elle ne s'exécutera qu'après l'achèvement de l'étude de faisabilité.

L'autre obstacle est lié à la recherche et à la mise en place du financement du projet.

5) Recherche et mise en place du financement du projet

Contractuellement, le Consortium avait l'obligation de rechercher et de mettre en place le financement au profit du projet de Coopération. Mais aucun délai n'avait été fixé dans les conventions pour la recherche et la mise en place dudit financement au profit du projet de Coopération. Et le Groupement d'Entreprises Chinoises n'avait pas encore communiqué à la GECAMINES l'acte par lequel il se portait fort des engagements financiers du Consortium.

Toutefois, le Consortium, par le biais de la Commission Nationale du Développement et de la Réforme de la Chine, avait déjà mobilisé « la dépense préliminaire » d'environ 518 millions USD pour la mise en œuvre du projet Minier et 338 millions USD pour la réalisation des travaux d'infrastructures les plus urgents.

Ce retard et l'insuffisance des ressources financières dans l'exécution du projet Minier ont contraint, en 2012, la SICOMINES à revoir le contenu initial de ce projet, à le rajuster et à établir ainsi un *nouveau projet* dit « Projet de mise en production par Etapes du Gisement cupro-cobaltifère de SICOMINES en République démocratique du Congo», lequel consiste à raccourcir la période de construction, à baisser l'investissement et à écourter la phase préparatoire afin d'atteindre la productivité anticipée de 7 ans en 4 ans. L'investissement à la construction du gisement est ainsi désormais de 2,250 milliards USD.

L'auteur précise que dans le souci de faire progresser le Projet du gisement cupro-cobaltifère que la Convention de Collaboration lui avait confié, la SICOMINES, s'était mise en cette année 2012 à la recherche des canaux de financement, c'est-à-dire des voies et moyens pour financer le Projet Minier.

Une telle affirmation démontre clairement le problème qui se pose autour du financement de deux projets découlant de la Convention de Collaboration de 2008.

Cette question de financements de ces projets avait même défrayé la chronique en 2013. Il a été signalé dans différentes presses écrites qu'EXIM Bank était au point de mettre un terme aux financements des projets minier et infrastructure dans le cadre du contrat dit chinois alors qu'il était convenu qu'elle mette à la disposition de la SICOMINES un fond estimé au départ à 9 milliards USD, somme revue à la baisse à hauteur de 6,2 milliards USD suivant les recommandations des Brettons Wood et du Fonds monétaire international.

En effet, il a été indiqué par différentes presses qui avaient abordé le sujet à l'époque, notamment le Journal Congo news, que la China Export-Import, s'était retirée de cette « affaire », en d'autres termes elle avait renoncé au financement desdits projets.

Cette renonciation aurait été due au risque trop élevé que comporterait cette convention après le retrait de la garantie de l'Etat effectué en 2009 à la suite des pressions exercées par la Banque mondiale et le FMI. Pour compenser l'absence de la garantie de l'Etat congolais, EXIM Bank avait exigé que le Gouvernement congolais cède les 32% de la GECAMINES dans la SICOMINES à la partie chinoise de manière qu'elle devienne 100% actionnaire de cette société. Le Gouvernement congolais n'ayant pas accédé à cette exigence de cette institution financière chinoise, d'où l'impasse dans laquelle se trouve ce projet avec un décaissement dérisoire de 468 millions USD en près de 5 ans sur le 6, 2 milliards USD prévus.

Fixant l'opinion publique sur cette question, M. EKANGA, cité par J. Mpisi, fixait l'opinion publique sur la question en expliquant ce qui suit : « dans les correspondances qui ont suivi la Convention, la Banque chinoise avait, en 2011, demandé à la GECAMINES de céder ses 32% des parts dans la SICOMINES afin que cette dernière devienne 100% chinoise. Mais, mis au courant, l'Etat congolais ne pouvait accéder à cette demande osée. Etant donné que les entreprises chinoises, en tant qu'actionnaires de SICOMINES au même titre que la GECAMINES, déposent des garanties auprès d'EXIM Bank, cette dernière voulait que la GECAMINES apporte aussi des garanties.

Nous avons dit que ce n'était pas prévu dans les accords, notamment dans la Convention de Collaboration »[45].

Le numéro un du BCPSC avait, dans un autre cadre, mis à nu les caprices d'EXIM BanK en affirmant ce qui suit : « qu'au fil du temps, EXIM Bank, croyant avoir le monopole du financement chinois, va devenir exigeante, en tentant d'imposer de nouvelles règles du jeu dans la Convention de Collaboration qu'elle n'avait pas signée. L'une de ses exigences sera celle de déposséder la République démocratique du Congo de ses parts dans la SICOMINES, et de faire de celle-ci une société à 100% chinoise. Et de poursuivre, s'il faut parler du retrait d'EXIM Bank, ceci devrait être compris comme une mise à mal d'une principale obligation du Groupement d'Entreprises Chinoises, consistant à trouver de l'argent auprès d'une institution pour financer les infrastructures. La République démocratique du Congo vint, en quelque sorte, au secours de ses partenaires, en leur cherchant d'autres éventuels financeurs. Elle en retint alors deux, la Bank of China et la China Bank of Development, qui acceptèrent d'intégrer l'aventure sino-congolais. Mais dès qu'EXIM Bank apprit qu'elle allait être remplacée, elle revint dans la danse. Dès lors, les parties chinoises prenantes au contrat historique du 22 avril 2008 se trouvent avec trois banques prêtes à financer les infrastructures ! Bien plus, EXIM Bank voudrait qu'elle redevienne l'unique financeur, mais c'est à l'Etat congolais d'en décider ».

Le différend qui opposait le Gouvernement congolais à la partie chinoise quant aux financements des projets Mines et Infrastructures avait semblé être réglé puisqu'en date du 10 juillet 2013, juste après le remous provoqué autour de cette question, un protocole d'accord de financement a été conclu entre la SICOMINES et EXIM Bank.

Cependant, malgré la signature de ce protocole d'accord, il se constate que de 2013 à ce jour l'exécution du projet infrastructure piétine. Ce retard criant sinon cette léthargie qui se constate dans la réalisation des ouvrages publics retenus dans le cadre de cet accord constitue un manquement de la part du Groupement des Entreprises Chinoises qui n'a pas pu exécuter correctement son engagement conventionnel (obligation) consistant à mobiliser et à mettre en place le financement pour la construction des infrastructures en République démocratique du Congo. Ce qui a d'ailleurs

[45] *Ibid*, pp, 146-147.

conduit le Gouvernement congolais à recourir à d'autres partenaires chinois en vue de faire évoluer le projet qui stagne. Face à l'inexécution persistante ou à la violation par la partie chinoise de son obligation substantielle de la mise en place du financement nécessaire pour la reconstruction des Infrastructures projetées, il y a lieu de se demander l'opportunité de la maintenir en vigueur la Convention de Collaboration de 2008 telle que modifiée à ce jour ou s'il faudra la renégocier.

En se rappelant de la manière dont les entreprises chinoises concernées ont été vantées par les tenants de ce modèle, qui les présentaient à l'époque comme étant les seuls à financer la reconstruction de la République démocratique du Congo en y injectant des milliards, cette situation est de nature à déchanter plus d'un Congolais. Parmi tant d'autres thèses similaires, on se souviendra des propos P. Fortin avait, pour sa part, soutenu que c'est un très bon accord, avantageux pour le pays en martelant : « qui donc aurait pu prêter au Congo trois milliards de dollars aujourd'hui, à un taux préférentiel et pour construire des infrastructures indispensables ? Ni la Banque mondiale, ni l'Union européenne, ni le Canada, ni la Belgique n'auraient pu consentir une telle somme. Nul autre que la Chine n'a une telle accumulation de dollars à recycler. Le programme va s'étaler sur dix ans sinon quinze. Le consortium chinois, en partenariat avec la GECAMINES, va dégager suffisamment de fond pour rembourser les prêts… »

Aujourd'hui quinze ans après la conclusion de cette convention la partie chinoise n'a pas fait preuve de générosité à l'égard de la République démocratique du Congo qui comptait beaucoup sur ce « deal ». Et pour cause ? Nous tenterons de trouver les vraies raisons de ce blocage au moment de l'évaluation de cette convention.

Selon le planning de construction de ce projet, la durée de construction de la mine a été fixée à 4 ans. Dans la première année de construction, il devait y être effectué les travaux de dénoyages de l'ancienne carrière, les travaux de forages, de dénoyages en surface et dans la carrière, la construction de l'atelier de maintenance des engins de carrières, les travaux d'hydrofuges et la construction d'une partie des installations administratives. La découverture de la carrière devait commencer dès que le niveau d'eau de l'ancienne carrière descendait à plus de 60 m et en même temps, la construction de concentrateur et des usines métallurgiques. C'est à la fin de la quatrième année de la construction que devrait commencer la mise en production minière.

Il a été prévu qu'après l'achèvement de la construction de la mine, dans les trois premières années, la capacité de production devait être respectivement de 30%, 50% et 80% de la capacité prévue d'exploitation de carrière. A la quatrième année, la capacité d'exploitation devrait atteindre la capacité prévue, soit 25 000 tonnes par jour.

Les lignes qui suivent évoquent le défi relevé de l'alimentation en énergie électrique.

Section 2 : Le défi relevé de l'alimentation en énergie électrique

A l'instar de tous les projets miniers, la mise en production du projet SICOMINES a exigé une production importante d'énergie. On le sait bien, le secteur de l'énergie comprend principalement deux sous-secteurs, à savoir : l'eau et l'électricité. La RD Congo vit un contraste énergétique patent entre son potentiel énergétique estimé à 100 000 mw et un taux le plus faible d'accès des populations à l'électricité de 9% soit le plus faible du continent.

Il est reconnu que pour exploiter le potentiel géologique à des coûts compétitifs, les miniers ont besoin d'une énergie propre, fiable, abondante et à moindre coût. Pour ce faire, seule l'hydro électricité peut l'offrir. Ainsi, compte tenu de ce paradigme il a été tenu du 08 au 10 aout 2011 une conférence qui avait réuni les parties prenantes du secteur minier notamment le ministère des mines, les opérateurs miniers avec les parties prenantes du secteur de l'Energie de la RD Congo et des Transports dont l'objectif était de mettre en œuvre une Synergie Mines-Energie et Transports en vue de combler les déficits énergétiques et de contribuer au financement des infrastructures énergétiques et de transport dans un cadre de partenariats public-privé dont les modalités sont à définir dans un cadre de concertation.

Au demeurant, la question de l'alimentation en énergie électrique a été prise en compte dans l'étude de faisabilité de la SICOMINES. En effet, dans ce document il est clairement expliqué pour les travaux de dénoyage des mines et de construction des usines, que la SICOMINES SARL avait besoin de 40 MW que la SNEL s'était engagée à lui fournir. Cependant, les besoins énergétiques totaux de ce Projet étaient estimés à 170 MW ; comme l'offre de la SNEL était insuffisante pour satisfaire ces besoins, l'option a été levée de construire un nouveau barrage hydroélectrique d'une capacité estimée à 240 mégawatts (MW) pendant la 2ème période des travaux (exploitation, exhaure, criblage, métallurgie, pyrométallurgie et production d'acide sulfurique), afin de produire 9.1000.000 tonnes de minerais par an.

Ainsi, j'évoque la genèse du projet de construction de la centrale de Busanga et la création de la SICOHYDRO

§1 : Genèse du projet de construction de la centrale de BUSANGA[46]

Face aux défis de fourniture en énergie électrique dont auxquels faisait face le projet minier, la réalisation d'un barrage hydroélectrique capable de fournir et de garantir l'approvisionnement permanent de cette énergie s'était avérée un impératif.

En 2015, après avoir examiné le rapport de son étude de faisabilité, les experts du ministère de l'Energie et Ressources hydrauliques du Gouvernement congolais émirent le document dit d'approbation.

En février 2016, l'Agence congolaise de l'environnement (ACE) délivra le certificat environnemental. Cette même année constitue une année charnière en ce que la République démocratique du Congo, China Railways Resources Group Co.LTD (CRR) et Power China Resources Limited (PCR) signèrent l'accord de joint-venture relatif à la construction et à l'exploitation de la centrale hydroélectrique de Busanga, en même temps que nait la Sino-Congolaise Hydroélectrique de Busanga, société anonyme (SICOHYDRO).

En aout de la même année est signé entre le ministère congolais de l'Energie et Ressources hydrauliques et la SICOHYDRO, le contrat de concession relatif à la production de l'énergie électrique du site de Busanga, sur la rivière Lualaba dans la province portant le même nom.

Depuis 2018, avec la mise en œuvre complète de quatre principaux projets de barrages, l'usine, tunnels de dérivation et installations d'équipement mécaniques et électriques, la construction du projet a progressé à pas de géant. Dans le but de construire une centrale électrique de classe mondiale, offrant

46 ACP « La centrale hydro-électrique de Busanga, premier barrage hydroélectrique du Katanga grâce à la SICOMINES SA », *Agence congolaise de presse,* Kinshasa, janvier 2022, accessible sur acpcongo.com/index.php/2022/01/10/la-centrale-hydro-electrique-de-busanga-premier-barrage-hydroelectrique-du-katanga-grace-a-la-sicomines-s-a/

une sécurité, une qualité et une efficacité élevée, le projet de la centrale de Busanga vise à obtenir le prix Luban, la plus haute distinction du secteur de construction en Chine, ainsi que des prix de renommée internationale.

Ces travaux se sont achevés en 2021, avec un coût évalué à près de 656.000.000 USD (six cent cinquante-six millions de dollars américains) totalement financé par la partie chinoise. La concession d'exploitation du projet est de 30 ans et plusieurs ouvrages auxiliaires sont apprêtés : route d'accès, ligne électrique de construction combinée, route coté rive gauche et rive droite, usine de production de sables.

Il importe de noter que cette centrale est le premier grand projet d'infrastructure énergétique dans la région du Grand Katanga depuis plus de 60 ans.

Le barrage de Busanga, a une capacité de production et de fourniture qui s'élève à 240 MW. Il constitue une œuvre d'envergure, tant pour cette province que pour toute la République démocratique du Congo après les quatre autres barrages que comptait le Grand Katanga, en alimentant l'industrie minière et les cités environnantes, en l'occurrence les centrales urbaines, périurbaines et rurales. Il s'agit notamment du barrage de Nseke, construit en 1957 avec une capacité de production de 260 MW réduite cependant à 195 MW ; du barrage de Nzilo construit en 1952 avec une capacité de production de 100 MW réduite à 75 MW ; du barrage de Mwadingusha construit en 1930 avec une capacité de production de 71 MW pour n'en délivrer que 24 ainsi que du barrage Koni construit en 1955 avec une capacité de production de 42 MW mais qui n'en délivre que 14.

Que retenir sur la création de la SICOHYDRO ?

§2 : De la création de la SICOHYDRO

Un accord de joint-venture relatif à la construction et à l'exploitation d'une centrale hydroélectrique à Busanga a été signé entre la République démocratique du Congo et les investisseurs chinois en l'occurrence China Railways Resources Group Co. Ltd et Power China Resources Limited (PCR).

Sur base de cet accord la société commune dénommée la Sino-Congolaise Hydroélectrique SICOHYDRO SA en sigle a été créée avec pour mission de développer, de construire, d'exploiter la centrale hydroélectrique de Busanga, de transporter, de distribuer et d'assurer la commercialisation de l'énergie électrique y produite en vue d'alimenter principalement le Projet minier de SICOMINES SA.

Le capital social de cette société est fixé à 20 millions USD dont la clé de répartition se présente comme suit :

- SICOMINES : 75% ;
- GECAMINES : 7%
- SNEL : 3% ;
- Congo management : 15%

Il y a lieu de noter qu'un contrat de concession pour la construction de la Centrale hydroélectrique de Busanga a été signé le 23 août 2016 entre le Gouvernement, à travers le ministère de l'Energie et des Ressources hydrauliques et la SICOHYDRO. A la suite de la signature de ce contrat, MagEnergy, ancien propriétaire du site, a été indemnisée.

L'investissement de la centrale de Busanga a été arrêté à 656 millions de dollars dont le financement a été assuré à raison de 50% par le Fond du Projet minier et 50 autres % par SICOMINES avec l'appui des actionnaires fondateurs (Railways Resoources Group Corp et Power China Resources).

Que dire sur la production réalisée par la SICOMINES et les paiements effectués en faveur de l'Etat congolais ainsi que ses réalisations en faveur de la population locale ?

Section 3 : Production réalisée par la SICOMINES et les paiements effectués en faveur de l'Etat congolais ainsi que ses réalisations en faveur de la population locale

J'évoque les considérations générales, l'évolution de la production de SICOMINES durant ses sept premières années et les réalisations sociales en faveur de la communauté locale impactée par le projet.

§1 : Considérations générales

La phase I du projet minier cupro cobaltifère de la SICOMINES a été mise en production le 26 octobre 2015. La première cathode de cuivre produite a été dévoilée par la ministre du Portefeuille, Louise Munga en présence de son collègue des Mines Martin Kabwelulu et du Vice-gouverneur de l'EXIM Bank de Chine. Cette première phase visait une production annuelle de 125.000 tonnes de cuivre. Quant à la deuxième phase, une production annuelle de 250.000 tonnes de cuivre. La SICOMINES procéda, le 6 juin 2015 à Kolwezi, à la mise en production de l'étape 1 de son projet minier, obtint sa première cathode de cuivre en 2015.

Dans son discours de circonstance, M. Ekanga , après avoir exprimé son sentiment de satisfaction et sa gratitude à l'endroit du Président de la République, initiateur du projet de coopération sino-congolaise, a soutenu que : « lorsque le président Joseph Kabila dans son discours d'investiture du 26 janvier 2001 parlait de la reconstruction de la RD Congo, personne ne croyait qu'un jour, l'on pouvait utiliser des ressources naturelles locales pour développer le pays.Avec ses gisements de 10 millions de tonnes de réserves en cuivre et 6 millions en cobalt, SICOMINES sera le premier producteur en Afrique et va se positionner parmi les 10 premiers producteurs au monde. Tout ce que nous savons est que les gens viennent seulement exploiter nos ressources naturelles en laissant des trous par-ci par-là, et même une pauvreté indescriptible au sein de la population. Mais, jamais on n'a construit le pays. Aujourd'hui, grâce à la détermination du Chef de l'Etat Joseph Kabila et à la Coopération sino-congolaise, nous avons un modèle de partenariat public-privé qui porte des fruits »[47].

A en croire le numéro un du BCPSC, ce programme relèverait d'un pragmatisme qui traduirait la parfaite collaboration entre l'Etat et les privés. Cette collaboration contribuerait au développement socio-économique de la République démocratique du Congo.

Prenant la parole à son tour, le directeur général de SICOMINES, Sun Rulwen, a eu à déclarer ce suit : « Depuis sa création, au mois de septembre 2008, la SICOMINES exécute rigoureusement les conventions et les accords dans le cadre du projet de collaboration sino-congolaise, concrétise les engagements liés aux projets d'infrastructures, la SICOMINES développe rapidement le projet minier, achève la construction et la mise en production de la phase I composée de l'extraction des minerais, de la concentration et de la métallurgie c'est donc un projet bénéfique pour la République démocratique du Congo».

---

[47] Magasine HORIZON MINE, *mensuel* n°004 de décembre 2015

Au regard des affirmations mielleuses consistant à jeter les fleurs à la SICOMINES, il est aujourd'hui indispensable de procéder à la vérification de ce qui a été réellement fait dans le cadre de ces deux projets. Aussi, est-il nécessaire de procéder à une analyse comparative du projet SICOMINES par rapport à d'autres projets miniers de la même taille pour voir si réellement la Convention Sino-Congolaise constitue un bon modèle pour le développement socio-économique de la République démocratique du Congo.

Il convient toutefois de noter qu'en 2019, la SICOMINES S.A avait formellement démarré les travaux de la phase II de son projet. Le 30 juin 2021, le premier lot du cuivre cathodique a été produit par elle. Après l'atteinte de la capacité, l'échelle totale d'exploitation et de concentration a atteint 9100bkt/a. Ainsi, La production annuelle de cuivre cathodique est au moins de 250.000 tonnes et celle du cobalt métallique contenu dans l'hydroxyde de cobalt brut est de 5.180 t/a.

Que retenir sur l'évolution de la production de SICOMINES durant ses sept premières années ?

§ 2 : Evolution de la production de SICOMINES durant ses sept premières années

Année	Cuivre métal	Cobalt métal	Paiements effectués
2016	111.987,46		-
2017	130.387,27	451,02	1.309.493
2018	149.618,70	354,75	61,6MS
2019	136.206,51	667,28	55,1MS
2020	140.432,00	639,88	56.390.379,17
2021	132.748,43	1.143,49	92.377.153,91
2022	257.836,30	2.418,46	-

Note : les données peuvent être légèrement différentes selon le mode de calcul ou d'estimation des métaux contenus suite aux teneurs moyennes utilisées dans le calcul.

Sur 61,6 M$ payés par SICOMINES seulement 1,2 millions USD ont été payés en faveur du Trésor public. Une bonne partie du paiement, soit 43,8 M$ ont été payée en faveur de la GECAMINES notamment à titre de dividendes (29,5M$), prestation des services (13,4 M$) et amodiation (890,9K$). Par ailleurs, 8,4 millions ont été payés aux régies financières.

Sur 55,1M$ payés par SICOMINES en 2019 seulement 1,7 millions ont été payés en faveur du Trésor public. 44,1 M$ ont été payés à la GECAMINES dont 36 ,2 M$ à titre de dividendes et 7,3 millions signalés comme autres recettes.
Les pages suivantes portent sur les réalisations sociales en faveur de la communauté locale impactée par le projet.

§3 : Réalisations sociales en faveur de la communauté locale impactée par le projet

L'évolution de la responsabilité sociale des entreprises a amené l'industrie minière à admettre que la mise en œuvre des programmes de développement communautaire et la conscience des responsabilités sociales sont rentables. Les mines, en particulier lorsqu'elles sont situées dans les zones reculées, exigent l'existence de bonnes relations avec les communautés de la localité ; elles doivent obtenir et maintenir un permis social pour fonctionner et satisfaire les objectifs institutionnels de leurs compagnies ainsi que les attentes des actionnaires. Les compagnies minières admettent à présent qu'il est inacceptable pour la rentabilité que les communautés dans lesquelles elles exercent leurs activités vivent sans des services de base tels que l'approvisionnement en eau, les soins de santé, l'électricité et l'assainissement. Ces communautés manquent souvent d'infrastructures sociales telles que les écoles, les dispensaires, les hôpitaux et les cliniques, sans compter que leurs routes et leurs infrastructures restantes pour les transports sont en général médiocres. Si la communauté où se trouve la mine ne tire pas parti de l'investissement et de l'infrastructure liés à la mine, elle restera une enclave. La mine et ses richesses sont notoires et il y a une forte tentation dans ces zones locales dépourvues de partager ces richesses.

Les normes, cadres et modèles de rapport s'appliquant aux compagnies minières proviennent manifestement de multiples sources volontaires ou faisant l'objet d'une loi. L'efficacité des codes volontaires par opposition aux codes obligatoires constitue l'un des plus importants débats au sujet de la responsabilité sociale des entreprises et un recul de l'Etat. La forme volontaire de la responsabilité sociale des entreprises, par opposition à la réglementation par l'Etat, a été décrite comme l'équivalent pour les compagnies minières de ce que les mesures d'allégement de la pauvreté, telles que le ciblage et les fonds sociaux, étaient pour le secteur public et l'aide communautaire des donateurs, autant d'éléments de la riposte de la période postérieure au

Consensus de Washington aux effets négatifs de la libération du marché du brut dans les années 80[48].

En République Démocratique du Congo, la législation minière oblige le titulaire des droits miniers d'exploitation de contribuer, durant la période de son projet, à la définition et à la réalisation des projets de développement socio-économiques et industriels des communautés locales affectées par les activités du projet sur base d'un cahier des charges pour l'amélioration des conditions de vie desdites communautés[49].

Ce cahier de charge vise à servir de cadre d'accord devant permettre la concrétisation des actions du développement durable visant à améliorer le bien-être économique, social et culturel des populations locales affectées par les activités minières des titulaires de droits miniers d'exploitation de carrières permanentes pendant et après l'exploitation.

Outre le cahier des charges, le titulaire a l'obligation de constituer, en franchise d'impôt sur les bénéfices et profits, une dotation pour contribution aux projets de développement communautaire d'un montant minimal de 0,3% du chiffre d'affaires de l'exercice au cours duquel elle est constituée.

Il ressort du rapport assoupli de l'ITIE-RDC pour les exercices 2018, 2019 et 2020 (1er semestre) que sur les 20 entreprises engagées dans le processus d'élaboration du Cahier des charges, 13 ont déjà signé ce contrat environnemental et socio-économique de développement durable et 7 ont entamé le processus.

La SICOMINES se trouve donc parmi les 7 entreprises dont le processus de signature du cahier des charges était en cours.

Quant en ce qui concerne les dépenses sociales réalisées, selon les déclarations de cette société inscrites dans ce rapport assoupli, le montant des dépenses totales effectuées en numéraires est de 1,3 M $ tandis qu'en nature, ces dépenses sont évaluées à 7,2 K$.

---

48 Commission économique pour l'Afrique, *Les ressources minérales et le développement de l'Afrique* : *Rapport du Groupe d'études international sur les régimes miniers de l'Afrique*, Addis-Abeba, 2011, pp 95-96.

49 Loi n°007/2002 du 11 juillet 2002 tel que modifié et complété par la loi n°18/001 du 9 mars 2018 portant Code Minier, article 258.

Comparativement aux sociétés de même taille comme TFM et KCC il appert que ce montant d'un 1,3 million est modique pour répondre aux besoins primaires de la communauté locale impactée par le projet minier. En effet, pour la même période nous relevons que TFM a déclaré avoir engagé les dépenses en numéraires de 11,7M$ et en nature ses dépenses sont évaluées à 65,5 M$. Outre ces dépenses, TFM a mis en place un fonds dénommé TFM social community fund pour le financement des projets de développement communautaire local. Les dépenses engagées en numéraires dans le cadre de cette structure sont chiffrées à 23,3 M$ et 84,9M$ en nature.[50]

Le rapport d'évaluation des impacts du projet SICOMINES sur les droits des communautés locales élaboré par ASIBOG et IBCDH en décembre 2014 met en lumière les répercussions négatives des activités de cette société sur le cadre de vie notamment en ce qui concerne le droit à l'information/ consultation et à la participation de droit, le droit à l'alimentation et le droit au logement des communautés affectés[51].

Ce rapport renseigne qu'en ce qui concerne le droit à l'information/consultation et à la participation des communautés affectées, l'entreprise ne s'est pas conformée aux dispositions légales et réglementaires qui donnent quelques orientations sur le contenu des consultations à organiser et la catégorie des personnes à consulter. Et d'ajouter, les consultations organisées par SICOMINES s'avèrent partielles et leur contenu est en marge des termes des dispositions légales. Les couches sociales des communautés locales affectées par le projet SICOMINES notamment les cultivateurs habitant la cité de Kapata et ceux de deux fermes (Ndayi et Barthélemie), n'ont pas d'information exacte sur ce projet car n'ayant pas été consulté. D'aucuns estiment que la SICOMINES est « une affaire des Kinois et des Chinois ».

La situation a évolué d'autant plus que la SICOMINES et les communautés environnantes situées dans la région du projet minier, notamment la communauté de Luilu et le quartier Kapata, situé à Kolwezi, se

---

[50] ITIE-RDC, Rapport assoupli exercices 2018,2019, 2020 (1er semestre), adopté le 16 mars 2021, pp 257à 265.

[51] ASIBOG, IBGDH, *Défis de la protection des droits humains dans le volet minier de la collaboration entre le R.D. Congo et le Groupement d'Entreprises Chinoises : rapport d'évaluation des impacts du projet SICOMINES dans les droits des communautés locales dans la région de Kolwezi,* décembre 2014.

sont convenues sur un budget évalué à 11,5 millions USD pour financer le cahier des charges pour l'exercice 2021 à 2025. La SICOMINES et les communautés locales ont signé en date du 20 août 2023 à Kolwezi l'engagement de respecter ce cahier de charge, sous la supervision du ministre provincial des Mines du Lualaba, en présence du bourgmestre de la commune de Dilala, le chef de secteur de Luilu, les organisations de la société civile.

Ce cahier des charges, signé en août 2021, arrête plusieurs projets établis dans plusieurs secteurs, il s'agit notamment de :

- Projet de mécanisation agricole/secteur Luilu (la livraison du tracteur et tous les accessoires aux communautés ;
- Projet de réhabilitation de la digue de Mutaka/secteur de Luilu ainsi que la digueB6 du quartier Kapata (projets achevés et livrés en octobre 2022) ;
- Projet de construction de l'hôpital de de Kapata (travaux en cours d'exécution) ;
- Projet de construction d'une école primaire au village Yenge ainsi que le projet de réhabilitation de l'école Kabulungu dans le quartier Kapata ;
- Projet d'alimentation en eau potable (installation de 18 puits) ainsi que le projet d'alimentation en eau potable dans le quartier de Kapata ;
- Projet d'aménagement des terrains de football dans le secteur de Luilu ;
- Projet de réhabilitation des routes en terre battue dans le secteur de Luilu ainsi que le projet de réhabilitation des routes du quartier Kapata ;
- Projet de fourniture des transformateurs, disjoncteur et câbles électriques au quartier Kapata.

A la fin du mois de juillet 2023 8,07 millions ont été investis dans le développement des projets sociaux à travers plusieurs réalisations matérialisées, notamment la pose des câbles électriques aériens dans la ville de Kolwezi, le bitumage de la route Kapata-Musonoie-Kanina, la restauration du système d'alimentation d'eau, l'installation d'une sous-station de 500 kV à Kapata[52].

Le fait que la partie chinoise est appelée à réaliser ou réalise les ouvrages publics dans le cadre de la convention conclue avec le Gouvernement congolais ne la dédouane pas de sa responsabilité sociétale.

Comme indiqué plus haut, les investissements d'infrastructures réalisées sont compensés par les exonérations fiscales et douanières conférées à la SICOMINES. Et, de la même façon que les sociétés minières sont tenues de respecter les clauses relatives de responsabilité sociétale en mettant notamment en œuvre des projets tendant au développement socio-économique des populations impactées par leurs projets, en plus du fait qu'ils paient les impôts et autres droits en faveur du Trésor public, la SICOMINES a également des obligations envers les communautés qui sont victimes directes de ses activités en procédant à une meilleure répartition des revenus de son exploitation minière[53].

Photos illustratives du milieu environnant de la société SICOMINES

[52] Acp.cd economie : Signature d'un cahier des charges entre la SICOMINES SA et les communautés locales situées dans la région du projet

[53] Le Code minier prévoit trois sources de financement des projets de développement communautaire qui sont : la redevance minière, la dotation pour contribution aux projets de développement communautaire et le Cahier des charges

Quelles sont les réalisations sociales en faveur de la communauté locale impactée par le projet?

Section 4 : Réalisations sociales en faveur de la communauté locale impactée par le projet

Dans cette section, je me propose de comparer le projet SICOMINES avec la société Tenke Fungurume Mining (TFM). L'intérêt de cette étude comparative est de connaitre l'impact réel de la SICOMINES sur le développement socio-économique de la République démocratique du Congo par rapport aux sociétés minières de la même envergure mais assujetties au régime fiscal, douanier et non-fiscal du code minier.

J'évoque dès lors le projet Tenke Fungurume Mining, quelques points de démarcation entre SICOMINES et TFM

§1 : Le Projet Tenke Fungurume Mining (TFM)

Il me semble important de rappeler l'historique de TFM, la Révision de la convention TFM, le capital social et actionnariat, les réserves et les ressources, le régime fiscal, douanier et non fiscal, l'évolution de la production de TFM durant ses sept premières années et les paiements effectués en faveur de l'Etat congolais.

A. Bref aperçu historique de TFM[54]

En 1996, la GECAMINES lança un appel d'offres international en vue de créer une joint-venture avec un partenaire ayant la capacité financière et technique nécessaire pour l'exploitation et le développement des concessions n°198 dite TENKE et 199 dite FUNGURUME, renfermant d'importantes réserves des minerais de cuivre et de cobalt.

Plusieurs sociétés de droit étranger ont répondu à cet appel, notamment ISCOR, Southern Copper Corporation, Lundin Holding LTD, Anglo american Corporation, Angloval LTD, Glencor, BHP Minerals.

---

[54] Rapport des travaux de la Commission de révisitation des contrats miniers vol. 2 (partenariats conclus par la GECAMINES), Kinshasa, éd CEPAS, 2009.

A l'issue de la procédure de l'appel d'offres, Lundin Holding LTD a été sélectionné sur base de ses proposions suivantes :

- Parts sociales : 45% pour la GECAMINES et 55% pour Lundin Holding LTD ;
- Pas-de – porte : cent cinquante millions USD ;
- Programme de production :
- 100.000 tonnes de cuivre et 8.600 tonnes de cobalt à partir de la 4ème année ;
- 400.000 tonnes de cuivre par an à la dixième année ;
- Investissement global un milliard huit cents millions (1.800.000.000) ;
- Réserves présentées à l'appel d'offres : 10 millions tonnes de cuivre et 680.000 tonnes de cobalt.

Une convention minière a été ainsi conclue en date du 30 novembre 1996 entre la République Démocratique du Congo, la GECAMINES et la société Lundin Holding LTD en vue de la création de la jointe –venture TFM SARL.

En vertu de cette convention, la GECAMINES devait céder ses droits miniers sur les concessions ci-dessus citées, tandis que Lundin Holding LTD s'est chargée du financement de toutes les opérations de recherche et d'exploitation.

Face à son incapacité à lever des fonds promis, Lundin Holding fera appel à une autre, la société Broken Hill Proprietary LTD (BHP). Ce dernier, à son tour contactera Phelps Dodge Corporation et les deux présenteront à la GECAMINES une révision des propositions qui étaient à la base de la sélection de Lundin Holding LTD. Par la suite, Freeport, s'est substitué à Phelps Dodge Corporation dans ce partenariat.

En 2002, la loi n 007/2002 portant code minier fut promulguée par le Président de la République. Aux termes de l'article 340 dudit code, les titulaires des droits miniers découlant des conventions minières dûment signées et approuvées par le Président de la République devaient opter pour l'application des dispositions du code minier dans leur intégralité en lieu et place de leurs conventions. Cependant, TFM choisi de rester sous le régime conventionnel.

Cette convention minière fut amendée et reformulée sur proposition de Lundin Holding, actionnaire majoritaire dans TFM. Suivant cette convention amendée et reformulée les parts de la GECAMINES ont été revues à la baisse de 45% à 12,5 % et celles de l'Etat, inexistantes auparavant, ont été fixées à 5%.

Que dire sur Révision de la convention TFM ?

B. Révision de la convention TFM[55]

La société TFM figure parmi les 6 conventions minières ayant été « revisitées ». Il a été notamment reproché à Lundin d'avoir, en violation des termes de l'appel d'offres, opéré le rabattement injustifié des droits de la Gécamines, notamment sa quote-part dans le capital social de 45% à 17,5% et la prime de cession dite pas-de-porte, de 250 millions USD à 100 millions dont seulement 65 millions ont été payés à l'époque.

En exécution de la décision du Conseil des Ministres du 4 août 2009, le ministre des Mines avait organisé plusieurs séances de travail ayant abouti, plus d'une année après, à la finalisation de la renégociation de la convention minière de TFM, le 15 octobre 2010. De cette renégociation, il ressort notamment ce qui suit :

- Option de TFM de maintenir l'application du régime conventionnel pour son projet minier ;
- Paiement d'une redevance supplémentaire de 1,2 millions USD pour toutes réserves additionnelles de 100.000 t/Cu au-delà des réserves de 2,5 millions t/Cu déclarées
- Augmentation du capital social de 15,05 millions USD à 65, 05 millions USD ;
- Augmentation de l'actionnariat de GECAMINES de 17,5 à 20% non diluable ;
- Modification du taux d'intérêt annuel de LIBOR +2% LIBOR+6% moyennant engagement de TFM SARL de fournir tous les efforts pour obtenir le financement du projet à des termes et conditions plus avantageux.

Que retenir sur le capital social et actionnariat ?

---

[55] Rapport final du processus de revisitation et de renégociation des contrats miniers, Kinshasa, éd CEPAS, 2011, pp 107-110

C. Capital social et actionnariat

Le capital social de TFM a été augmenté de 15,05 USD à 65,05 millions USD à l'issue de la renégociation de son contrat avec le Gouvernement congolais en 2010 tandis que la participation des actionnaires au capital se présente comme suit : 20% pour la GECAMINES et 80% des actions jadis détenus par TF Holding Ltd (TFHL) reviennent à la société multinationale chinoise China Molybdenum, CMOC, consécutivement à la vente de part de Freeport McMoran en 2016.

J'évoque dans les lignes suivantes les réserves et les ressources.

D. Réserves et ressources

Les réserves de TFM ont été initialement estimées par la GECAMINES à 10.000.000 Tcu et 600.000 de réserves Tco. Cependant, à l'issue de la révisitation du contrat de TFM, elles ont été déclarées à 2,5 millions t/Cu. Il a été arrêté qu'une redevance supplémentaire de 1,2 millions USD soit payée à la GECAMINES pour toutes réserves additionnelles de 100.000 t/Cu au-delà de ces réserves de 2,5 millions t/cu.

Actuellement un conflit oppose la GECAMINES à son partenaire CMOC quant aux informations techniques sur ces réserves additionnelles de cuivre et de cobalt de TFM ainsi que sur les compensations financières (redevances financières) qui en découleraient. La GECAMINES a découvert que China Molybdenum aurait sous-estimé les réserves minérales de TFM pour échapper à son obligation de paiement des redevances financières.

J'analyse le régime fiscal, douanier et non fiscal au point suivant.

E. Régime fiscal, douanier et non fiscal

La loi n°18/001 du 09 mars 2018 modifiant et complétant la loi n°007 du 11 juillet 2002 portant code minier ayant dans son article 340 supprimé toutes les conventions minières, TFM est formellement soumise au régime fiscal, douanier et des recettes non-fiscales du code minier. Ce régime est exclusif et exhaustif.

Son caractère exhaustif découle de l'énumération limitative de tous les impôts, droits, taxes, redevances et autres prélèvements parafiscaux perçus tant au profit du Gouvernement que des provinces et des entités territoriales décentralisées.

En ce qui concerne son caractère exclusif, il en ressort que seuls les impôts, droits, redevances et autres prélèvements parafiscaux perçus tant au profit du Gouvernement qu'à celui des provinces et des entités territoriales décentralisées prévus dans le code minier sont applicables au titulaire de droit minier y compris les sous-traitants, le titulaire d'une autorisation d'exploitation de carrières permanentes autre que celle des matériaux de construction d'usage courant et, les détenteurs des agréments au titre d'entités de traitement agréées.

Que retenir sur l'évolution de la production de TFM durant ses sept premières années et les paiements effectués en faveur de l'Etat congolais ?

F. Evolution de la production de TFM durant ses sept premières années et les paiements effectués en faveur de l'Etat congolais

La production commerciale de TFM a commencé au mois de mai 2009 avec 70.000 tonnes de cuivre et 2.580 tonnes de cobalt. Toutefois, dans le cadre de cette étude nous prenons en compte les données de l'année suivante pour la seule raison que la société a travaillé pleinement de janvier à fin décembre. Ce qui nous permet de faire une bonne comparaison avec les autres en adoptant le même principe.

Année	Production cuivre	Production cobalt	Paiements effectués
2010	120.171	9.225	102.389.096
2011	127.367	11.182	149.086.114
2012	157.671	11.669	105.898.571
2013	209.774	12.751	206.574.620
2014	205.639	18.972	205.036 892
2015	203.964	16.014	391.875.470
2016	215.940	16.053	193.258.205
Total			1.354.118.968

Quels sont les Quelques points de démarcation entre SICOMINES et TFM ?

§2 : Quelques points de démarcation entre SICOMINES et TFM

Contrairement au contrat chinois qui a été conclu de gré à gré, le partenaire de la République démocratique du Congo dans TFM a été choisi sur base d'un appel d'offres international lancé par la GECAMINES.

Les obligations des parties se résument essentiellement de la manière suivante :

GECAMINES :

- cède à TFM ses droits et titres miniers (PE) ;
- donne à LUNDIN HOLDING toutes les informations, plans, études sur les gisements de TENKE et FUNGURUME.

LUNDIN HOLDING LTD :

- Finance toutes les opérations de recherche et d'exploitation (étude de faisabilité dont le coût a été estimé à 48.000.000 USD.

Sur le plan financier, le capital social de TFM est de 65,05 millions USD tandis que celui de la SICOMINES est évalué à 100 millions de dollars américains.

Dans l'étude de faisabilité de TFM, il est prévu la réalisation de trois phases du projet dont les prévisions d'investissement total s'élèvent à plus de 3 milliards de dollars. Ce chiffre avoisine donc l'investissement du projet SICOMINES qui est de 3.24 milliards de dollars américains.

Quant aux réserves minières de TFM, celles-ci ont été initialement estimées par la GECAMINES à 10.000.000 Tcu et 600.000 de réserves Tco. Cependant, à l'issue de la « révisitation » de contrat de TFM, il a été déclaré à 2,5 millions t/Cu. Par ailleurs, il a été prévu qu'une redevance supplémentaire de 1,2 millions USD soit payée à la GECAMINES pour toutes réserves additionnelles de 100.000 t/Cu. Cette disposition nous amène à croire que les réserves présentées par la GECAMINES n'étaient pas certaines. Ce rabattement nous parait surprenant voire inquiétant compte tenu de la certitude qu'avaient les dirigeants de la GECAMINES que ces gisements pourraient être supérieurs. L'histoire se répète, dit-on, il y a lieu de craindre que tôt ou tard les partenaires de la GECAMINES dans SICOMINES revoient à la baisse les réserves de la société estimées à 10.616.070 Tcu et 626.619 Tco.

Une autre comparaison de taille mérite d'être faite par rapport aux paiements effectués par ces entreprises en faveur de l'Etat congolais. En effet, nous avons vu plus haut que de 2010 à fin 2016, soit sept ans après la première année de lancement de sa production, TFM a effectué dans l'ensemble le paiement de l'ordre de 1.354.118.968 au profit du Trésor public et d'autres services publics de la République démocratique du Congo tandis que la SICOMINES, comme emprunteuse auprès d'EXIM BANK Of China, a fait bénéficier à l'Etat un préfinancement de 822.190.060 pour la réalisation des travaux d'infrastructures, montant qui compense les paiements d'impôts, droits, taxes douanières, redevances qui auraient dû être payés par cette JV Minière.

Les exonérations dont bénéficie la SICOMINES doivent en principe générer des revenus qui doivent être affectés au remboursement des financements obtenus auprès d'EXIM BANK of China, tant le montant principal que les intérêts échus.

Ainsi, à la lumière de ce qui précède, il se dégage que la plus grande différence entre les deux modèles est que dans la Convention Sino-Congolaise, l'Etat congolais a juste perçu d'avance les impôts, droits, taxes, douanes, redevances, directs ou indirects, payables en République démocratique du Congo et ceux liés aux activités minières.

Cependant, ce modèle pose un problème quant à l'évaluation des coûts réels des ouvrages réalisés. On peut se demander si les montants présentés pour ces infrastructures sont vrais. En outre, le problème avec la convention Sino-congolais c'est par rapport à la durée où les exonérations et les exemptions sont applicables. Nous voyons qu'avec TFM, le montant payé à la 7ème année de la production dépasse les 825 millions déboursés par la SICOMINES pour la réalisation des infrastructures publiques.

Conclusion

Je note néanmoins que le volume de production de la SICOMINES par rapport à ceux de TFM pendant les sept (7) premières années de productions est très bas.

Compte tenu de l'évolution des choses, il se pose donc la question de l'opportunité d'un tel modèle. C'est vrai que la Convention de Collaboration du 22 avril 2008 a été signée dans un contexte particulier où la République démocratique du Congo n'avait pas un budget colossal pouvant lui permettre de financer les projets d'infrastructures envisagés. La plupart des sociétés minières était au début de leurs activités. D'où, le recours au modèle sino-congolais paraissait alléchant.

Il résulte cependant de cette analyse que comparativement que la convention de collaboration sous examen ne présente pas un très grand intérêt si ce n'est que l'anticipation des paiements effectués qui, somme toute, peuvent être régulièrement perçu par l'Etat congolais à titre d'impôt, taxes, droit et redevance qui lui sont dus.

Que dire sur les infrastructures réalisées dans le cadre du Programme Sino-Congolais ? Tel est l'objet des pages qui suivent.

Chapitre 6

Les infrastructures réalisées dans le cadre du Programme Sino-Congolais

Ce chapitre a pour pierre de touche les infrastructures réalisées dans le cadre du Programme Sino-congolais. Je décris les travaux exécutés, J'analyse sous un regard critique les travaux supervisés par l'ACGT. Je fais la mise au point sur certains projets d'infrastructures réalisés. Je termine par les commentaires sur ces différents projets.

Section 1 : Description générale des travaux exécutés

Le Groupement d'Entreprises Chinoises s'est engagé à mobiliser et à mettre en place le financement pour la construction des infrastructures en République démocratique du Congo. Conformément à son article 8, une liste des travaux d'infrastructures à financer est jointe à cette convention.

Ce projet d'infrastructures dont le coût était initialement chiffré à 6 milliards de dollars américains, avait été revu à la baisse à 3 milliards USD, à la suite des pressions de la Banque mondiale et du FMI principalement. Le plan d'exécution de ces travaux prévoyait le décaissement de cette somme selon l'échéancier ci-dessous :

- la première phase de 750 millions en 2009 ;
- la deuxième phase de 1 milliard USD en 2010 ;
- la troisième phase de 750 millions en 2011 ;
- la quatrième phase de 500 millions en 2012.

Ce plan d'exécution a été par la suite modifié dans l'étude de faisabilité qui en définitive prévoyait un plan de décaissement étalé sur 10 ans que voici :

Année	1	2	3	4	5	6	7	8	9	10
Investissement Millions USD	560	200	200	250	250	250	250	350	350	350

Les projets d'infrastructures réalisés à ce jour

Lancé officiellement le 27 juin 2008 par le président J. Kabila, les travaux d'infrastructures dans le cadre de la Convention de Collaboration ont été réellement amorcés en 2009.

Il est important de noter qu'à la suite de la conclusion de cette Convention Sino-Congolaise, l'Agence Congolaise des Grands Travaux (ACGT) a été créée en date du 26 aout 2008 afin de relever d'importants défis de reconstruction et de modernisation de grandes infrastructures structurantes de base dont la République démocratique du Congo a besoin.

De 2008 à 2021, elle a mis en œuvre 106 projets représentant un portefeuille de 3.056.479.065USD. Sur ce montant de 3.056.479.065 USD, le montant total des projets achevés et en cours d'exécution dans le cadre du programme sino-congolais s'élève à 822.190.060,14 USD. Au total 42 projets ont été exécutés pendant cette période dans le cadre de ce programme dont 36 achevés et 6 projets en cours d'exécution[56].

Il s'agit d'infrastructures réalisées de 2009 à2014, de 2015à2018 et de 2019 à décembre 2022.

A. Projets d'infrastructures réalisées de 2009 à 2014

Il ressort de la compilation des différents rapports de l'ACGT que sur les 42 projets susmentionnés, 12 projets ont été lancés et exécutés de 2009 à 2014 pour un budget de 522.190.060,14 USD. Cependant le rapport annuel de l'ACGT 2017 précise que la société SICOMINES a débloqué 610 822 573,63 USD pour 12 projets, tous achevés et réceptionnés, excepté le projet d'implantation de l'usine de production des préfabriqués, dont les travaux sont achevés, mais des dispositions sont en train d'être prises pour en organiser la phase d'exploitation.

56 Rapport annuel ACGT 2021, p. 12

Il s'agit des projets suivants :

- Modernisation des boulevards Sendwe et triomphal (3,67 km) : 36 245 149,70 $;
- Construction de l'esplanade du palais du Peuple (24.300 m3) : 25 181 752,02 $
- Construction de l'hôpital du cinquantenaire (40.000 m3) 114 879 516,42 $
- Modernisation de l'avenue Tourisme (6,30 km) 29 776 839,16 $
- Modernisation de l'avenue Lutendele (2,80 km) : 19 933 655,69 $
- Modernisation du boulevard du 30 juin (lot 1 5,3 km : 24 118 559,82 $) (lot 2 2,50 km : 19 341 204,39 $)
- Usine des préfabrications de Kisangani (14 400 m3) : 7 492 260, 00 $
- Bitumage de la RN4 Beni-Niania (60 km) : 57 768 563,94 $
- Traversée de Butembo (15 km) 33 342 701,41 $
- Modernisation de la RN5 Bukavu-Kamanyola (55 km) : 80458 499,85 $
- Terrassement et bitumage de la RN5 Lubumbashi- Kasomeno (137 km) : 162 283 871,42 $.

Informations sur les dysfonctionnements du PSC

Dans son rapport de 2011, l'ACGT met en exergue les facteurs qui ont été à la base du dysfonctionnement de PSC[57]. Ce rapport mentionne que les projets de cette première génération du PSC ont démarré en l'absence d'études détaillées. Ce qui constitue l'une des causes de dépassements des budgets et des délais d'exécution de la plupart des projets.

En vue de pallier cette carence, différentes mesures d'encadrement ont été prises au courant de l'année 2011 par la Haute Direction de l'ACGT. Il s'agit en particulier du renforcement de contrôle à travers le recrutement des MDC efficaces et expérimentés de niveau international ainsi que de la création de la DAI.

En plus de ce constat majeur, les autres dysfonctionnements dans la mise en œuvre du PSC sont :

- La difficulté d'adaptation des normes chinoises, qui n'existent pas en version française, aux normes utilisées localement (normes belges et françaises) ;

[57] Rapport annuel ACGT 2011, pp 42-43

- Le contrat unique d'études et de travaux, confié à la même entreprise, place cette dernière en position de juge et partie. Ceci offre à l'entreprise la possibilité de justifier les malfaçons constatées dans les travaux à travers une interprétation biaisée des recommandations de ses propres études ;
- Le circuit de financement des projets qui veut que la SICOMINES verse directement les fonds à l'entreprise, qui est chargée de rétrocéder la part du MOD et qui actionne les sommes à valoir. Cette approche a gêné la mise en œuvre efficiente des projets dans la mesure où les entreprises ont été parfois payées pour des rubriques des contrats non exécutées avant que le MOD en soit informé. Les rubriques qui ont fait l'objet de tels paiements sont les études ainsi que les composantes environnementale et sociale. Aussi, dans plusieurs cas de figures, les entreprises ont actionné les sommes à valoir sans concertation avec le MOD, comme prévu dans les contrats ;
- L'absence d'un schéma formalisé de circuit de validation et d'approbation des décomptes bloquant leur cheminement normal. Pour parvenir au paiement, certains décomptes prennent jusqu'à 6 mois pour leur validation et approbation, d'où la nécessité de convenir un circuit clair et contraignant qui spécifie les obligations entre les différents intervenants ;
- Établissement des décomptes par l'entreprise ;
- Validation par l'ACGT : 15 jours après la réception du décompte approuvé par la MDC ;
- Vérification, programmation et paiement à l'entreprise et à l'ACGT par la SICOMINES : 20 jours après réception du décompte validé par l'ACGT.
- L'absence de la langue d'interprétation ne permet pas de trancher aisément les conflits pouvant subvenir lors de l'exécution du contrat entre le MOD ou son représentant (mission de contrôle) et les entreprises. Il est dès lors nécessaire de définir la langue d'interprétation pour le règlement de tout conflit ;
- Le manque d'application de certains principes de l'accord de coopération, particulièrement la formation et le transfert des technologies. Ce transfert n'est possible que si les formations sont organisées au profit des cadres congolais travaillant dans le secteur et aussi si les cadres congolais travaillent dans les équipes des entreprises chinoises afin de se confronter à leurs technologies ;

- Le manque de la prise en compte des aspects environnementaux et sociaux dès le démarrage des travaux à cause de l'absence des EIES et des PGES ;
- Les arrêts intempestifs des travaux souvent justifiés par le manque de financements.

Quels sont les projets d'infrastructures réalisées de 2015 à 2018 ?

B. Projets d'Infrastructures réalisés de 2015 à 2018

Il ressort du rapport annuel de l'ACGT 2021 qu'au total 30 projets ont été mis en œuvre de 2015 à 2018[58]. On y trouve une description panoramique ci-dessous repris.

Situation panoramique des projets du PSC/Budgets 2015 et 2018

Projets réceptionnés définitivement

1. Réhabilitation et modernisation de la voirie de Kalemie (Phase 01) ;
2. Modernisation de la traversée de Butembo (15 km)
3. Asphaltage de la Route-Bukavu-Kamanyola (Pk0+00 - Pk5+00) ;
4. Réhabilitation de la route Lwambo-Mitwaba-Manono-Kalemie ;
5. Réhabilitation et modernisation de la voirie de Kolwezi ;
6. Modernisation de l'avenue Nzolana, phase 1 ;
7. Réhabilitation de la Route Bunagana-Rutshuru-Goma ;
8. Modernisation de la voirie d'Uvira (phase I) ;
9. Renforcement des boulevards Sendwe et Triomphal ;
10. Réhabilitation de la route revêtue Mbuji Mayi-Mwene Ditu (135 km) ;
11. Modernisation de la voirie de Kisangani ;
12. Construction de la route Kanina-Musonoï-Kapata ;
13. Modernisation de la route Ingudi-Idiofa ; phase I : Traversée d'Idiofa.

Projets réceptionnés provisoirement

1. Construction d'un nouveau stade à Kalemie ;
2. Réhabilitation et modernisation de la voirie de Kalemie phase 2.
3. Construction de l'unité de captage et de traitement d'eau à Kamina ;
4. Modernisation de la voirie d'Uvira (Phase 2) ;
5. Réhabilitation et modernisation de la voirie de Manono ;

[58] Rapport annuel de l'ACGT 2021, p. 97

6. Projet de réhabilitation et modernisation de la voirie de Kalemie ;
7. Projet de construction du pont Lomela et ses composantes sociales d'accompagnement ;
8. Projet de fourniture, installation des poteaux solaires et accessoires ;
9. Ouverture de la route Kamina-Kabongo (230 km) ;
10. Ouverture de la route Kabondo Dianda-Mukwende (350 km) ;
11. Construction de la route de liaison entre le stade et le boulevard Lumumba à Kalemie.

Projets en cours d'exécution

1. Construction du nouveau stade de Bunia ;
2. Construction du stade de Goma : réception technique effectuée ;
3. Construction du stade de Bukavu ;
4. Réhabilitation de la route Ankoro-Manono (115 km) ;
5. Réhabilitation de la route Kitanda-Ankoro (70 km).

Projet non concluant.

Projet de sondage et découverture des zones d'exploitation artisanale9 à Kolwezi.

Qu'est ce qui a été réalisé de 2019 à 2022 ?

C. Travaux exécutés de 2019 à fin décembre 2022

Il ressort du rapport annuel de l'ACGT 2019 que 26 projets ont été inscrits au budget de 2015 à 2019 pour un montant prévisionnel de 250.000.000 USD. Le cumul de décaissement de 2015 à 2019 est de 203.954.084,54 USD représentant 81,58% des engagements. Sur ce montant, le décaissement effectué pour l'année 2019 dans le cadre du PSC est de 25.055.543,84.

Pour l'année 2019, l'ACGT avait mis en œuvre 21 projets, dont 16 dans le cadre des contrats de concession, 3 sur financement du Trésor public et 2 dans le cadre du Programme Sino-Congolais. Pour ce qui concerne le projet sino-congolais, il s'agit des projets ci-après :

- Modernisation de la voirie Sud-Kivu : 5.000.000 USD ; travaux démarrés en juin 2019 ;
- Sondage et découverture des Lualaba (zones d'exploitation artisanale : 2.500.000 USD).

Pour l'année 2020, l'ACGT affirme dans son rapport annuel avoir lancé 10 projets, dont un seul dans le cadre du PSC. Il s'agit de la construction de la route de liaison entre le stade et le boulevard Lumumba à Kalemie : en septembre 2020. Les 9 autres sont exécutés dans le cadre des contrats de concession. Il s'agit de :

1) Réhabilitation de la route Kinshasa-Matadi, du PK 176+914 au PK 206+914 ;
2) Modernisation de la route Kasumbalesa – Sakania ;
3) Lutte antiérosive au PK 7+500 de la route Kinshasa-Matadi (Grand Hôtel) ;
4) Voirie de Lubumbashi : réhabilitation de la route Kipushi (4,5 km) ;
5) Travaux de lutte antiérosive dans la cité de Kasumbalesa ;
6) Voirie de Likasi : avenue Kamatanda ;
7) Voirie de Kolwezi : avenue Mukaka ;
8) Voirie de Kolwezi : route Moon Palace – Gouvernorat ;
9) Voirie de Kolwezi : avenue Manga Manga ;

En 2020, l'ACGT a supervisé la mise en œuvre d'un nombre total de 52 projets, dont 4 projets financés par le Trésor public, 18 projets du PSC et 30 projets financés dans le cadre de différentes concessions. Les travaux en cours concernent les projets inscrits dans les budgets d'infrastructures 2015 et 2018.

De ce qui précède, il se dégage que dans le cadre du PSC de 2019 à fin 2020 seulement trois projets ont été lancés.

Il convient de rappeler que dans son rapport annuel de l'année 2021, l'ACGT a déclaré avoir mis en œuvre, de 2008 à 2021, 106 projets représentant un portefeuille de 3.056.479.065 USD, dont :

- 54 projets mis en œuvre dans le cadre des contrats de concession pour une enveloppe globale de 1 986 437 472,91 USD ;
- 42 projets mis en œuvre dans le cadre du programme sino-congolais pour une enveloppe totale de 822 109 060, 14 USD ;
- 10 projets mis en œuvre sur financement du Trésor public pour un montant total de 247 851 531,68 USD ;
- 96 projets d'études réalisées de 2012 à 2021.

Il se dégage cependant qu'aucun projet d'infrastructure n'a été lancé dans le cadre du PSC durant l'année 2021. Il en est de même de l'année 2022.

L'analyse dans le seconde section les travaux supervisés par l'ACGT sous un regard critique.

Section 2 : Analyse critique sur les travaux supervisés par l'ACGT

En analysant les différents rapports annuels de l'ACGT, il se dégage des contradictions notamment en ce qui concerne les décaissements effectués et la période durant laquelle les travaux ont été exécutés. Ces contradictions ont été fustigées par L. Mupepele qui a relevé les chiffres divergents avancés par le BCPSC et l'ACGT, en ce qui concerne la hauteur des sommes décaissées, pour la réalisation des travaux d'infrastructures[59].

Et d'indiquer : « alors que le BCPSC avance un décaissement cumulé de 802 294 073 USD à fin mars 2020 la SICOMINES, à son tour, avance le chiffre de 982, 05 Mi USD au titre de montant global déjà décaissé pour les projets d'Infrastructures déjà exécutés à ce jour. L'ACGT se dit incapable de maîtriser le coût réel de décaissements étant donné que SICOMINES est la seule responsable qui manipule les décaissements en faveur des projets des Infrastructures en ce compris les intérêts y afférents ».

Et d'indiquer : « alors que le BCPSC avance un décaissement cumulé de 802 294 073 USD à fin mars 2020 la SICOMINES, à son tour, avance le chiffre de 982, 05 Mi USD au titre de montant global déjà décaissé pour les projets d'Infrastructures déjà exécutés à ce jour. L'ACGT se dit incapable de maîtriser le coût réel de décaissements étant donné que SICOMINES est la seule responsable qui manipule les décaissements en faveur des projets des Infrastructures en ce compris les intérêts y afférents ».

Une autre contradiction se révèle en lisant le rapport annuel de l'ACGT 2019 où il est indiqué que durant cette année, cette structure a mis en œuvre 2 projets dans le cadre du PSC, à savoir :

- Modernisation de la voirie Sud-Kivu : 5.000.000 USD ; travaux démarrés en juin 2019 ;
- Sondage et découverture de Lualaba (zones d'exploitation artisanale : 2.500.000 USD).

Quant aux travaux de sondage et découverture de Lualaba, le rapport de l'ACGT 2021 signale que ce projet s'est avéré à sa première phase non concluant. Les forages ont été achevés en septembre 2020, avec 28 forages pour le site de Kimilolo et 22 forages au site de Kisole. Les études ont révélé que la teneur des minerais n'était pas suffisante pour une exploitation

---

[59] L. MUPEPELE in Rapport ITIE-RDC, *Op.Cit*, p.139

artisanale. Par conséquent, le démarrage des travaux de découverture proprement dits, qui constitue la 2ème phase du projet n'a pas eu lieu[60].

Sur ce point, il apparait inexplicable que ce projet de sondage et découverture des zones d'exploitation artisanale ait été retenu comme un projet d'infrastructure à réaliser dans le cadre du PSC, alors que visiblement il s'agit d'un projet minier qui intéresse, au premier plan, l'opérateur minier en l'occurrence la SICOMINES, qui est appelée à effectuer des prospections et/ou explorations à l'effet de découvrir les gisements économiquement rentables en faveur de son projet.

Il y a lieu de se demander donc comment et pourquoi un tel projet a été considéré et retenu parmi les infrastructures à réaliser dans le cadre du PSC. Cette question nous amène à épouser le point de vue de L. Mupepele qui soulève la problématique de l'éligibilité des travaux d'infrastructures réalisés.

Il est important de noter que la plupart des travaux d'infrastructures ont été réalisés de 2009 à 2011. Le premier projet à être exécuté dans le cadre du PSC est le bitumage de la RN5 Lubumbashi-Kasomeno. Ces travaux avaient démarré le 28 février 2009 et la réception définitive de l'ouvrage avait eu lieu le 17 décembre 2016, soit sept ans après.

Jusqu'au premier trimestre de l'année 2023, le dernier ouvrage à être réalisé dans le cadre du PSC est la réhabilitation et la modernisation de la voirie de Kalemie. La réalisation de cet ouvrage a été lancée au mois de juin 2018. Son achèvement a eu lieu le 18 décembre 2020.

Comme nous l'avons indiqué plus haut, il se trouve que de 2019 à fin 2022 aucun projet n'a été lancé dans le cadre du PSC. Le rapport annuel de l'ACGT 2021 renseigne même que l'indisponibilité du financement de la deuxième phase du PSC n'a pas permis l'achèvement des travaux des projets de réhabilitation et modernisation de l'avenue Nzolana à Kinshasa, la construction de l'unité de captage et traitement d'eau de Kamina, l'ouverture de la route Kamina-Kabongo et de la construction des stades de Goma et Bunia.

---

[60] Rapport annuel ACGT 2021, P.97

Une telle révélation remet en cause la crédibilité des entreprises chinoises, qui n'ont pas su honorer leur principale obligation consistant à mobiliser les fonds pour la réalisation des infrastructures présentées par la partie congolaise.

En lisant le rapport annuel de l'ACGT de 2011, il se dégage que depuis sa création, les interventions de cette structure ont concerné trois secteurs ci-après :

- Voiries : 11 projets ;
- Routes : 7 projets ;
- Bâtiments : 1 projet.

Les nombre des projets exécutés dans ces secteurs, de 2009 à 2011, représentent respectivement 58 %, 37% et 5% par rapport au nombre total des projets d'infrastructures inscrits au programme ACGT.

En termes des financements consentis à chaque secteur, le secteur de routes, avec 394,55 millions engagés, prend environ 50% de l'enveloppe totale, suivi de secteur voirie avec 293,5 millions représentant 37 % de cette enveloppe. Le secteur bâtiment avec le seul projet dont le coût est évalué à 99,8 millions US$, consomme 13 % du montant total du programme lequel est donc au coût de l'Hôpital du cinquantenaire.

Les principales sources de financement des projets du programme ACGT en 2011 sont : (i) le Programme Sino-congolais (PSC) dans le cadre de la Convention de Collaboration du 22 avril 2008 signée par le Gouvernement de la République démocratique du Congo avec les partenaires chinois, (ii) le Fonds d'entretien routier (FONER) et (iii) le mode BOT (Build, Operate and Transfer)[61].

Force est de constater qu'à partir de 2013 le rythme des travaux avait sensiblement baissé au point qu'on a pensé à une rupture de cet accord.

Cette situation qui dénote du manquement criant de l'obligation conventionnelle du GEC a pratiquement vidé l'objet de l'ACGT de sa substance. En effet, tel que nous l'avons vu plus haut selon le texte qui la crée, cette structure a pour mission primordiale de coordonner, superviser et contrôler l'exécution des projets d'infrastructures spécifiées dans les conventions et accords de collaboration signés entre la République démocratique du Congo et les partenaires chinois. Il se constate, à l'analyse

---

[61] Rapport annuel ACGT 2011

de ses différents rapports, que depuis 2017, l'ACGT supervise plus les travaux d'infrastructures qui sont réalisés dans le cadre d'autres partenariats publics privés (PPP), précisément le contrat de concession de travaux publics conclus avec d'autres partenaires privés.

J'ai rappelé que de 2008 à 2021, l'ACGT a mis en œuvre 106 projets représentant un portefeuille de 3.056.479.065 USD dont :

- 54 projets mis en œuvre dans le cadre des contrats de concession pour une enveloppe globale de 1 986 437 472,91 USD ;
- 42 projets mis en œuvre dans le cadre du programme sino-congolais pour une enveloppe totale de 822 109 060, 14 USD ;
- 10 projets mis en œuvre sur financement du Trésor public pour un montant total de 247 851 531,68 USD ;
- 96 projets d'études réalisées de 2012 à 2021.

A ce jour, nous pouvons affirmer que contrairement à ses prévisions initiales, l'ACGT ne peut guère compter sur les partenaires chinois qui ne rassurent plus quant à la mobilisation de financement pour la réalisation des infrastructures en dépit de négociations qui ont lieu et continuent d'en avoir quant à la mobilisation des nouveaux budgets d'infrastructures dans le cadre du PSC.

Vu cette situation, il y a effectivement lieu de se poser la question sur l'avenir de ce projet de coopération qui ne marche pas comme prévu à telle enseigne qu'il est envisagé dans le Programme du Gouvernement 2021-2023 de réformer l'ACGT en vue de lui donner une mission générale de gestion des grands projets de la République.

En fait, compte tenu des faiblesses ou blocages connus dans la mise en œuvre du PSG, il se trouve que l'Etat congolais recourt de plus en plus depuis un certain temps au modèle classique des partenariats publics-privés, précisément la concession des travaux, pour la réalisation des infrastructures publiques. Il se dégage clairement qu'actuellement le nombre des projets mis en œuvre dans le cadre des contrats de concessions sont plus élevés que ceux exécutés dans le cadre du PSC.

A en croire L. Mupepele : « en examinant les 15 projets réalisés et jugés éligibles aux accords du 22 avril 2008, on est vite frappé par l'absence d'ambition nationale dans le choix fait par les gestionnaires de ces accords. Et d'ajouter : « aucun projet ne porte sur les grandes infrastructures d'envergure nationale à l'instar des chemins de fer et même dans les quelques projets des routes d'intérêt national qui ont été exécutées, aucun n'a été réalisé sur la totalité du trajet délimité dans le projet initial. A titre d'exemple, la route bitumée Mweneditu-Mbujimayi qui fait 135 km, n'a été reconstruite que sur 17 km, tandis que pour la RN4, le tronçon de 520 km Kasindi-Niana sélectionné par le projet, n'a été bitumé que sur 60 km. On se retrouve ainsi avec des lambeaux de routes revêtues, coincés entre de longs chapelets de nids de poule ou de bourbiers ».

Ceci met en lumière que l'objectif de désenclavement initialement recherché au travers de ces projets dans les zones impactées, est évidemment loin d'avoir été atteint. Lorsqu'on se penche sur la liste des 28 projets jugés inéligibles, mais financés et exécuté dans le cadre des projets de ces accords, on est surpris par leur absence de cohérence sur le plan national, voire provincial [62]».

Que dire sur la Mise au point sur certains projets d'infrastructures réalisés ?

Section 3 : Mise au point sur certains projets d'infrastructures réalisés

En ce qui concerne les 15 projets en question, je relève que 10 d'entre eux ont été lancés et exécutés de 2009 à 20111 tandis que 5 autres projets ont été mis en œuvre de 2015 à 2018. Leurs objectifs sont bien définis dans différents rapports de l'ACGT. Il s'agit des projets suivants : l'hôpital du cinquantenaire, le projet de terrassement et bitumage de la RN5 : Lubumbashi-Kasomeno, le projet de Construction et Modernisation de la RN5 : Bukavu - Nyangezi - Kamanyola - Uvira/Lot1 : Bukavu - Nyangezi – Kamanyola, le projet de bitumage Route nationale n°4 Beni-Niania-Kisangani, le projet de modernisation du Boulevard du 30 juin à Kinshasa Lot 1 : Gare Centrale Socimat, celui de la modernisation du Boulevard du 30 juin à Kinshasa Lot 2 : Socimat - Kintambo Magasin (2,5 Km), le projet de Construction et Modernisation des Boulevards Sendwe et Triomphal, le projet de réhabilitation et modernisation de l'avenue Tourisme (7,25 Km), le projet de Réhabilitation et Modernisation de la route Lutendele le projet de réhabilitation de la route revêtue de Mbuji Mayi - Mwene Ditu, le projet de modernisation de la voirie de Kisangani, le projet d'acquisition de 5.000 poteaux solaires, la modernisation de l'avenue Nzolona et le projet de renforcement des boulevards Sendwe et Triomphal.

§1 : Hôpital du Cinquantenaire

[62] L. Mupepele in Rapport ITIE-RDC, *Op. cit*, p.136

Les analyses ont mis en évidence un problème sérieux de système de santé de la République démocratique du Congo, qui est de plus en plus dominé par des formations privées souvent onéreuses et ne répondant pas toujours aux normes sanitaires. Ainsi, la construction d'un hôpital moderne permettant de mettre à la disposition des populations de Kinshasa en particulier et de la République démocratique du Congo en général, un établissement public de santé répondant aux exigences de soins de bonne qualité et de spécialités se révélait comme un impératif dans le cadre du PSC[63].

La réalisation de cet ouvrage avait pour objectif : (i) l'amélioration des indicateurs de santé publique ; (ii) la restructuration de la gestion hospitalière et (iii) l'intégration des services de santé spécialisés modernes. La construction de cet établissement a été confiée à l'entreprise chinoise SINOHYDRO tandis que la gestion revient dans le cadre de partenariat public-privé au groupe indien Padyiath Healthcare. Le coût des travaux est estimé à 99,873 millions de dollars américains, y compris l'achat des équipements.

Etalé sur une superficie de 40.000 m^2, l'Hôpital du cinquantenaire a une capacité de plus de 500 lits regroupant des unités de médecine interne, de pédiatrie, de chirurgie, de gynécologie, de gastroentérologie, de néphrologie et de cardiologie.

Il convient de noter que les travaux de construction de cet hôpital ont été amorcés en 1954, à l'époque de la colonisation belge. Ils furent interrompus par les événements sanglants ayant marqué l'accession du pays à l'indépendance. D'où sa dénomination « Hôpital du cinquantenaire » en souvenir du 50ème anniversaire de l'accession de la République démocratique du Congo à l'indépendance.

Alors que la première pierre de construction et modernisation a été posée le 2 mai 2009 par le président J. Kabila, l'inauguration de cet hôpital a eu lieu le 22 mars 2014. Il s'agit néanmoins d'un établissement hospitalier le mieux équipé du pays.

---

[63] Rapport annuel ACGT 2011, p.44.

Il me faut aussi citer le projet de terrassement et bitumage de la RN5 : Lubumbashi-Kasomeno.

§2 : Projet de terrassement et bitumage de la RN5 : Lubumbashi-Kasomeno

La réalisation de ces travaux est justifiée du fait que Lubumbashi, deuxième ville de la République démocratique du Congo, est un grand centre de consommation, et les villes de Pweto et Kasenga qui sont des villes frontalières et de production (Kasenga situé à 208 Km de Lubumbashi), sont reliées par la RN5. Cette route en terre connaissait un trafic intense. Son bitumage est un atout pour améliorer le trafic et accroître l'approvisionnement en denrées alimentaires de la ville de Lubumbashi. Ce projet est inscrit comme phase de la réhabilitation de cette artère importante de la RN5 qui traverse 2 provinces sur projets de 1420 km. Partant de Lubumbashi et passant par Kasomeno, Pweto et Kalemie dans la province du Katanga.

Il s'agit d'un projet structurant ayant pour objectif :

- Assurer la continuité du trafic et améliorer les conditions de trafic entre Lubumbashi et ;
- Réduire le coût d'exploitation des véhicules et leurs temps de parcours.

Construite depuis 10 ans, cette route est en bon état mais nécessite quelques travaux de réparation et d'entretien courant. De Kasomeno à Kasenga, la route existante en terre nécessite des travaux d'entretien en attendant son bitumage dans le cadre de la concession Kasomeno-Kasenga-Chalwe qui a été lancée par le Gouvernement en 2022.

Vue de la route au début des travaux

Je cite le projet de Construction et Modernisation de la RN5 : Bukavu - Nyangezi - Kamanyola - Uvira/Lot1 : Bukavu - Nyangezi – Kamanyola.

§3 : Projet de Construction et Modernisation de la RN5 : Bukavu - Nyangezi - Kamanyola - Uvira/Lot1 : Bukavu - Nyangezi - Kamanyola

La réalisation de ces travaux est justifiée du fait que les villes de Bukavu et d'Uvira connaissent des échanges commerciaux très importants. Elles sont frontalières et grandes productrices agricoles. Son bitumage met fin à la dépendance tenue depuis des décennies sur le tronçon correspondant, en terre rwandaise. Le projet Bukavu-Nyangezi-Kamanyola constitue un projet de « souveraineté » s'inscrivant dans le cadre de la connexion des grandes villes des provinces de la République démocratique du Congo.

Ces travaux ont pour objectifs de :

- Assurer la continuité du trafic et améliorer les conditions de ce trafic entre les deux villes du Sud-Kivu ;
- Améliorer le flux des échanges commerciaux ;

– Réduire le coût d'exploitation des véhicules et leurs temps de parcours.

Il faut noter que seulement 5 km de route ont été réhabilités pour un coût total de 13.000.000,00 USD. Ces travaux n'ont visiblement pas résolu les problèmes de dépendance de la population du Rwanda. Pourtant l'objectif final de ce projet était de relier les différents tronçons de la RN5 dans la partie Est de la République démocratique du Congo jusqu'au centre dans la province du Sud-Kivu. De là, la liaison vers la partie Nord sera assurée par la RN2 jusque dans les provinces de l'Ituri et de la Tshopo.

Ainsi, le comité de suivi des projets de développement, constitué des députés nationaux, des sénateurs, des ministres nationaux et certains leaders du Sud-Kivu a plaidé et continue de plaider auprès du gouvernement central pour la réhabilitation de la route Bukavu – Kamanyola, longue de 60 kilomètres.

En effet, le député national Olive Mudekereza, l'élu de Walungu, a expliqué ce qui suit :

« Vous savez au Sud-Kivu à Bukavu, au moins 80 pourcents passent par le Rwanda pour aller dans notre propre pays. Vous allez à Walungu, c'est Kamanyola. Vous allez à Uvira, vous passez par Bugarama, le Rwanda. Ça, c'est inimaginable. Il faut que le gouvernement modernise l'aéroport de Kavumu. C'est parmi nos priorités de priorités. Une autre priorité c'est de construire la route Bukavu-Kamanyola longue de 6o km. Nous ne pouvons pas dépendre de nos voisins qui nous font la guerre chaque fois… [64]»

Il faut rappeler le projet de bitumage Route nationale n°4 Beni-Niania-Kisangani.

§ 4 : Projet de bitumage Route nationale n°4 Beni-Niania-Kisangani

Ce projet qui est localisé dans la province du Nord et à l'ancienne Province-Orientale permet la liaison rapide et facile sur la route de l'Ituri, laquelle relie la République démocratique du Congo à l'Ouganda. Elle est caractérisée par un important trafic des produits manufacturés et vivriers dans les deux sens. L'approvisionnement et l'évacuation des produits de l'Est de la République démocratique du Congo vers Kinshasa ne s'effectuant que par la voie aérienne, cette route facilite l'évacuation des produits

---

[64] Josué MUSOLE, « Il faut construire la route Bukavu-Kamanyola », in Kivutimes.com, article du 8 juillet 2022.

agricoles, en passant par Luna, Kisangani, Banalia, Buta, Bondo et Bafwasende.

Ces travaux tendent à contribuer au développement socio-économique de la région ; améliorer le confort et la sécurité des usagers de la route et réduire le coût d'exploitation des véhicules et leurs temps de parcours.

Comme travaux mis en œuvre dans le cadre de ce projet, il y a :

- Bitumage de 60 km de route 2*1 voies de circulation ;
- Assainissement (800 ml de caniveaux et curage des fossés) ;
- Ouvrages d'art : fournitures et pose des 3 buses et 13 dalots ;
- Construction des ponts, des trottoirs et signalisation routière.

Cette route qui a été réhabilitée en 2009, relançant ainsi les activités économiques au Nord du pays est actuellement en état de dégradation avancée due notamment au manque d'entretien régulier à la suite de l'instabilité politique et sécuritaire dans cette partie de la République démocratique du Congo.

Grâce au concours de certains bailleurs de fonds, l'entretien de la RN4 se faisait de manière régulière par des cantonniers avec l'appui des techniciens chinois. Mais depuis deux ans avec la fin du financement, la RN4 se dégrade inexorablement rendant ainsi cette route de desserte agricole impraticable sur plusieurs kilomètres. Les bourbiers se multiplient, la circulation devient un travail herculéen, les transporteurs sont appelés à déployer de grands moyens pour évacuer les camions avec tous les risques sécuritaires qui s'en suivent, chaque kilomètre est une prouesse parfois sous une pluie battante. La conséquence logique pour les commerçants étant des cours de routes plus longs, des pertes des marchandises, des manques à gagner énormes, des chiffres d'affaires en dégringolade, des tracasseries des divers services de l'Etat. A la suite des intenses pressions, le gouvernement avait fini par réagir timidement en débloquant des fonds pour la réhabilitation de quelques kilomètres[65].

Je signale le projet de Modernisation du Boulevard du 30 juin à Kinshasa Lot 1 : Gare Centrale Socimat.

---

[65] Actualité. cd, *La vitale Route nationale n°4 Kisangani à l'abandon,* accessible sur https://actualite.cd/2021/05/18/la-vitale-route-national-ndeg4-kisangani-bunia-rn4-labandon

§ 5 : Projet de Modernisation du Boulevard du 30 juin à Kinshasa Lot 1 : Gare Centrale Socimat

Le contexte socio-économique ayant justifié la réalisation de ces travaux se résume au fait que le Boulevard du 30 juin est une artère principale reliant la Gare Centrale et Kintambo Magasin. Le lourd trafic occasionnait d'importants embouteillages qui retardaient ses usagers et ne permettaient pas une circulation aisée. En plus, la voie était totalement délabrée.

Partant, la réalisation de ces travaux avait pour objectifs de :

- Améliorer la fluidité et les conditions de trafic sur le boulevard du 30 juin, entre la Gare Centrale et Socimat ; Désengorger les avenues du Commerce, de la Justice et Lukusa ;
- Réduire le coût d'exploitation des véhicules et le temps de parcours ;
- Contribuer au développement des aspects touristiques de la ville de Kinshasa.

J'évoque le projet de Modernisation du Boulevard du 30 juin à Kinshasa Lot 2 : Socimat - Kintambo Magasin (2,5 Km) dans les lignes qui suivent.

§ 6 : Projet de Modernisation du Boulevard du 30 juin à Kinshasa Lot 2 : Socimat - Kintambo Magasin (2,5 Km)

Pour ce qui concerne le deuxième lot du boulevard du 30 juin, il est souligné que l'étroitesse de cette avenue, Colonel Mondjiba, formait un entonnoir occasionnant des embouteillages permanents causant de perte de temps aux usagers de ce tronçon situé sur l'axe Kintambo Magasin – Gare Centrale.

La réalisation de ces travaux avait donc pour objectifs de :

- Améliorer la fluidité et les conditions de trafic sur le boulevard du 30 juin, entre la Gare Centrale et Kintambo Magasin ;
- Réduire le coût d'exploitation des véhicules et le temps de parcours ;
- Contribuer au développement des aspects touristiques de la ville de Kinshasa.

Il y a aussi le projet de Construction et Modernisation des Boulevards Sendwe et Triomphal.

§7 : Projet de Construction et Modernisation des Boulevards Sendwe et Triomphal

Le Boulevard Sendwe constituait un goulot d'étranglement permanent dans la circulation. Sa chaussée était en état de délabrement, intensifiant ainsi les embouteillages sur cette artère.

C'est pourquoi ce projet a été retenu dans le cadre du programme Sino-Congolais avec comme Objectifs de :

- Améliorer la fluidité et les conditions de trafic sur les deux axes (Sendwe et Triomphal) en les reliant à deux autres axes modernisés qui sont Lumumba, Huileries et Libération ;
- Réduire le coût d'exploitation des véhicules et le temps de parcours ;
- Contribuer au développement des aspects touristiques.

Photo illustrative du boulevard Sendwe tel qu'il se présente à ce jour (octobre 2022)

Je cite le projet de réhabilitation et modernisation de l'avenue Tourisme (7,25 Km).

§ 8 : Projet de réhabilitation et modernisation de l'avenue Tourisme (7,25 Km)

Les quartiers Mimoza et Pompage étaient coupés des populations environnantes. Les habitants n'avaient pas un accès facile ni au centre commercial le plus proche, Kintambo Magasin ni au reste de la ville de Kinshasa. C'est pourquoi, dans le cadre du programme Sino-Congolais, il a été jugé bon de réaliser ces travaux avec comme objectifs de :

- Construire le périphérique pour relier Kintambo Magasin, l'UPN, Kimwenza Gare, l'Aéroport de Ndjili ; □ Désenclaver la zone d'exploitation de cette avenue ;

- Assurer la continuité du trafic sur l'avenue en partant de l'avenue Nzolana pour déboucher sur l'avenue Mondjiba et atteindre ainsi le centre-ville en désengorgeant les avenues L.D. Kabila et Nguma ;
- Réduire le coût d'exploitation des véhicules et le temps de parcours ;
- Contribuer au développement des aspects touristiques de la ville de Kinshasa.

Au vu de ces photos d'illustration prises au mois d'octobre 2022, soit environ 10 ans après la réception définitive de l'ouvrage (modernisation de cette avenue), il se dégage que cette route se trouve en état de délabrement manifeste. Cette situation dénote le manque d'entretien de ces infrastructures routières. Pourtant cette question a été posée dès le départ par certaines personnes qui critiquaient le fait que la convention n'ait pas prévu dans son budget le frais de personnel et divers frais d'entretien. Certes, le pays avait par la suite créé le FONER dont l'objet est de collecter les ressources nécessaires au financement des dépenses liées à l'entretien et à la protection des routes et de la voirie urbaine d'intérêt national. Hélas, nous constatons qu'en réalité les routes construites dans le cadre de ce programme sont peu à peu en train de se détériorer au point que l'on puisse remettre en question la qualité des ouvrages réalisés.

Je mentionne le projet de Réhabilitation et Modernisation de la route Lutendele.

§9 : Projet de Réhabilitation et Modernisation de la route Lutendele

Dans son rapport annuel de l'année 2011, l'Agence des Grands Travaux donne le contexte socio-économique de la réhabilitation de cette route en précisant que la population riveraine aux environs de cette avenue était pratiquement enclavée et coupée du reste des localités rurales environnantes, sans accès direct même au centre commercial le plus proche, Kintambo Magasin.

Ainsi, la réalisation de ces travaux avait pour objectifs de : (i) construire le périphérique pour relier Kintambo Magasin, l'UPN, Kimwenza Gare, l'Aéroport de Ndjili, et faire la boucle sur Kintambo Magasin ; (ii) désenclaver la zone d'exploitation de cette avenue ; (iii) assurer la continuité du trafic sur l'avenue en partant de l'avenue Nzolana pour déboucher sur l'avenue Modjiba et atteindre ainsi le centre-ville et, ainsi, désengorger les avenues L.D.Kabila et Nguma ; (iv) Réduire le coût d'exploitation des véhicules et le temps de parcours et (v) contribuer au développement des aspects touristiques de la ville de Kinshasa.

Notons qu'en exécution de projet la route de 2,80 km a été réalisée avec un coût global chiffré à 19.933.655,69 USD. Par ailleurs ces travaux qui avaient débuté le 10 juin 2009 ont été définitivement clôturés le 26 février 2013[66]. Ci-dessous nous avons repris la photo illustrative de cette route telle que présentée dans le rapport de l'ACGT de 2011.

Bien que cette route figure parmi les tous premiers projets réalisés dans le cadre du PSC, la réalité sur terrain nous révèle toute autre chose sur ce tronçon de Lutendele long de 21 km. Il importe de préciser qu'il s'agit d'une voie faite en terre battue qui relie le quartier Mbudi dans la commune

[66] Rapport ACGT 2021.

de Mont-Ngafula (à Kinshasa) à la cité de Kasangulu dans la province du Kongo-Centrale, en passant par Mitendi sur la route nationale n° 1.

Alors qu'une somme considérable a été décaissée et/ou comptabilisée dans le cadre du PSC pour la réhabilitation de cette route, alors la vraie route Lutendele, il se révèle des enquêtes menées sur place que cette voie routière n'a jamais été asphaltée. On apprend qu'à l'époque on avait juste remblayé une partie de ce tronçon.

Comme le démontre les photos ci-dessous, cette route est tellement impraticable et parsemée de nid-de-poule qu'il est difficile pour des véhicules de l'emprunter. Même les motards communément appelés « les Wewas » ont du mal à rouler sur ce tronçon surtout pendant la saison de pluie.

Selon l'Agence de Presse du Congo, ACP, à la suite de la pluie qui s'est abattue à Kinshasa au mois de novembre 2022, la population se prend en charge pour sauver cette route qui est au point de se couper en deux.

Pourtant, il s'agit d'une route qui revêt un intérêt économique capital compte tenu de sa situation géographique. En effet, compte tenu de sa localisation, la route de Lutendele constituée de terre d'argile s'avère être un potentiel indéniable des ressources agricole et la seconde voie de transport qui conduit vers le Kongo-Central, à défaut d'emprunter la route de Matadi.

Actuellement, oubliant complètement le PSC, la population riveraine lance un appel pressant au gouvernement provincial qui avait prévu dans son programme, l'asphaltage de ce tronçon avec le concours de la société ATS TECHNOLOGIE et partenaires.

Selon le propos d'un habitant de cette contrée que nous avons rencontré : « le Gouvernement provincial de la ville de Kinshasa n'a pas la vrai volonté politique de mettre un terme aux multiples difficultés quotidiennes des habitants de Lutendele qui empruntent cette route surtout pendant la saison de pluie. Mais chaque jour qui passe ce sont des promesses de politiciens qui ne se concrétisent jamais ».

La route Lutendele

Il y a aussi le Projet de réhabilitation de la route revêtue de Mbuji Mayi - Mwene Ditu.

§ 10 : Projet de réhabilitation de la route revêtue de Mbuji Mayi - Mwene Ditu

La réalisation de ce projet s'inscrit dans l'optique du désenclavement des grandes villes dans les provinces de la République démocratique du Congo. Selon les informations fournies par l'ACGT, ce tronçon, long de 135 km, se trouvait dans un état de praticabilité très relative et constitue l'un des maillons faibles de la RN1 mettant à mal la continuité de cette dernière.

Ainsi, le projet avait pour objectifs de : (i) assurer la continuité du trafic ; (ii) améliorer les conditions de trafic et (iii) réduire le coût d'exploitation des véhicules et leurs temps de parcours.

Notons que sur le 135 km qui constitue la longueur de cette route seulement 16 km n'a été construits dans le cadre de ce programme pour des raisons « budgétaires ». Il s'agit donc d'un projet inachevé comme d'ailleurs la quasi-totalité des projets d'infrastructures exécutés dans le cadre du PSC. Ce qui fait qu'on ne puisse pas logiquement conclure que les objectifs prédéfinis aient été atteints.

Il se fait que dès janvier 2023, le Gouvernement de la République démocratique du Congo, agissant par le biais du ministre d'Etat, ministre des Infrastructures et Travaux Publics a lancé la phase II des travaux de construction de cette route qui durera 12 mois. Ces travaux sont réalisés par l'entreprise SISC SA.

Dans son allocution prononcée lors du lancement de ces travaux, le ministre d'Etat en charge des Infrastructures et Travaux Publics A. Gisaro a formulé le vœu de voir ce projet aboutir afin de donner corps à la pensée profonde de voir le pays se connecter par les routes pour son développement. Le ministre a apporté des précisions sur le désenclavement de l'espace Grand Kasaï, expliquant que d'autres projets avec des sources de financement divers étaient en cours d'exécution et d'autres à venir afin de parachever l'œuvre de désenclavement de cette partie du territoire national[67].

Toutes ces considérations mettent en lumière l'échec du programme Sino-Congolais qui serait dû au manque de volonté des partenaires chinois,

[67] ACGT, la phase 2 du projet de connexion Mbuji-Mayi dans le Kasaï-Oriental à Mwene-Ditu dans la province de Lomami a été lancée, www.acgt.cd/004/199-la-phase-2-du-projet-de--connexion-mbuji-mayi-dans-le-kasai-oriental-a-mwene-ditu...

poussant le Gouvernement congolais à rechercher d'autres partenaires pouvant conduire à bon port les projets entamés dans le cadre de la Convention Sino-Congolaise alors que celle-ci est encore en vigueur.

Il y a aussi le projet de modernisation de la voirie de Kisangani.

§ 11 : Projet de modernisation de la voirie de Kisangani

Ce projet s'inscrit dans le cadre de la modernisation progressive de la voirie de la ville de Kisangani héritée de la colonisation pour faire face à la démographie croissante ainsi qu'à l'expansion des villes tout en assurant le confort et la sécurité des usagers de la route.

Tout comme le projet de réhabilitation de la route Mbuji-Mayi – Mwene-Ditu, le projet de modernisation de la voirie de Kisangani n'a pas été complètement réalisé si bien qu'une autre société, à savoir la Société de gestion du péage du Congo, SEPECO, s'est pointée pour prendre son relais en misant sur un montant de 30,75 Millions de dollars américains[68].

Il me faut revisiter le projet d'acquisition de 5.000 poteaux solaires.

§ 12 : Projet d'acquisition de 5.000 poteaux solaires.

Contexte socio-économique : ce projet s'inscrit dans le cadre de l'éclairage des grandes artères dans les différentes provinces. Il porte sur la fourniture et l'installation des poteaux d'éclairage public solaire.

Dates importantes du projet :

- Date d'approbation du dossier d'entrée : 07 novembre 2017 ;
- Démarrage des travaux de génie civil : 25 novembre 2017 ;
- Arrivée des équipements sur le site : 27 février 2018 ;
- Date prévisionnelle de fin des travaux : 21 avril 2018.

Le coût du projet est de 10.000.000 US$

Que retenir du projet de modernisation de l'avenue Nzolana ?

---

68 www.africa.business.com/fr/813635/sepeco.prend-le-relais-de-ses -consoeur-chinoises-sur-la-modernisation-de-la-voirie-de-kisangani-3075-m/

§ 13 : Projet de modernisation de l'avenue Nzolana

Ce projet s'inscrit dans le cadre d'un vaste programme de construction d'une route périphérique qui devra former une boucle tout autour de la ville de Kinshasa, en reliant Kintambo Magasin, Pompage, UPN, Kimwenza Gare, l'aéroport de Ndjili, pour boucler sur Kintambo magasin. Il consiste à moderniser l'avenue qui relie les 2 grands carrefours de la commune de Ngaliema, à savoir : Pompage et UPN.

Evalué à 38.986.953,49 USD, les travaux de réhabilitation et modernisation de la route Nzolana dans la commune de Ngaliema à Kinshasa avaient été interrompus après l'exécution de la première phase, par manque de financement.

En 2018, la première phase avait permis le traitement de la première érosion, la construction de près de 1500 m de route asphaltée, avec un pont à caractère définitif jeté sur la rivière Mayi ya binza. Le projet avait également pris en charge des travaux de protection du talus de remblai de l'érosion situé au PK2+200, ainsi que la construction d'une descente d'eau de 1,5 km jusqu'à la rivière Mayi ya Binza. La première phase de ces travaux a été complètement achevée au mois de février 2018 et a été réceptionnée définitivement en date du 23 décembre 2019. Cette phase a été réalisée avec un financement global de 150.000.000 de dollars américains obtenus du programme Sino-Congolais.

L'objectif à terme étant de relier le quartier Kinsuka à partir de pompage au quartier UPN grâce aux avenue Nzolana et Mama-Yemo en passant par les quartiers Malueka et Sanga-Mamba, il fallait à tout prix la réalisation de la deuxième phase.

La phase 2 du projet dont le lancement a été annoncé pour le 20 octobre 2022 devrait couter la somme de 23 986 953,49 USD, et c'est l'entreprise CREC- 8 qui serait chargée d'exécuter ces travaux sur une durée de 19 mois.

Il convient de noter que l'annonce du lancement de cette deuxième phase des travaux de construction de la route Nzolana est intervenue 2 jours après l'intervention du député national Nsingi Pululu qui, précisément au cours de la plénière du mardi 18 octobre avait appelé le président du bureau de l'Assemblée nationale à veiller et/ou renforcer le contrôle parlementaire sur la gestion des fonds publics.

En effet, ce député national avait, au cours de ladite plénière, fait des révélations choquantes sur le détournement de fonds destinés à la réhabilitation de la route Nzolana, route périphérique, d'une longueur totale de 10,976 km et d'une largeur de 10 m, qui devrait former après son parachèvement une boucle tout autour de la ville-province de Kinshasa en reliant Kintambo Magasin, Pompage, UPN, Kimwenza, Gare, aéroport international de N'djili[69].

Cette image peint le tableau sombre de l'état de délabrement de cette avenue Nzolana au-delà de Saint Mukasa.

[69]www.mediacongo.net/article-actualite-112400_detournement_de_millions_des_francs_congolais_nsingi_pululu_invite_mboso_a_renforcer_le_controle_parlementaire_sur_la_gestion_des_publics.html

A l'occasion du lancement de cette deuxième phase des travaux, le directeur général de la SICOMINES, Li Sheng, se réjouissant de la coopération Sino-Congolaise, déclara que « le lancement des travaux du projet de l'avenue Nzolana dans cette phase, marque le début d'un nouveau chapitre du projet d'infrastructures dans le cadre de la coopération entre les deux nations (la Chine et la République démocratique du Congo), et pour cette fois il ne sera pas question de s'arrêter avant d'avoir tout bouclé.[70]

Ces travaux qui devaient s'achevaient au mois de mai 2024 ont pris fin au mois de novembre 2023. Ainsi, Cette route reliant les communes de Ngaliema et Mont-Ngafula à Kinshasa, financé par la SICOMINES a été inaugurée le 13 novembre 2023 par le Président de la République, Felix Antoine Tshisekedi. Cette phase est finalement comprise sur une longueur totale de 7.117 km[71].

Vue de l'avenue Nzolana après les travaux

Il convient de rappeler le Projet de renforcement des boulevards Sendwe et Triomphal.

[70] www.acgt.cd/004/189-route-nzolana-l-espoir-renait-avec-le-coup-d-envoi-le jeudi-20-octobre-2022-des-travaux-de-la-deuxieme-phase

[71] Actualité.cd/2023/11/15 contrat chinois: le président Tshisekedi inaugure la route Nzolana à Kinshasa

§ 14 : Projet de renforcement des boulevards Sendwe et Triomphal

Ce projet s'inscrit dans le cadre de l'entretient des projets mis en œuvre sous le financement du programme sino-congolais.

Dates importantes du projet :

- Démarrage des travaux : avril 2017 ;
- Fin des travaux de chaussée : 12 mai 2017.

Le coût du projet s'élève à 5.000.000 USD.

Quels commentaires faire de ces différents projets ?

Section 4 : Commentaires sur ces différents projets

En faisant le décompte de ces projets, il se dégage que 9 projets sur 15 sont situés dans la ville de Kinshasa. Sur ce point, L. Mupepele avait fustigé le manque de cohérence dans le choix des infrastructures exécutées par rapport à la liste de l'annexe Cde la Convention de Collaboration.

Il est décrié le fait que des villes provinciales de faible importance aient été privilégiées en lieu et place de celles des chefs-lieux des provinces bien identifiés dans l'annexe C. En outre, il a été épinglé l'absence d'agencement et de complémentarité dans la planification de certains projets ciblés d'infrastructures devant contribuer à un objectif commun de développement de certaines provinces.

A titre d'illustration, il a été démontré que le couplage du projet de réhabilitation et modernisation de la dorsale ferroviaire SAKANIA-ILEBO, un projet éligible de l'Annexe C, à celui de la construction du barrage hydroélectrique de Katende aurait pu contribuer à l'acheminement rapide des équipements de la centrale hydroélectrique. La réhabilitation de 135 km du tronçon de la Nationale 2, Mweneditu-Mbuji-Mayi aurait dû être privilégiée au lieu du lancement simultané avec celui de 2 ou 3 lots sur la Nationale 3[72].

Néanmoins, nous notons que l'explication à cette question se trouve être déjà fournie par l'ACGT dans son rapport de 2011. Il y est indiqué que depuis sa mise en œuvre, le programme ACGT n'a couvert que cinq provinces suivantes : Kinshasa, Bas-Congo, Katanga, Sud-Kivu et Nord-

[72] L. Mupepele in Rapport ITIE-RDC, Op.cit, p. 171.

Kivu. Cette situation se justifie par l'approche de la planification du départ qui a :

- Priorisé les zones qui offraient un déploiement aisé des entreprises et des équipements ; et,
- Mis l'accent sur la modernisation de la Ville-province de Kinshasa, la capitale, considérée comme le miroir du pays. Ceci justifie le fait que Kinshasa a bénéficié de 13 projets sur les 19 exécutés de 2009 à 2011, soit au total 68 % du nombre total des projets[73].

Une telle approche nous parait très absurde et peu bénéfique pour l'Etat congolais et frise réellement le manque d'ambition. On ne peut comprendre, alors que le pays a besoin de nouvelles routes bitumées à même de propulser ne fut-ce-que son autosuffisance alimentaire, que la partie chinoise ne puisse se limiter qu'à réhabiliter les sentiers déjà frayés par les colonisateurs. Y-a-il un intérêt économique pour eux ?

Force est de souligner que l'édification des empires coloniaux vers la fin du XIXème siècle et le début du XXème siècle dans un contexte historique d'expansion des peuples occidentaux et des rivalités économiques et politiques aigües entre grandes nations a constitué un événement considérable dans l'évolution du monde. En quelques décennies, malgré deux guerres mondiales, l'expansion foudroyante des échanges et la naissance d'une conscience mondiale nouvelle ont pourvu une grande partie de la planète de voies de communication, de ports, d'écoles, d'établissements sanitaires et d'infrastructures industrielles et urbaines qui constituent « le patrimoine de base de l'humanité contemporaine [74]».

Pour ce qui concerne la République démocratique du Congo, J. Bourdillon explique que la richesse de son sous-sol « un scandale géologique » avec l'uranium, le cuivre et le cobalt au Shaba, les diamants au Kasaï, l'or de Kilo-Moto, ainsi que les potentialités dues à la diversités de ses climats et de ses sols qui permettent de cultiver arabica et robusta, quinquina et thé au Kivu, de planter le palmier à huile, de cultiver la canne à sucre et d'exploiter la forêt en zone équatoriale, de développer l'élevage dans les savanes tropicales et en montagne, avaient fait de ce pays au sortir de la Seconde Guerre mondiale, un modèle de réussite économique dont s'enorgueillissait le Royaume de Belgique.

---

[73] Rapport annuel ACGT 2011, p 34.

[74] Jacques BOURDILLON, *Les travaux publics français en Afrique subsaharienne et à Madagascar : 1945-1985,* Paris, éd L'Harmattan, 1991, p.13

« En réalité, toute cette économie reposait sur un réseau de transport fragile qui avait beaucoup de mal à suivre le développement de la production. Or, comme l'avait dit Stanley, sans un bon réseau de transport ce pays immense «ne vaut un penny ».
« Au départ, il avait été commode d'utiliser le fleuve Zaïre et ses affluents qui offrent près de 14.500 km de voies navigables dont 12 945 sont actuellement exploités. Ensuite avaient été construits près de 5000 km de voies ferrées de façon à acheminer par le réseau rail-eau les produits pondéreux de et vers les ports. Dès 1950, un premier plan décennal routier était mis en chantier et visait la reconstruction d'un réseau de 10.000 km de routes bitumées. »

« Dix ans plus tard, c'était la proclamation de l'indépendance le 30 juin 1960 et le début d'une période de troubles qui ne prirent fin qu'avec l'avènement de la deuxième République le 24 novembre 1965. Entretemps tous les projets en cours avaient été abandonnés et il ne restait pratiquement plus rien des structures de l'ancienne administration coloniale des ponts et chaussées qui jusqu'à l'indépendance étaient parvenue à maintenir tant bien que mal en état de service un réseau de 140.000 km de pistes et routes en terre, en ayant recours essentiellement au cantonnage manuel, complété là où la circulation commençait à s'intensifier et à s'alourdir, par un petit nombre de brigades mécanisées [75]».

Conclusion

J'ai signalé plus loin que le réseau de transport de la République démocratique du Congo est constitué de 16.238 km de voies navigables, de 5.038 km de voies ferrées qui datent pour l'essentiel de l'époque coloniale, de 145.000 km de routes nationales et régionales et des pistes de 270 aéroports à travers l'ensemble du pays dont 5 aéroports internationaux (à Kinshasa, Lubumbashi, Kisangani, Goma et Gbadolite). Ces chiffres correspondent à peu près à ceux qui sont donnés par J. Bourdillon. Ce qui fait comprendre que les autorités congolaises n'ont pas du tout réussi à poursuivre les chantiers de construction et/ou reconstruction du pays depuis le départ des Belges.

[75] *Idem*, p.246

Pourtant, d'aucuns pensaient qu'avec le PSC le pays allait atteindre un point culminant de sa transformation structurelle grâce aux diverses infrastructures qui étaient prévues d'être construites. Hélas, cette vision semble loin de se concrétiser. Comme nous le verrons dans la deuxième partie du livre, la Convention Sino-Congolaise n'a pas du tout produit les résultats escomptés.

Que conclure de cette première partie ?

Conclusion de la première partie

Le Programme Sino-Congolais résulte de la volonté et la nécessité de doter la République démocratique du Congo des infrastructures modernes susceptibles d'améliorer le bien-être social de la population congolaise et de conduire le pays vers le progrès.

Ce vaste et ambitieux programme quoi qu'ayant généré des commentaires négatifs de la part de certains analystes, la mise en chantier ou le lancement de certains travaux d'infrastructures lancés en 2009 avait suscité de l'espoir et, il ne faisait l'ombre d'aucun doute que les ouvrages qui devaient être réalisés dans le cadre de ce programme, les réseaux routiers et ferroviaire, l'électricité et tant d'autres devraient offrir la possibilité de développer d'autres types d'activités.

Par ailleurs, en Comparant le projet la SICOMINES avec celui de la société TFM, il apparait que le Programme Sino-Congolais présente comme avantage le préfinancement des travaux d'infrastructures obtenu auprès de la Banque chinoise d'import et export (EXIM BANK). Il s'agit en fait d'un paiement anticipatif des impôts, taxes, droits et redevance effectuée par la JV Minière SICOMINES. Cependant, l'inconvénient dans ce modèle de partenariat est que non seulement l'Etat assujetti la SICOMINES à un régime fiscal, douanier, parafiscal très avantageux en l'exonérant des paiements d'impôts, taxes, redevances et autres droits, il subit le coût des intérêts que génère le contrat de prêt conclu entre SICOMINES et EXIM BANK pour la construction des infrastructures.

Or, avec le contrat minier ordinaire, c'est l'Etat qui impose les règles des jeux en prélevant par voie d'autorité les impôts divers qui peuvent notamment servir au financement des infrastructures et travaux publics divers.

Tout en comprenant le contexte dans lequel cette Convention de Collaboration a été conclue, il est donc important que le Gouvernement congolais modélise le projet SICOMINES sur base du Code minier, particulièrement en ses dispositions fiscales et parafiscales, afin de cerner les paiements auxquels le pays a renoncé au profit du Groupement d'Entreprises Chinoises et les comparer aux revenus perçus au titre de financement des infrastructures.

Il faut néanmoins souligner qu'à cette époque, la contribution du secteur extractif en général et du secteur minier en particulier visiblement insignifiante était due au fait que la plupart de projets miniers étaient en phase d'exploration. Maintenant que la plupart des projets miniers ont atteint leur maturité si bien que la contribution du secteur minier au budget de l'Etat devient très significative, il se pose ainsi la question sur l'opportunité pour l'Etat congolais de recourir encore à un tel modèle.

Enfin, il ressort de l'examen de différentes clauses de la convention sino-congolaise un sur- engagement de l'Etat congolais qui a conféré à la partie chinoise des prérogatives et/ou avantages exorbitants en l'absence des dispositions contraignantes notamment les clauses relatives à l'inexécution ou à la mauvaise exécution de cette convention au point que ce contrat paraisse léonin.

Deuxième partie

Evaluation du programme sino-congolais

Introduction

Le programme Sino-Congolais s'inscrivant dans le cadre de la politique publique, il mérite donc d'être évalué surtout qu'il s'agit d'un nouveau modèle que la République Démocratique du Congo, à l'instar d'autres pays africains, est en train d'expérimentée. Il est important de comprendre l'importance de l'évaluation d'un tel programme.

Parlant de l'évaluation, R. Muzellec et M. Conan[76] affirment que si on admet que celle-ci a pour objet de parvenir à un jugement, à l'appréciation d'une action publique à travers une démarche, un processus, on peut considérer qu'elle est vraiment née en 1930 aux Etats-Unis lorsque Ralph Thyler a voulu connaitre les effets de la réforme des programmes scolaires sur la réussite scolaire des élèves. Puis elle a connu une triple généralisation. On constate une généralisation quant aux pays : tous les pays développés appliquent à leur manière cette méthode ; chaque pays adapte cette méthode en fonction de sa culture administrative et politique. Il ne s'agit pas d'un standard uniforme mais d'une référence souple. Plus intéressant encore est la généralisation quant à l'objet de l'évaluation.

Sur le plan pédagogique, la définition de l'évaluation implique trois questions qui correspondent aux aspects suivants :

- Cognitifs : que s'est-il passé ? est-ce que les moyens juridiques, financiers, organisationnels permettent d'atteindre les objectifs fixés ?

- Normatifs : a-t-on bien fait ? est-ce les résultats sont bons ou mauvais ?

- Prescriptifs : peux-on mieux faire ? Peut-on modifier le plan d'action pour améliorer les résultats ?

Sur le plan téléologique, les auteurs soutiennent que l'on peut aussi tenter d'appréhender l'évaluation à travers la diversité de ses finalités.

---

[76] Raymond MUZELLEC et M. CONAN, *Finances publiques,* Paris, 16e éd. Sirey, 2013, p.110

- Une finalité déontologique : rendre des comptes aux responsables politiques et aux citoyens sur la manière dont une politique a été mise en œuvre et sur les résultats qu'elle a obtenus.

- Une finalité gestionnaire : répartir plus rationnellement les ressources humaines et financières entre différentes actions, améliorer la gestion des services chargés de les mettre en œuvre ;

- Une finalité d'apprentissage et de mobilisation des agents publics et de leurs partenaires en les aidants à comprendre les processus auxquels ils participent et s'en approprier les objectifs.

L'évaluation en tant que volet essentiel de tout projet permet aux exécutants de prendre des décisions avisées concernant les opérations d'un programme de développement et la prestation des services, à la lumière de preuves objectives, garanties par l'utilisation la plus efficace et la plus judicieuse des ressources, et/ou évalue de manière objective le niveau auquel le programme a réalisé l'impact désiré ; et bien plus encore dans quel domaine il fait ses preuves et les niveaux auxquels des correctifs doivent être envisagés et satisfaire aux exigences organisationnelles, afin de convaincre les bailleurs de fonds que leurs investissements ont été utiles ou que d'autres approches doivent être envisagées[77].

Pour des projets de grande envergure qui engagent des sommes importantes sur une longue période de temps, les décideurs du secteur public se doivent de comparer différentes méthodes de réalisation afin de choisir celle qui donnera la plus grande espérance de valeur ajoutée aux contribuables.

Compte tenu de la complexité de l'exercice, un processus rigoureux doit être mis en place afin de réaliser ces évaluations. Différents experts doivent être consultés, des analyses de sensibilité doivent être effectuées et le processus doit être suffisamment transparent pour s'assurer que les hypothèses du modèle puissent faire l'objet de vérifications et de discussions, voire de critiques et de contestations. De plus, le processus doit

[77] Nina FRANKREL et Anastasia GAGE, *Mini cours Autoguidé : Eléments de base de suivi et évaluation*, USAID, 2009, cité par B. Masheke Nabulingi in Partenariat Public-privé en RD Congo : cadre juridique et pratique, vecteur d'un renouveau de l'action publique, Tome I, ECKI Publications, 2002, p.320

être suffisamment flexible pour permettre la prise en compte de l'évolution du contexte socio-économique et technologique entourant le projet. Dans tous les cas, il est primordial de comprendre le niveau d'avancement du projet à une date donnée et de prévoir son évolution (incertaine) tant au niveau de son contenu que de son échéancier de réalisation et de son incidence financière[78].

Après avoir décrypté la notion ainsi l'importance de l'évaluation, nous allons voir ce qu'il en est de la Convention Sino-Congolaise. Avant cette analyse, il parait nécessaire de passer en revue les principales clauses de cette convention dans le premier chapitre de cette partie du livre.

La deuxième partie traite de l'évaluation de la Convention Sino-Congolaise en mettant en relief le niveau d'exécution d'engagements de chaque partie. Elle est subdivisée en six chapitres suivants : (I) Aperçu général de la Convention Sino-Congolaise ; (II) Cadre légal et institutionnel de l'évaluation de la Convention de collaboration du 22 avril 2008 ; (III) De l'évaluation de la mise en œuvre de la Convention de collaboration par le consultant indépendant engagé par le Comité exécutif de l'ITIE-RDC ; (IV) Evaluation de la Convention Sino-Congolaise dans le cadre du présent ouvrage ; (V) Perspectives d'avenir du Programme Sino-Congolais et (VI) Apports d'autres partenaires dans la reconstruction de la RDC.

---

[78] M. BOER, *Défis et embûches dans l'évaluation des PPP : pour un secteur public efficace et efficient,* Québec, 2020, CIRANO, P.2

Chapitre 1

Aperçu général de la Convention Sino-Congolaise

Dans ce chapitre, je donne les grandes lignes de la Convention de Collaboration qui a été signée entre la République démocratique du Congo et le Groupement d'Entreprises Chinoises en date du 22 avril 2008. Cet aperçu nous permettra d'évaluer le niveau d'exécution de cette convention par les Parties.

D'emblée il faut noter qu'en signant cette Convention de Collaboration, les Parties ont déclaré poursuivre la réalisation des objectifs suivants :

Pour la République démocratique du Congo: trouver les ressources financières nécessaires à la réalisation des projets d'infrastructures nationales estimées importantes et urgentes tandis que pour le Groupement d'Entreprises Chinoises : investir dans le domaine des métaux non-ferreux dans les territoires de la République démocratique du Congo.

Pour la réalisation de leur projet de coopération (Projet Minier et Projet d'Infrastructures) les deux parties ont pris des engagements substantiels aux termes de la Convention de Collaboration du 22 avril 2008.

Le Groupement d'Entreprises Chinoises s'est engagé à mobiliser et mettre en place le financement pour la construction des infrastructures en République démocratique du Congo, financement qui devra être remboursé par les revenus de l'exploitation minière des gisements cupro-cobaltifères situés dans la région de Kolwezi, inexploités à l'époque, dont l'entreprise publique la Générale des Carrières et des Mines, en abrégé « GECAMINES », était titulaire des Droits et Titres miniers qui s'y rapportent. En outre, le Groupement d'Entreprises Chinoises s'est engagé à mobiliser et à mettre en place le financement nécessaire pour le développement des gisements listés en annexe A de la Convention.

La République démocratique du Congo, pour sa part, s'est engagée à ce que son entreprise publique GECAMINES cède à la JV Minière, les droits et titres miniers couvrant les gisements naturels cupro-cobaltifères de Dikuluwe, Mashamba Ouest, Jonction D, Cuvette Dima, Cuvette Mashamba et synclinal

Dikuluwe Colline D contenant des réserves minières estimées à environ 6.813.619 tonnes de cuivres en ressources certaines, environ 626.619 tonnes de cobalt et, en tonnage restant à déterminer, toutes autres substances minérales valorisables. Ces gisements, dont la GECAMINES détient les Droits et Titres miniers sous la numérotation PE 9681 et 9682 tels qu'inscrits dans les registres ad hoc tenus par le Cadastre minier, sont situés dans la région de Kolwezi, Province du Katanga, en République démocratique du Congo.

J'évoque les projets retenus dans le cadre de la Convention de Collaboration, les clauses relatives aux remboursements des investissements, les avantages commerciaux et fiscaux et d'autres avantages consentis par République dans le cadre de ces deux projets, des engagements des Parties.

Section 1 : les projets retenus dans le cadre de la Convention de Collaboration

Je parle du Projet Minier et de celui des Infrastructures.

§1 : Projet Minier

A. Modalités de coopération-constitution de la Joint-venture

Il est stipulé aux termes de l'article 3 de la convention de collaboration que les parties réaliseront leur coopération par la constitution d'une joint-venture minière à laquelle la République démocratique du Congo fera céder, par l'entremise de la GECAMINES et avec la participation de cette dernière, les droits et titres sur le gisement faisant l'objet de ladite convention au Projet Minier.

En application de cette convention, cette joint-venture est censée générer des profits dont une partie devra servir au remboursement aussi bien des investissements miniers que des investissements des travaux d'infrastructures.

B. Production envisagée

En vue de permettre à la JV Minière de débuter rapidement le remboursement des investissements dont elle bénéficiera et à ceux à faire dans le Projet d'Infrastructures, les Parties se sont convenues que la République démocratique du Congo et le Groupement d'Entreprises Chinoises aident la JV Minière à commencer la production commerciale dans le délai fixé par l'Etude de Faisabilité réalisée par la JV Minière. L'objectif de la première année de production commerciale a été fixé à 200.000 tCu. Ce niveau devrait être porté à 400.000 tCu à partir de la troisième année de production commerciale.

Contrairement à ce qui a été prévu dans l'accord, l'étude de faisabilité n'a pas fixé les tonnages de production à atteindre, à la fin de la deuxième année à 200.000 tCu, et à la fin de la troisième année à 400.000 tCu.

Concernant l'envergure du projet minier, le rapport de l'ITIE publié au mois de décembre 2021 décrie le rabattement des ambitions du projet à 250 milles tonnes de cuivre qui serait dû à l'insuffisance des réserves[79].

Que dire du Projet des infrastructures ?

§.2 : Projet d'Infrastructures

La Convention de Collaboration est résumée comme un accord de « ressources naturelles contre infrastructures ». Initialement, il a été prévu que les partenaires chinois mobilisent un financement de 9 milliards de dollars pour la construction des infrastructures énoncées à l'article 8 de cette convention. La liste des travaux d'infrastructures à financer par le Groupement d'Entreprises Chinoises proposée par la partie congolaise est jointe en annexe C de la Convention.

Il incombait à la partie congolaise de soumettre au Groupement d'Entreprises Chinoises, immédiatement après la signature de la Convention de Collaboration, une liste de la première tranche des travaux d'infrastructures à réaliser, les classer dans leur ordre de priorité de manière à permettre aux équipes techniques de réaliser et de présenter à la partie congolaise les propositions financières et techniques de ces travaux et de planifier leur exécution.

Suivant la convention, les travaux d'infrastructures devaient être exécutés immédiatement après l'approbation de l'étude de faisabilité par les Gouvernements congolais et chinois.

A propos de cette étude de faisabilité, Jean Mpisi explique que son approbation, initialement prévue dans les 6 mois à dater du 10 octobre 2008, date de cession des droits et titres miniers par la GECAMINES, n'a eu lieu que le 19 janvier 2010. La version initiale de l'étude de faisabilité n'avait pas plu à tous les actionnaires de la SICOMINES, pour deux raisons suivantes :

[79] Léonide MUPEPELE in Rapport ITIE-RDC, *Op. Cit,* p 23.

premièrement, il lui a été reproché de n'avoir pas intégré les tonnages contractuels de production susmentionnés et secondement elle n'avait pas intégré des véritables nouvelles technologies pour le traitement métallurgique des minerais[80].

D'après M. Ekanga : « Dès le deuxième semestre de l'année 2010, l'Etat congolais avait approuvé la Convention et l'étude de faisabilité. Mais il a fallu attendre le deuxième semestre de l'année 2011 pour que la Convention soit approuvée par la Commission de la Réforme et de Développement ainsi que par le Conseil des Affaires d'Etat de la Chine. Or, c'est à partir de cette période que la République démocratique du Congo pouvait s'attendre au premier financement tant pour les infrastructures que pour le Projet Minier[81].

Quant à la deuxième tranche des travaux d'infrastructure, son démarrage ainsi que son volume devaient être déterminés par consultation mutuelle de deux parties en fonction de la rentabilité du Projet minier. Ces travaux devaient être remboursés par les contributions fiscales et douanières dues à l'Etat par la JV Minière au cours de la troisième période d'exploitation.

Hormis les deux catégories des travaux prévues aux articles 9.1 et 9.2 de la Convention collaboration (travaux de première et seconde tranches), il est prévu au point 9.3 de la Convention telle que modifiée et complétée que le Groupement d'Entreprises Chinoises pourra mobiliser et mettre en place le financement pour réaliser des travaux d'infrastructures les plus urgents et dont les conditions de réalisation sont remplies. Ledit financement sera compté dans le financement pour la première tranche de travaux d'infrastructures et sera remboursé par la JV Minière selon les dispositions du Chapitre IV de cette Convention[82].

L'avenant n°3 complète la Convention en insérant au point 9.3 comme dernier alinéa la disposition suivante : « les travaux d'infrastructures les plus urgents susmentionnés signifient tous les travaux d'infrastructures démarrés après l'approbation de la dépense préliminaire du Projet Minier par la Commission Nationale du Développement et de la Réforme de la Chine et avant l'approbation du Projet Minier lui-même par le Conseil des Affaires de l'Etat de

---

[80] J. MPISI, *La Sino-Congolaise des Mines, Paris,* L'Harmattan, 2020, p.168

[81] Moïse EKANGA, Conférence de presse, Fleuve Congo Hôtel, Kinshasa, le 24 mai 2013

[82] Le chapitre IV de cette Convention de Collaboration porte sur le remboursement des investissements qui est repris dans cet ouvrage de façon détaillée.

la Chine suite à l'examen par la Commission Nationale du Développement et de la Réforme de la Chine. La liste exacte desdits travaux sera confirmée par les Parties ».

Je rappelle les clauses relatives aux Remboursements des investissements dans les lignes suivantes.

Section 2: Clauses relatives aux remboursements des investissements

L'article 12 de la Convention de Collaboration a été modifié de fond en comble par l'article 6 de l'Avenant n°3 et ensuite par l'article 2 de l'avenant n°4.

Alors qu'initialement la Convention de Collaboration telle qu'amendée par l'avenant n° 3 avait prévu trois période de remboursement à savoir : (i) la période de remboursement des investissements d'infrastructures les plus urgents ; (ii) la période de remboursement minier ainsi que de la première tranche des infrastructures, réduction faite des travaux les plus urgents qui auraient déjà été remboursés et (iii) la période dite commerciale, l'article 2 de l'avenant n° 4 signé le 26 juillet 2017, soit 9 ans après la conclusion de la Convention, prévoit deux périodes pour le remboursement des investissements du Projet de Coopération.

La première période, dite période de remboursement concomitant du principal des prêts des investissements miniers et ceux d'infrastructures, dans les proportions respectives de 40% et 60% de l'enveloppe globale destinée aux remboursements, ainsi que les paiements de leurs intérêts (première étape) ;

La deuxième période, dite période commerciale (deuxième étape).

- Au cours de la Première Période, la JV Minière affectera annuellement 35% de ses bénéfices nets à la rétribution de ses actionnaires, proportionnellement à leurs part dans le capital social ; la JV Minière remboursera les principaux et leurs intérêts des prêts d'investissements miniers et ceux des investissements des infrastructures, ainsi que les paiements de leurs intérêts respectifs conformément aux contrats des prêts signés avec les actionnaires ou/et les institutions financières selon les modalités ci-dessous :

Au cours de la Première période, la JV Minière affectera son flux de trésorerie, entre autres, au remboursement du principal des prêts des investissements miniers et ceux des investissements des infrastructures, ainsi que les paiements de leurs intérêts respectifs, conformément aux stipulations des contrats des prêts mentionnés ci-dessus. Les investissements miniers seront financés à 30 % par des prêts octroyés par les actionnaires remboursables sans l'application d'intérêts. Les 70 % restants, en tant que prêts des institutions financières, seront remboursés avec un taux d'intérêts annuel de 6,1%.

Les prêts destinés aux investissements d'infrastructures seront remboursés avec un taux d'intérêt annuel de LIBOR (six mois) +100 BP (LIBOR publié deux jours ouvrables avant la date de la valeur). Le taux d'intérêt qui est flottant sera déterminé tous les six mois. Les intérêts composés seront calculés par trimestre et sur la base du montant total des investissements des infrastructures effectivement mis en place ainsi que des intérêts dus accumulés à la fin de chaque trimestre. Les intérêts ainsi calculés seront comptés dans le montant total des investissements de la première tranche des infrastructures qui ne dépassera pas 3 milliards de dollars américains.

L'écart éventuel entre le taux réel bancaire et le taux appliqué à la JV Minière sera à la charge du Groupement d'Entreprises Chinoises.

- Au cours de la Deuxième Période, les Actionnaires se partageront la totalité des bénéfices nets distribuables au prorata de leurs parts dans le capital social de la JV Minière.

Il y a lieu de noter, en ce qui concerne le calendrier de remboursement, que certains prêts adossés d'infrastructures sont remboursés sur base de volume de ressources naturelles (par exemple 20.000 b/j ou 70% des redevances fiscales pétrolières). Ces quantités sont évaluées à un prix de référence convenu pour calculer le solde restant. Ces RBL sont donc remboursés plus rapidement lorsque les prix des matières premières sont élevés. Les modalités de remboursement d'autres RBL sont fixées en termes de valeur ou d'équivalence (200 millions USD ou 10% du montant principal), comme tout prêt ordinaire.

Dans certains de ces cas, les RBL rendent la vitesse de remboursement dépendante du cours des matières premières, le remboursement étant plus rapide ou plus lent en fonction du niveau des prix. Les RBL exigent parfois que la valeur totale du prêt soit remboursée en termes de volume. Ce type de prêt est parfois dénommé « prêt indexé sur les matières premières »

Certains RBL désignent souvent une ressource naturelle déjà développée et en production comme source de remboursement pour un prêt. D'autres sont cependant contractées dans le but de développer de nouveaux actifs, comme lorsque l'octroi de droits d'extraction est un élément essentiel du RBL. Dans le cadre d'une transaction ordinaire de ce type, une entreprise obtient un droit minier et s'engage à construire une infrastructure d'utilité sociale parallèlement à la mine, en échange d'une réduction des obligations fiscales futures pesant sur l'exploitation minière. Ces accords sont parfois appelés « accords de ressources natures contre infrastructures », « accord de troc » ou encore « accord d'échange ou de swap [83]».

Il convient de voir les avantages commerciaux et fiscaux et d'autres avantages consentis par République dans le cadre de ces deux projets.

Section 3. Avantages commerciaux et fiscaux et d'autres avantages consentis par République dans le cadre de ces deux projets

Il découle de l'article 14.1.1 de la Convention de Collaboration que la République démocratique du Congo a accordé à la SICOMINES, dans le cadre de Projet de Coopération en question, le bénéfice de tous les avantages fiscaux, douaniers et de change prévu par les lois et règlements en vigueurs en République démocratique du Congo ainsi que les dispositions particulières applicables aux marchés publics à financement extérieur.

Cet article 14 précise au point 1.2 les avantages particuliers accordés à la JV. Minière pendant les deux premières périodes. En effet, la République démocratique du Congo a concédé à la JV Minière, pendant les deux premières périodes de remboursement de l'investissement, soit les périodes pour rembourser les investissements des travaux les plus urgents, l'investissement minier et la première tranche d'infrastructures, les avantages particuliers suivants :

- l'exonération totale de tous les impôts, droits, taxes, douanes, redevances, directs ou indirects, à l'intérieur ou à l'import et l'export, payables en République démocratique du Congo et ceux liés aux activités minières et au développement d'infrastructures ;
- l'exemption des frais et paiements relatifs à la demande, à l'octroi, au transfert et à la cession des Droits et Titres miniers, des permis de prospection et d'exploitation ;
- l'exemption des frais des royalties liées à l'exploitation minière.

Durant les deux premières périodes, tous paiements éventuels d'impôts, droits, taxes douanières, redevances, qui auraient été payés par la JV Minière ou par les entreprises chinoises chargées des travaux d'infrastructures, dans le cadre

[83] D. Mihalyi, A. Adam, J. Hwang, *Prêts adossés à des ressources naturelles : pièges et potentiels*, Natural Resource Governance Institute, 2020, pp 3-4.

de la présente Convention de Collaboration, seront considérés et comptabilisés comme dépenses des travaux d'infrastructures.

Au sujet des avantages relevés ci-haut, D. Sessanga avait estimé qu'il y a eu violation du code minier. Selon lui, c'est une réminiscence de notre passé lointain et douloureux : celui de l'époque du régime conventionnel du bassin du Congo. Cette clause, a-t-il soutenu, viole le code minier dont le régime fiscal est un régime de faveur non cumulable.

Les critiques formulées quant aux exonérations consenties par l'Etat congolais doivent être relativisées d'autant plus qu'au départ ces exonérations ont été considérées comme une compensation des fonds que la SICOMINES devrait réunir pour le remboursement des deniers obtenus auprès d'Exim Bank of China pour la construction des infrastructures (confère article 14.2.4 de la Convention de collaboration). Toutefois, considérant que le régime minier conventionnel a été abrogé par le Code minier de 2002,[84] la SICOMINES devait logiquement se conformer au régime fiscal et douanier de cette loi minière, lequel régime est unique et exclusif pour tous les opérateurs miniers. Dans cette optique, nous comprenons l'appréhension de D. Sessanga telle que reprise ci-haut.

Pour sa part, SARW rappelle que la motivation profonde de la création de SICOMINES était de soutenir les efforts de reconstruction des infrastructures de la République démocratique du Congo. C'est pour cette raison que le Gouvernement a concédé d'importantes exonérations fiscales et douanières qui vont au-delà des avantages prévus dans le code minier, qui est déjà un régime préférentiel. Cependant, il a été observé que durant plus de huit années (de 2008 à 2016) les partenaires chinois n'ont investi en infrastructures que moins d'un milliard de dollars américains[85].

Il y a lieu de relever que cette Convention de Collaboration suscitait déjà bien des préoccupations, quant :

- aux taux d'impôt sur les sociétés qui doit être appliqué lorsque les investissements d'infrastructures auront été entièrement remboursés ainsi que la redevance à payer ;

---

[84] Loi n°007/2002 du 11 juillet 2002 portant code minier, article 340 et 343.

[85] SARW, *La problématique des contrats miniers et pétroliers en République démocratique du Congo*, Kinshasa, CEPAS, 2016, p 31.

- à la méthode de calcul du prix des métaux pour déterminer la base sur laquelle ces redevances doivent être appliquées.

Que dire des engagements des Parties?

Section 4 : Des engagements des Parties

J'évoque les engagements et garanties de la République démocratique du Congo, l'engagement relatif à la faisabilité et à la rentabilité du projet, les garanties de la RDC contre les risques politiques et les engagements et Garanties du Groupement d'Entreprises Chinoises.

§1 : Les engagements et garanties de la République démocratique du Congo

Aux termes de la Convention de Collaboration du 22 avril 2008, la République démocratique du Congo a donné des garanties à ses partenaires chinois quant à la régularité, la validité des droits et titres miniers que la GECAMINES était appelée à céder à la JV. Elle a en outre garanti ses partenaires quant au volume (quantité) des gisements promis et ce, en sus des engagements pris relativement à la faisabilité et rentabilité du Projet minier.

Ainsi, l'article 13 de la Convention de Collaboration tel que modifié et complété par l'avenant n°3 dispose :

1. La République démocratique du Congo garantit, pendant toute la période du projet de Coopération, que les Droits et Titres miniers qui feront l'objet de la cession à la JV Minière ne sont entachés d'aucun vice caché et/ou apparent pouvant compromettre la jouissance paisible desdits droits et titres. Le Groupement d'Entreprise Chinoises veillera à ce que le CONSORTIUM effectue un audit sur la régularité et la validité desdits Droits et Titres miniers. La cession ne pourra avoir lieu qu'à la condition que l'audit cité ci-dessus aura démontré que les Droits et Titres miniers ne sont entachés d'aucun vice caché et/ou apparent. Dans le cas contraire, si l'existence d'un ou plusieurs vice (s) est démontrée, la GECAMINES s'engage à y remédier dans les délais les plus brefs. Au cas où le ou les vice (s) caché (s) et/ou apparent (s) sont irrémédiables, la Convention de Collaboration sera résiliée.

2. La République démocratique du Congo garantit que les gisements, dont les Droits et Titres miniers seront cédés à la JV Minière,

contiennent les réserves minières évoquées à l'article 4 de la Convention de Collaboration. Au cas où la vérification lors de l'étude de faisabilité démontre que la réserve est inférieure à la réserve indiquée à l'article 4 de la Convention de Collaboration, la République démocratique du Congo s'engage à accorder de nouvelles concessions à la JV Minière. L'investissement d'infrastructures sera suspendu jusqu'à ce que le niveau de réserve soit atteint.

Que dire de l'engagement relatif à la faisabilité et à la rentabilité du projet?

§2 : L'engagement relatif à la faisabilité et à la rentabilité du projet

Comme nous l'avons dit plus haut, outre les garanties qu'elle a offertes, la République démocratique du Congo a pris un certain nombre d'engagements relatifs à la faisabilité et à la rentabilité du projet minier. Parmi ces engagements, il convient de relever ce qui suit :

Au point 13.3.1 de la Convention de Collaboration, il est stipulé que si l'étude de préfaisabilité sur le projet minier n'est pas acceptée par le Groupement d'Entreprises Chinoises et/ou la GECAMINES, le Groupement d'Entreprises Chinoises mettra fin à l'investissement d'infrastructures. Les Parties se concerteront pour trouver une solution. Par ailleurs, le point 13.3.2. dispose que si le projet minier n'est pas approuvé par le Conseil des Affaires de l'Etat de la Chine suite à l'examen par la Commission Nationale du Développement et de la Réforme de la Chine, les Parties se concerteront pour chercher des mesures à prendre, soit la République démocratique du Congo accordera de nouveaux droits et titres miniers à la JV Minière, soit les Parties ajusteront le montant des investissements d'infrastructures.

Au cas où la République démocratique du Congo apporterait d'autres Droits et Titres miniers, la JV Minière effectuera un audit sur la régularité et la validité desdits droits et titres. La JV Minière effectuera également une étude de faisabilité sur ces nouveaux droits et titres miniers. La nouvelle étude de faisabilité devra être déposée auprès de la Commission Nationale du Développement et de la Réforme de la Chine, pour l'approbation du projet minier par le Conseil des Affaires de l'Etat de la Chine.

L'investissement d'infrastructures sera suspendu tant que la nouvelle approbation du projet minier n'aura pas été accordée par le Conseil des Affaires de l'Etat de la Chine. Si, malgré deux fois d'apports des nouveaux droits et titres miniers, le Projet Minier n'est toujours pas approuvé par le Conseil des Affaires de l'Etat de la Chine, la Convention de Collaboration sera résiliée. La JV Minière sera dissoute et liquidée.

De l'analyse de l'article 7 de l'avenant n°3 qui modifie l'article 13.3.2 de la Convention de Collaboration, il ressort que ces nouvelles dispositions conventionnelles octroient un pouvoir prépondérant au Conseil des Affaires de l'Etat de la Chine qui a reçu notamment comme prérogative d'approuver le projet minier.

Alors que, comme nous l'avons vu plus haut, l'article 5 de l'avenant n° 3 avait élagué la garantie de la République démocratique du Congo pour le remboursement du Projet Minier au cas où les bénéfices générés par la JV s'avéreraient insuffisants, il se révèle néanmoins que cette garantie subsiste d'une autre façon d'autant plus qu'aux termes de l'article 7 de cet avenant la République démocratique du Congo est tenue d'octroyer d'autres droits et titres miniers si le Conseil des Affaires de l'Etat de la Chine n'approuve pas l'étude de faisabilité élaborée par la SICOMINES.

Si l'étude de faisabilité démontre que l'IRR (Internal Rate of Return) du Groupement d'Entreprises Chinoises est inférieur à 19 %, la République démocratique du Congo s'engage à prendre toutes les mesures susceptibles d'améliorer les conditions de coopération afin d'atteindre le seuil de 19% au profit du Groupement d'Entreprises Chinoises. En outre, si la JV Minière n'a pas remboursé les investissements et les intérêts des projets d'infrastructures dans les 25 ans qui suit sa création, la République démocratique du Congo s'engage à rembourser le solde restant à payer par toutes autres voies.

Quelles sont les garanties de la RDC contre les risques politiques ?

§3 : Garanties de la RDC contre les risques politiques

Outre les engagements susmentionnés, aux termes de l'article 15 de la Convention de Collaboration, la RDC a également souscrit à un autre engagement tendant à garantir ses partenaires chinois contre les risques politiques.

Ainsi, l'article 15.1 tel que modifié par l'article 10 de l'avenant n° 3 dispose ce qui suit :

« dans les 12 mois qui suivent l'approbation du Projet Minier par le Conseil des Affaires de l'Etat de la Chine suite à l'examen par la Commission Nationale du Développement et de la Réforme de la Chine, la RDC s'engage à obtenir de son Parlement l'adoption d'une loi devant sécuriser le régime fiscal, douanier et de change applicable au Projet de Coopération en raison de sa spécificité. Si le Parlement national de la RDC n'adopte pas ladite loi dans le délai, le Groupement d'Entreprises Chinoises aura le droit de décider de réaliser ou résilier la présente Convention ».

La RDC s'est engagée à ne jamais, en aucun cas, s'approprier, nationaliser, ni exproprier, directement ou indirectement, la JV Minière ainsi que son patrimoine. Elle s'est, en outre, engagée à respecter le Traité relatif à l'encouragement et à la protection mutuelle des investissements signé entre les Gouvernements congolais et chinois à la date du 18 décembre 1997.

Au cas où le Groupement d'Entreprises Chinoises et ses sociétés affiliées décidaient de s'assurer, à leurs frais, du Projet Minier, des investissements des travaux d'infrastructures ou d'autres projets de coopération éventuels ultérieurement convenus, par le biais d'organismes spécialisés tels que la MIGA (Multilateral Investment Guarantee Agency), contre les risques politiques en particulier, et si la souscription de ces assurances nécessite la reconnaissance du pays d'accueil, la RDC s'engage à la donner à temps.

Si le Groupement d'Entreprises Chinoises et ses sociétés affiliées, suite à la souscription d'assurance, reçoivent un paiement en réparation, la RDC devra non seulement reconnaître la validité de ce paiement mais également accepter la subrogation de l'assureur pour le remboursement. Le droit de subrogation de l'assureur ne dépassera pas le droit de remboursement appartenant au Groupement d'Entreprises Chinoises et/ou à ses sociétés affiliées. La RDC garantit à la JV Minière la sécurité de son investissement minier et le remboursement des travaux d'infrastructures qui seront réalisés dans le cadre de la Convention de Collaboration notamment conformément à ses articles 12 et 13.

Force est de noter que sur base de cet article 15 de la Convention de Collaboration, la loi n° 14/005 du 11 février 2014 portant régime fiscal, douanier, parafiscal, des recettes non fiscales et de change applicable aux conventions de collaboration et aux projets de coopération a été adoptée et promulgué. Cette loi, qui selon l'esprit de l'article 15 devait concerner et bénéficier uniquement aux partenaires chinois suivant les clauses conventionnelles susmentionnées, a vu sa portée être élargie à toutes les conventions des collaborations remplissant les conditions d'éligibilités définies à l'article 7 de la loi précitée. Nous pouvons y relever notamment que la valeur d'investissement (ne devant pas être inférieure à l'équivalent en francs congolais d'un milliard de dollars américains) est déterminante pour bénéficier de ce régime fiscal, douanier et parafiscal.

Les raisons de l'élargissement du champ d'application de cette loi sont données dans son exposé des motifs. En effet, il en ressort qu'en raison de la spécificité des projets de coopération ou des projets connexes et compte tenu notamment de l'importance du financement à mobiliser, il paraît nécessaire de prévoir un cadre juridique particulier et un régime spécial applicable à des projets portant, d'une part, sur les modalités de financement et de remboursement des ressources mobilisées et, d'autre part, sur le régime fiscal, douanier, des recettes non fiscales et de change particulier.

Le caractère particulier dudit régime se justifie par le souci d'inciter les investissements en vue de la réhabilitation des secteurs porteurs des richesses et, par voie de conséquence, du développement.

J'évoque les Engagements et Garanties du Groupement d'Entreprises Chinoises dans les lignes suivantes.

§4 : Engagements et Garanties du Groupement d'Entreprises Chinoises

Le Groupement d'Entreprises Chinoises garantit, stipule et déclare qu'il a la ferme volonté de s'engager, en partenariat avec la RDC ou l'entreprise publique décrite dans la présente Convention de Collaboration.

Le Groupement d'Entreprises Chinoises s'engage à mobiliser les financements nécessaires pour la réalisation des Projets sus évoqués conformément aux conditions décrites dans la présente Convention de Collaboration. Il s'engage, à ce propos, à octroyer à la JV Minière, sur prêt d'Actionnaire, à rembourser sans intérêt, 30% des investissements estimés nécessaires pour son développement par l'Etude de Faisabilité qui sera effectuée préalablement et pour la mise en œuvre du Projet Minier.

Le Groupement d'Entreprises Chinoises s'engage à prêter à la GECAMINES les fonds nécessaires pour sa participation au capital social de la JV Minière et aux augmentations éventuelles de celui-ci.

Le Groupement d'Entreprises Chinoises veillera notamment à ce que la JV Minière soit capable de faire face à un remboursement rapide des investissements miniers et des Travaux d'Infrastructures Gouvernementales. Il veillera, entre autres objectifs, à ce que la JV Minière opte pour une technologie performante, capable de réduire les coûts d'exploitation qui devront être avantageusement comparables à ceux des sociétés opérant dans le même secteur.

Conclusion

Le Groupement d'Entreprises Chinoises, fort de ses avantages professionnels, techniques et gestionnaires, s'engage à tout mettre en œuvre pour réduire le coût de revient, économiser les ressources financières des constructions, assurer la moderne conception, la qualité, le haut rendement, la fiabilité et la durabilité des travaux d'infrastructures et de service à travers sa participation à la reconstruction nationale en cours en République démocratique du Congo.

Le Groupement d'Entreprises Chinoises veillera à ce que le projet de Coopération soit approuvé par l'autorité compétente chinoise dans les 120 jours qui suivent la signature de la présente Convention de Collaboration.

A propos de ces engagements du Groupement d'Entreprises Chinoises, il a été fustigé en son temps la « démultiplication des conditions potestatives en faveur de la partie chinoise, en décriant également le fait que le GEC jouissait de trop des droits unilatéraux.

Il est important de rappeler le cadre légal et institutionnel de l'évaluation de la Convention de Collaboration du 22 avril 2008 dans le chapitre qui suit.

Chapitre 2

Cadre légal et institutionnel de l'évaluation de la Convention de Collaboration du 22 avril 2008

Afin de garantir la bonne exécution du Projet de Coopération Sino-Congolaise, l'article 18 de la Convention de Collaboration a prévu que le représentant du Groupement d'Entreprises Chinoises et ceux de la République démocratique du Congo se rencontrent chaque année, au cours du premier semestre à l'initiative de la partie la plus diligente en vue de :

- vérifier le niveau d'exécution de cette Convention de Collaboration ;
- résoudre les éventuelles divergences nées pendant l'exécution du Projet de Coopération ;
- formuler des propositions afin d'améliorer l'exécution du Projet de Coopération ;
- et, en bref, débattre des divers sujets relatifs à l'exécution du Projet de Coopération.

Il y a cependant lieu de noter que deux structures dont nous allons parler dans les sections suivantes ont été créées au lendemain de la conclusion de la convention de collaboration pour assurer la coordination et le suivi de sa mise en œuvre. Il s'agit (i) Bureau de Coordination et de Suivi du Programme Sino-Congolais et (ii) l'Agence Congolaise des Grands Travaux.

Section 1 : Des organes chargés de la coordination et du suivi de la Convention Sino-Congolaise

Je parle du Bureau de Coordination et de Suivi du Programme Sino-Congolais, de l'Agence de Pilotage de Coordination et de Suivi des Conventions de Collaboration signées entre la République démocratique du Congo et les partenaires privés, l'Agence Congolaise des Grands Travaux.

§ 1 : Du Bureau de Coordination et de Suivi du Programme Sino-Congolais

Aux termes de l'article 16 de la Convention de Collaboration du 22 avril 2008, la République démocratique du Congo s'était engagée à instituer un Comité multisectoriel « Comité de Pilotage et de Coordination » chargé d'assurer :

- le suivi de cette convention et des accords subséquents ;
- la facilitation de la réalisation du Projet de Coopération, notamment les questions liées au transport, à l'accès à l'eau et à l'électricité, etc. ;
- le suivi des travaux d'infrastructures gouvernementales.

Ce comité de pilotage était appelé à être l'interface entre le Gouvernement chinois, la République démocratique du Congo et la JV Minière.

Le comité interministériel de Coordination est l'organe de conception et de suivi, chargé de définir les orientations générales sur la supervision des projets issus des accords de coopération avec le Groupement d'Entreprises Chinoises.

Force est de noter que ce comité n'a pas du tout fonctionné. En fait, cette structure a été supplantée par le Bureau de Coordination et de Suivi du Programme Sino-Congolais qui a été créé en vertu du décret n° 08/018 du 26 août 2008, juste 4 mois après la conclusion de la Convention de Collaboration.

Il a été assigné à ce Bureau comme objet la gestion et le suivi de la mise en œuvre des accords de coopération signés entre le Gouvernement de la République démocratique du Congo et les partenaires privés chinois dans les domaines miniers et des infrastructures de base.

A cet effet, ses missions, similaires à celles du Comité de Pilotage et de Coordination susmentionné, consistait à :

- jouer le rôle d'interface entre les différentes parties et entités intéressées par les projets issus des accords de coopération en matière d'infrastructures, notamment le Gouvernement de la

République démocratique du Congo, les Groupements d'entreprises chinoises, la SICOMINES ou toute autre joint-venture d'exploitation des ressources naturelles, l'Agence Congolaise des Grands Travaux ainsi que les structures des partenaires chinois chargées du suivi de ces projets ;

- assurer le suivi de la mise en œuvre des conventions et des accords avec les partenaires chinois ;
- préparer les différentes rencontres, réunions et/ou négociations entre les parties ;
- assurer les négociations avec les banques ou institutions financières pour obtenir tout appui supplémentaire en vue de mener à bien la mise en œuvre desdits projets.

Compte tenu des chevauchements d'attributions entre les deux organes susmentionnés, le premier cité, à savoir le Comité de Pilotage et de Coordination a été formellement remplacé par le BCPSC en vertu de l'article 3 de l'avenant n° 4 à la Convention de Collaboration en reprenant in extenso les attributions susmentionnées ayant revenu à ce Comité.

Le B.C.P.S.C comprenait deux organes, à savoir : (i) le Comité Interministériel de Coordination et (ii) le Secrétariat exécutif.

Le Comité Interministériel de Coordination était un organe de conception et de suivi, chargé de définir les orientations générales sur la supervision des projets issus des accords de coopérations avec le Groupement d'Entreprises Chinoises.

A ce titre, il était appelé à exercer notamment comme attributions :

- superviser l'exécution des engagements des parties aux conventions et accords de collaborations signés entre la République démocratique du Congo et les partenaires chinois ;
- approuver le recrutement du personnel aux postes de commandement ;
- promouvoir les rapports harmonieux entre parties ;

- assurer l'interface du B.C.P.S.C vis-à-vis du Gouvernement.

L'article 6 du décret 08/018 portant création du B.C.P.S.C stipule que le Comité de Coordination est constitué par les Ministres directement impliqués dans les projets issus des accords avec les partenaires chinois. Sont d'office membres dudit Comité :

- le Ministre d'Etat près le Président de la République ;
- le Ministre près le Premier Ministre ;
- le Ministre des Infrastructures, Travaux Publics et Reconstruction ;
- le Ministre des Affaires Etrangères et de la Coopération Internationale ;
- le Ministre des Finances ;
- le Ministre du Budget ;
- le Ministre des Mines ;
- le Ministre des Transports et Voies de Communication ;
- le Ministre de l'Energie ;
- le Ministre de l'Urbanisme et Habitat ;
- le Ministre des Relations avec le Parlement ;
- le Directeur Général de l'Agence congolaise des Grands Travaux ;
- le Vice-Président de la Joint-venture d'exploitation des ressources naturelles ;
- le Secrétaire exécutif du B.C.P.S.C.

Quant au Secrétariat Exécutif Permanent, il y a lieu de noter que sur le plan statutaire, cet organe était chargé de coordonner l'ensemble des activités liées à l'encadrement pour leur bonne fin des projets issus des accords et conventions signés par la République démocratique du Congo avec les partenaires chinois en matière d'infrastructures de base. Il était donc appelé à assurer la gestion courante du B.C.P.S.C conformément aux directives du Ministre des Infrastructures, Travaux Publics et Reconstruction appuyé par les recommandations du Comité Interministériel de Coordination.

J. Mpisi dépeint les difficultés rencontrées par le BCPSC dans son fonctionnement[86] au nombre desquelles nous reprenons celles-ci :

- la collision permanente avec l'ACGT, dans l'exercice de ses prérogatives ;

---

[86] J. MPISI, *Op. Cit,* p.146.

- la méconnaissance par la plupart des services de l'existence du BCPSC et de son rôle dans la mise en œuvre du PSC ;
- l'incapacité de convocation du Comité Interministériel suite aux problèmes de préséance causés par l'obsolescence des textes en vigueur à l'époque.

Ce tableau tel que brossé frise la non-maitrise par certains des ministres précités concernés par le projet de la conduite ainsi que de l'évolution du PSC qui semblait être devenu une affaire exclusivement réservée à la compétence du secrétariat exécutif de ce Bureau.

A ce sujet, J. Mpisi, vantant le mérite du BCPSC « en tant que service majeur autour du Président et d'autres institutions »[87] révèle ce qui suit : « le BCPSC revêt une importance capitale aux yeux du Chef de l'Etat. Celui-ci ne manque pas une occasion d'entrer en contact téléphonique ou autre avec le Secrétaire exécutif de cette institution étatique pour avoir des nouvelles sur l'évolution des projets exécutés par les entreprises chinoises, ou des rapports sur l'état des discussions menées en République démocratique du Congo ou en Chine avec les partenaires chinois, ou encore des propositions pour la mise sur pied d'une idée entrant dans la réalisation des « cinq chantiers ». le Président est tellement attaché au patron du BCPSC qu'il n'hésite pas de l'amener souvent dans ses tournées des chantiers dans ses déplacements à Kinshasa ou en province pour des poses de premières pierre d'une infrastructure ou des inaugurations d'ouvrages terminés ».

Cette situation porte à croire que le manque d'un suivi régulier dû certainement à la non-maîtrise de la conduite du PSC par les membres du Gouvernement impliqués aurait permis aux chinois de bafouer pratiquement leurs obligations conventionnelles.

L'extension des prérogatives du BCPSC

Déjà matérialisée par la Convention de Collaboration du 22 avril 2008, cette volonté de mobiliser les fonds afin de procéder au développement national va s'étendre avec les partenaires non chinois. En effet, la Loi n°13/005 du 11 février 2014 portant régime fiscal, douanier, parafiscal, des recettes non fiscales et de change applicables aux conventions

---

[87] *Idem*, p.81

de collaboration et aux projets de coopération jette les bases de cette extension des prérogatives du BCPSC en étendant les avantages fiscaux à d'autres conventions de collaboration en vue d'attirer un bon nombre des partenaires pouvant financer le vaste programme de reconstruction et développement destiné à doter la République démocratique du Congo des infrastructures de base visant à améliorer le bien-être social de la population.

Ensuite, la loi n°18/016 du 09 juillet 2018 relative au partenariat public-privé précise dans son exposé des motifs que les besoins du pays en termes d'infrastructures et d'équipements, l'impact de ces derniers sur son développement et les coûts importants que requièrent leur construction, leur réhabilitation et/ou leur acquisition amènent le Gouvernement à solliciter la participation du secteur privé à leur conception, leur financement et/ou exploitation. Le secteur privé est donc appelé à jouer un rôle moteur dans le développement du pays, celui de création de richesses nationales et de l'emploi.

L'article 19 de cette loi prévoit la création d'un établissement public chargé du conseil, de la coordination des activités et de l'encadrement de la conclusion de contrat de partenariat public-privé. La nouvelle agence va assurer la gestion et le suivi de la mise en œuvre des conventions de coopération que la République démocratique du Congo a conclues avec ses partenaires privés, spécialement dans les infrastructures de base et des ressources naturelles.

Que dire de l'Agence de Pilotage de Coordination et de Suivi des Conventions de Collaboration signées entre la République démocratique du Congo et les partenaires privés ?

§ 2 : De l'Agence de Pilotage de Coordination et de Suivi des Conventions de Collaboration signées entre la République démocratique du Congo et les partenaires privés

C'est par le décret n°22/03 du 1er mars 2022 que l'Agence de Pilotage de Coordination et de Suivi des Conventions de Collaboration signées entre la République démocratique du Congo et les partenaires privés, en sigle APCSC a été créée en tant qu'établissement public à caractère administratif et financier. Ce décret abroge en même temps le décret du 26 août 2008 portant création, organisation et fonctionnement du Bureau de Coordination et de Suivi du Programme Sino-Congolais.

A propos de cette agence, le journal Géopolis commente qu'en signant le décret créant l'APCSC, le Premier ministre Sama Lukonde a en même temps validé un modèle innovant dans le système de financement du développement des économies africaines. En effet, la décision de créer cette agence intervient dans un moment clé où la République démocratique du Congo cherche les voies et moyens pour impulser le développement à la base qui est le socle même de la croissance. Pour ceux qui suivent l'actualité économique et financière, ils savent que l'arrivée de cette nouvelle agence correspond à la volonté d'étendre le modèle à d'autres projets de coopération. C'est une grande ouverture d'accès aux moyens supplémentaires dont l'Etat pourrait bénéficier si jamais les procédures et méthodes mises en place sont privilégiées. L'arrivée de l'agence avec les missions qui lui sont confiées mettent en lumière un travail de titan abattu par le Bureau de Coordination et de Suivi du Programme Sino-Congolais[88].

Globalement, il convient de noter que l'APCSC est appelée à jouer le rôle d'interface entre les différentes parties et entités intéressées par les projets issus des accords de collaboration ou de coopération en matière d'infrastructures de base et des ressources naturelles, notamment le Gouvernement de la République Démocratique du Congo, les entreprises et/ou groupements d'entreprises privées ainsi que toute joint-venture ou structure de suivi créée aux fins d'exploration, d'exploitation ou de commercialisation des ressources naturelles et/ou d'exécution des travaux d'infrastructures, etc.

En ce qui concerne le fonctionnement de cette agence, la cérémonie de prise de possession administrative du siège social ainsi que du patrimoine de l'APCSC par la nouvelle équipe dirigeante a eu lieu le 7 novembre 2022.

Cette cérémonie qui marque le transfert de pouvoirs consacre le démarrage effectif des activités de l'APCSC. Cette agence est ainsi appelée à s'occuper de plusieurs contrats de partenariat, et non seulement celui qui unit jusque-là la République démocratique du Congo avec ses partenaires chinois.

Il me faut signaler l'implication de l'Agence congolaise des Grands Travaux dans les pages suivantes.

---

[88] Journal Géopolis n°1288 du vendredi 04 au dimanche 6 mars 2022, p. 12

§ 3 : De l'Agence Congolaise des Grands Travaux

Brève présentation de l'ACGT[89]

A. Cadre juridique

Créée par décret n°08/017 du 26 aout 2008, l'ACGT est un service public à caractère technique doté d'une autonomie financière, placée sous la tutelle du Ministère ayant les Infrastructures dans ses attributions.

B. Mission de l'ACGT

L'ACGT a pour mission principale le management des projets d'infrastructures structurantes dans les secteurs de routes, chemins de fer, voiries, ports, aéroports, bâtiments et énergies. A ce titre, l'ACGT assure la maîtrise d'ouvrage délégué des projets mis en œuvre dans le cadre du programme sino-congolais, des projets spécifiques des concessions ainsi que des projets financés par le Gouvernement de la République démocratique du Congo. L'ACGT développe également des projets en partenariat public-privé.

C. Vision

L'ACGT ambitionne de devenir un grand bureau d'ingénierie compétitif et performant capable d'apporter des solutions innovantes aux questions de développement des projets d'infrastructures en République démocratique du Congo.

D. Politique des Grands Travaux

Face au défi en infrastructures, les Etats se voient souvent contraints de procéder à des réformes du cadre institutionnel de gestion des infrastructures. Plusieurs Gouvernements ont pour ce faire mis en place des structures dédiées à la réalisation des Grands Travaux pour accélérer le développement de ce secteur.

Créée en premier lieu pour assurer la mise en œuvre des projets inscrits dans la Convention de Collaboration conclue entre le Gouvernement de la République démocratique du Congo et les Groupements des Entreprises Chinoises CREC et SINOHYDRO, l'ACGT a vu ses missions

[89] Agence Congolaise des Grands Travaux, Rapport annuel 2018, pp. 7-8.

s'étendre progressivement au développement des projets sous d'autres formes de financement, particulièrement le financement en partenariat public-privé. C'est pourquoi l'ACGT s'est structurée de manière à adapter rapidement ses compétences dans le management des projets de grande envergure, induisant une grande valeur ajoutée dans l'intégration de l'économie.

L'ACGT s'attèle ainsi au développement des :

- infrastructures structurantes : constituées par de grandes pénétrantes marquant une imposante restructuration (des réseaux de transport routiers, ferroviaires, aériens, maritimes, fluviaux, énergétiques, portuaires, aéroportuaires, infrastructures passives de télécommunication) ;
- infrastructures complémentaires : composées d'une combinaison avantageuse de plusieurs types d'infrastructures, à des meilleurs coûts-avantages ;
- Infrastructures complexes : dont la conception et la mise en œuvre requièrent une expertise avérée et/ou l'utilisation des produits technologiques spéciaux ;
- infrastructures et financement innovant : infrastructures contre ressources naturelles, PPP, etc. ;
- infrastructures intégratrices : visant à accroitre les standards, la viabilité, la durabilité, la grande connectivité et la rentabilité des infrastructures existantes ou futures ;
- projets dits « royaux » ou « présidentiels » : engagés pour accélérer le développement du pays ;
- projet d'un seuil de financement relativement élevé : requérant des outils de conception et de management des projets rigoureux.

Dans la section suivante, je note la quasi-absence des tenues des réunions d'évaluation de la Convention de Collaboration.

Section 2 : De la quasi-absence des tenues des réunions d'évaluation de la Convention de Collaboration

Malgré que la Convention de Collaboration prévoie l'organisation annuelle de la réunion d'évaluation, seulement deux rencontres d'évaluation ont eu lieu entre parties. La première réunion s'est tenue à Pékin en juillet 2009. La deuxième évaluation a eu lieu à Kinshasa au mois de mars 2010.

Ces travaux ont fait suite aux diverses critiques formulées principalement par l'opposition ainsi que les institutions de Brettons Wood. Selon les termes de référence de cette deuxième évaluation qui a eu lieu à Kinshasa, à partir du 20 mars 2010, ces travaux avaient pour objectifs de :

- dégager le niveau de réalisation des engagements des parties, deux ans après ces accords ;
- relever les difficultés et les obstacles surmontés ainsi que ceux restés sans solutions et proposer des voies de sorties aux autorités des deux parties ;
- identifier les clauses contractuelles à la base de la lenteur observée dans l'exécution de la convention et/ou source de conflit entre l'une des parties et les tiers ;
- faire ressortir les missions de la J-V Minière (SICOMINES) et celle de la structure de coordination du projet de coopération (BCPSC).

Pour ce qui concerne l'évaluation du Projet minier, il était donc question de :

1. présenter un état de lieu du projet SICOMINES, notamment :
   - la situation de l'étude de faisabilité ;
   - le déploiement sur terrain ;
   - le déploiement au plan administratif et gestion du personnel ;
   - le niveau d'exécution de la convention de J-V ;
   - le chronogramme des activités.
2. relever les obstacles éventuels constatés dans la mise en route du projet et proposer des remèdes ;

   Présenter le taux de réalisation des obligations contractuelles de chaque actionnaire.

Quant au Projet d'Infrastructures, il était question de :

1. évaluer le niveau d'exécution des projets prioritaires urgents :

- sur le plan technique (exécution physique, standards contractuels et ceux en cours de réalisation, intervenants, gestion technique, etc.) ;
- sur le plan administratif (gestion administrative : personnel chinois et congolais, exonérations, fourniture d'eau et d'électricité, sous-traitance, etc.) ;
- sur le plan financier (exécution financière des projets, écarts éventuels entre l'exécution physique et celle financière, niveau d'exécution des frais de maître d'ouvrage, niveau d'exécution de la rubrique « somme à valoir » et fixer les conditions d'éligibilité des dépenses à cette rubrique ainsi que la procédure de son déblocage, etc.).

2. évaluer les prestations des différents intervenants, notamment : la maîtrise d'œuvre, la mission de contrôle, par projet, sur base du rapport de chaque entité.

Les réunions d'évaluation ont été précédées des travaux préparatoires qui étaient organisés en ateliers, du 22 au 26 mars 2010. Ces travaux ont connu comme intervenants :

a) Pour la sous-commission chargée de l'évaluation de l'exécution de la Convention : BCPSC, Cabinet Mukendi, Cabinet Cheng, Ambassade de Chine, Exim Bank, Ministère des Infrastructures, Travaux Publics et Reconstruction, Primature et Présidence de la République ;

b) pour la sous-commission chargée de l'évaluation du projet Minier : SICOMINES SARL et ses actionnaires, BCPSC, Ministère des Mines, Primature et Présidence de la République ;

c) pour la sous-commission chargée de l'évaluation du projet d'infrastructures : ACGT, Office des Routes, Office des Voiries et Drainage, B.E.A.U, Travaux Publics et Reconstruction, Primature et Présidence de la République.

Conclusion

A la lumière de ce que nous venons de voir, il apparait que la non-tenue des réunions d'évaluation entre la République démocratique du Congo et ses partenaires chinois soit énormément à la base du non-respect des obligations conventionnelles constaté dans le chef de ces derniers comme il sera démontré dans le chapitre suivant.

Chapitre 3

De l'évaluation de la mise en œuvre de la Convention de Collaboration par le consultant indépendant engagé par le Comité exécutif de l'ITIE-RDC

Ce chapitre a pour pierre de touche l'évaluation de la mise en œuvre de la Convention de Collaboration par le consultant indépendant engagé par le Comité exécutif de l'ITIE-RDC.

Prenant en compte le besoin des parties prenantes de renforcer leur compréhension de la mise en œuvre du Projet SICOMINES et ce, eu égard à l'importance économique et financière de ce projet, le Comité Exécutif de l'ITIE-RDC avait commandé une étude d'évaluation de la mise en œuvre de la Convention de Collaboration relative au développement d'un projet minier et celui d'infrastructures conclue entre le Gouvernement de la République démocratique du Congo et les Groupements des Entreprises Chinoises.

Le rapport de cette étude a été examiné lors de la 21ième réunion du Conseil des Ministres tenu le 25 septembre 2021 et avait servi d'élément déclencheur à l'organisation des réunions interministérielles en vue de l'évaluation des acquis du programme et de la définition des nouveaux budgets d'infrastructures.

J'évoque Quelques considérations sur le rapport d'études du consultant indépendant engagé par l'ITIE-RDC, la réaction de certaines parties prenantes à la Convention par rapport à la question de répartition des parts sociales de SICOMINES qualifiée de contrant léonin

Section 1 : Quelques considérations sur le rapport d'études du consultant indépendant engagé par l'ITIE-RDC

Dans son rapport d'évaluation de la mise en œuvre de la Convention de Collaboration relative au développement d'un projet minier et d'un projet d'infrastructures conclue entre la République démocratique du Congo et le Groupement d'Entreprises Chinoises, le consultant indépendant engagé par l'ITIE-RDC, L. Mupepele, met notamment en exergue les conclusions suivantes tirées de son étude [90]:

[90] L. MUPEPELE in Rapport ITIE-RDC, *Op. Cit,* pp. 20-28

- au plan de l'exécution de ces accords, les gisements ont été évalués et développés sur base d'une étude de faisabilité réalisée en avril 2010 par le cabinet chinois CHINA ENFI. Cette étude de CHINA ENFI a servi d'études de faisabilité pour la construction de la mine. Les réserves minières ont été évaluées à 8 544 900 tonnes de cuivre et 571 800 tonnes de cobalt. De ces réserves, 6 977 800 tonnes de cuivre et 373 000 tonnes ont été classées par ENFI en réserves dites « contrôlées » et ont été utilisées par ENFI comme actif minier sur base duquel son étude a planifié la production de la mine.

- La construction de la mine a été achevée en 2015. La production a été lancée en octobre 2015 ; et 2016 a été sa première année de pleine production. Les gisements sont exploités à ciel ouvert et l'usine produit des concentrés de cuivre-cobalt dont une partie est traitée suivant le procédé SX-EW pour produire des cathodes de cuivre de 99,99% ainsi que des hydroxydes de cobalt à 30%. La ligne de production pyrométallurgique, prévue initialement dans la DFS d'ENFI pour traiter les concentrés sulfurés a été supprimée et remplacée par un simple grillage sulfatant. La capacité actuelle de l'usine étant d'environ 90 T de cuivre cathodique par an, une partie de concentrés cuivre-cobalt non traitée est commercialisée en l'état, mais les dirigeants de la mine assurent que l'extension de l'usine prévue de porter la capacité des installations à 250 mille par an sera opérationnelle avec l'entrée en production de la CHE de BUSANGA.

- La question de la répartition du capital social entre actionnaires de SICOMINES a été abordée dans ce rapport. Il est apparu que l'apport en gisements miniers de la partie congolaise qui, par ailleurs, constitue l'essentiel de l'actif de l'entreprise, n'a pas été rétribué en termes de participation au capital social et ce, d'autant que les 32 % des parts sociales octroyées à l'Etat congolais, sont libérées en numéraires. Pour l'Etat congolais, s'agissant des gisements qui auraient pu faire l'objet d'un appel d'offres, la cession sans contrepartie d'un tel patrimoine est un préjudice sans précédent dans l'histoire récente de la RD Congo.

- A l'inverse, les entreprises du GEC, sans aucun apport significatif dans la constitution de l'actif de SICOMINES si ce n'est la libération en numéraires d'un montant de 68 Mi USD, se sont vu octroyer 68 % des parts sociales en rétribution des prêts remboursables avec intérêt et ce, aux taux du marché, quand bien même il est facile de démontrer que EXIM Bank of China qui est à l'origine des prêts, est en fait un outil financier de la diplomatie chinoise, censée octroyer des prêts sans intérêt ou à intérêt modéré. De ce fait, le consultant a dénoncé cette structure du capital social comme relevant d'un partage léonin et à ce titre, il a appelé la RD Congo à demander un rééquilibrage des parts sociales basées sur les apports réels des partenaires.

- Concernant l'envergure du projet, les accords voulaient un mégaprojet de cuivre-cobalt d'une capacité de 400 mille tonnes de cuivre par an. La DFS d'ENFI a réussi à rabattre les ambitions du projet à 250 milles tonnes de cuivre par an, en prenant précisément argument sur l'insuffisance des réserves. Le rapport démontre qu'il s'est agi d'une posture stratégique et que cette révision à la baisse procède d'un choix pleinement assumé par la partie chinoise et qui n'est nullement liée à la capacité des gisements de la JV. L'exploitation des documents envoyés par la GECAMINES, parvenus tardivement au Consultant, fait apparaître que, de ce point de vue, la DFS d'ENFI est une étude « orientée », qui a servi d'outil de négociation dans les mains de partenaires chinois pour tenter d'obtenir la réduction des parts sociales de l'Etat congolais ou encore la révision à la baisse du plafond de 3 Milliards USD fixé par les accords pour le projet d'infrastructures.
- Pour ce qui est de l'investissement du projet minier, les accords avaient prévu d'allouer au projet un montant de 3 milliards USD pour une production annuelle de 400 mille tonnes de cuivre dès la 3ème année et ce, en s'adossant sur une réserve de 10,62 millions de tonnes de cuivre. Le coût d'investissement devait s'établir à 283 USD par tonne de cuivre en place. Il se fait qu'ENFI, tout en augmentant la hauteur de l'investissement à 3 664,08 millions, a paradoxalement choisi de rabaisser l'objectif de production à 250 mille tonnes de cuivre par an, tout en minorant les ressources/ réserves à 8 544 900 tonnes de cuivre, ce qui a pour effets conjugués de faire passer le coût d'investissement à 429 USD/ tonne de cuivre en place.

- Le Rapport a comparé le coût d'investissement de SICOMINES à ceux des projets d'envergure similaire dans l'espace du Grand Katanga, en procédant par deux approches, en rapportant leurs investissements aux ressources minérales qu'ils sont censés développer d'une part, et aux productions projetées cumulées sur la durée de vie annoncée des projets d'autres parts. De cette comparaison, il ressort que l'investissement alloué à SICOMINES dans la DFS est surévalué et nécessite, de ce fait, un réajustement. Un constant qui, il faut le souligner, rejoint la position des ingénieurs de la GECAMINES et qu'ils ont clairement signifié en son temps à la partie chinoise.

- En ce qui concerne le financement des investissements des travaux du Projet d'Infrastructures qui est la mission pour laquelle SICOMINES a été créée, le plan de financement établi par CHINA ENFI en application de l'avenant n°3, part des hypothèses suivantes :

- une production de 255 027 tonnes de cuivre/an et 6 889 tonnes de cobalt contenu/an ;
- un chiffre d'affaires de 1 374,3 millions USD/an ;
- un bénéfice escompté de 667, 48 millions USD/ an ;
- une espérance de vie du projet minier de 23 ans
- un pay-back period de 8,85 ans ;
- Un TRI de 17,18 % pour la partie chinoise.

➢ Sur base de tels agrégats et partant de l'hypothèse que SICOMINES a été mise en production en novembre 2015 et que 2016 est celle de pleine production et de l'atteinte de la vitesse de croisière, ENFI chiffre à 3 003, 83 Mi USD l'investissement global programmé pour le projet d'infrastructures et décline un plan de financement de ce montant qui s'étend de 2014 à 2025 (11 ans).

➢ En partant de 2024, soit une année avant la fin du financement, le plan de remboursement correspondant à ce plan de financement du projet d'Infrastructures s'étale jusqu'à 2033 (10 ans), en tenant compte des intérêts cumulés sur 19 ans (de 2009 à 2033) qui s'élèvent à 10595,4 Mi USD.

➢ Mais, il y a l'avenant n°4 du 26 juillet 2017, qui a la particularité d'instituer une période unique de remboursement des investissements engagés dans les deux projets de coopération où une quotité de 35% du profit de SICOMINES est consacrée dès la première année de production à la rétribution des actionnaires. Le Rapport dénonce cet avenant comme un rétropédalage du partenaire chinois qui vient fondamentalement changer les règles de jeu autant que l'architecture juridique à la base de l'établissement des plans de financement et de remboursement d'ENFI.

Je parle dans la seconde section de la réaction de certaines parties prenantes à la Convention par rapport à la question de répartition des parts sociales de SICOMINES qualifiée de contrat léonin

Section 2 : Réaction de certaines parties prenantes à la Convention par rapport à la question de répartition des parts sociales de SICOMINES qualifiée de contrant léonin

Dans sa réaction au rapport intérimaire de l'ITIE, GECAMINES aurait fait valoir deux arguments pour justifier la répartition du capital social jugée défavorable à la RD Congo[91], à savoir :

[9191] *Idem*, pp 72-73

1) Une clef de répartition des parts sociales qui reposerait sur un modèle économique où, dans un principe de win-win, la quote-part de revenu de l'Etat congolais en termes de dividendes de GECAMINES et de retombées fiscales et autres droits de l'Etat s'équilibreraient avec le profit du partenaire privé ;
2) Le contexte de la situation post-conflit qui n'aurait pas permis à la République démocratique du Congo d'être en position favorable pour faire prévaloir la valeur de ses gisements dans la répartition des parts sociales de SICOMINES.

Suite au point de vue de GECAMINES, L. Mupepele martèle en soutenant qu'en ce qui concerne d'abord l'équilibre des intérêts des parties dans une logique de win-win, il faut évidemment qu'il soit démontré, au travers des simulations notamment, que, dans ce type de contrat où l'Etat congolais est appelé à renoncer à tous impôts et taxes, c'est bien le scénario lui laissant 32 % des parts sociales dans SICOMINES, qui permet de l'établir le mieux dans une situation de win-win face aux entreprises du GEC. Si GECAMINES dispose de telles études, il serait opportun de les faire prévaloir.

Conclusion

Tout en reconnaissant que la répartition du capital social entre actionnaires est fonction des apports des uns et des autres, le BCPSC aurait justifié les 32% des parts minoritaires attribués à « l'Etat congolais » dans SICOMINES par deux arguments :

1) « Tant que nos minerais sont dans notre sous-sol, ils ne valent rien. En réalité, les négociateurs congolais sont plus à plaindre qu'à blâmer…les minerais, tant qu'ils sont sous terre ne valent rien : la terre et ce qu'elle contient, n'appartiennent pas à ceux qui marchent dessus mais à ceux qui les exploitent. Il faut donc les sortir de la terre et ceux qui apportent des capitaux sont en droit d'amortir leur investissement » ;
2) Le BCPSC démontre qu'avec ses 32% de parts sociales à l'Etat hôte, le partenariat SICOMINES se situerait, sur le plan international, « au milieu d'un tableau » constitué d'une brochette d'entreprises minières choisies. Au niveau national, le BCPSC dresse une liste de douze entreprises partenaire de GECAMINES dont SICOMINES, assorties de leurs structures de capital social et affirme que

> SICOMINES se classerait en deuxième position en termes relatif, mais en première position en terme absolu compte tenu de l'importance du montant de l'investissement minier 3,6 milliard USD et 3 milliards USD pour les infrastructures soit 6,6 milliards ».

Il convient d'envisager l'évaluation de la Convention Sino-Congolaise dans le cadre de cet ouvrage au chapitre suivant.

Chapitre 4

Evaluation de la Convention Sino-Congolaise dans le cadre de cet ouvrage

Le présent chapitre porte sur l'évaluation de la Convention Sino-Congolaise dans le cadre de cet ouvrage.

Plusieurs auteurs ont écrit sur l'évaluation de projet en décrivant en quoi consiste ce concept. En effet, évaluer un projet consiste à déterminer si les objectifs y assignés ont été atteints.

Dans le cas d'espèce, il n'est nullement question de remettre en question certaines clauses de la Convention de collaboration de 2008 pour une quelconque raison. La démarche menée vise à examiner si les objectifs fixés sont réellement atteints et que les résultats attendus sont au rendez-vous.

Il s'agit pour moi de faire l'évaluation du Projet Minier,

Section 1 : Evaluation du Projet Minier

Rappelons-le, avant l'évaluation proprement dite, que l'objectif poursuivi par la République démocratique du Congo, en signant la Convention de Collaboration d'avril 2008, était de trouver les ressources financières nécessaires à la réalisation des projets d'infrastructures nationales estimées importantes et urgentes tandis que pour le Groupement d'Entreprises Chinoises visait à investir dans le domaine des métaux non-ferreux dans les territoires de la République démocratique du Congo.

A cet effet, les deux parties avaient pris un bon nombre d'engagements pour mener à bon port le Projet Minier et celui d'Infrastructures.

§1 : Tableau synoptique du niveau des réalisations des engagements des parties à fin 2022

°	La RÉPUBLIQUE DÉMOCRATIQUE DU CONGO	Le GEC	Référence	Réalisations	Taux d'exécution	Observations
01		Mobiliser le financement pour la construction des infrastructures en RDC	Art1.2.1 de la convention telle que modifiée par l'avenant n°3 (article 4)	Réalisé partiellement 822.190.060,14 USD sur 3.000.000.000 USD	27%	
02		Mobiliser le financement nécessaire pour le développement des gisements bien identifiés	Art1.2.1 de la convention	Réalisé à plus de 50%. Sur 3.664 Mi USD, 2.452Mi USD ont été investis	66 %	
03.	Garantir la répartition du capital social de la JV à 68% pour le consortium d'entreprises chinoises	Garantir la répartition du capital social de la JV à 32% pour le groupe Gécamines	Art 3.4 de la convention	Réalisé	100%	
04.	Cession par l'entremise de la GCM des droits et titres miniers à la JV (réserves définies dans la convention de JV)		Art 4 de la convention	Réalisé	100%	Réserves quasiment confirmées par l'étude de faisabilité.
05.		Versement d'un pas-de-porte à hauteur de 350.000.000USD après approbation de l'étude de préfaisabilité, l'audit de la régularité et validité des	5.1	En 3 tranches (175M USD payés 04/06/2009, 125M USD payés 26/06/2012 et 50M USD payés	100%	175 MUSD payés 04/06/2009 ; 125MUSD payés 26/06/2012 et 50MUSD payé 16/11/2012

°	La RÉPUBLIQUE DÉMOCRATIQUE DU CONGO	Le GEC	Référence	Réalisations	Taux d'exécution	Observations
		droits et titres miniers, l'octroi d'un certificat d'investissement à l'étranger et l'effectivité de cession des droits miniers		6/11/2012)		-Imputation contestée par Gécamines, du pas de porte en investissement remboursable par Sicomines en violation de l'art.7.7 conv de JV (lettre GCM n° 371/DG/15 du 26/01/2015)
6.		Octroi à la GCM d'un prêt de 50.000.000USD pour la réhabilitation de ses ateliers	5.2		100%	Exécuté
7.	Evaluation par l'entremise de la GCM de l'étude de préfaisabilité	Evaluation par l'entremise de la GCM de l'étude de préfaisabilité	Art. 6.1		100%	EPF faite à la signature de la Convention de JV avant cession droits et titres miniers article 5.1 Selon article 1 de l'avenant n° 3 Conv Collaboration), le 18/07/2011 selon lettre 0067/ADG/SCM/2011 du 14/11/2011)
8.	Elaboration d'une étude de préfaisabilité pour et à charge de la JV	Elaboration d'une étude de préfaisabilité pour et à charge de la JV	Art. 6.1		100%	
9.	Faire réaliser l'étude de	Faire réaliser l'étude de	Art. 6.2		100%	

°	La RÉPUBLIQUE DÉMOCRATIQUE DU CONGO	Le GEC	Référence	Réalisations	Taux d'exécution	Observations
	faisabilité par la JV	faisabilité par la JV				
10.	Faire approuver l'étude de faisabilité par les organes statutaires de la JV	Faire approuver l'étude de faisabilité par les organes statutaires de la JV	Art. 6.2		100%	
11.	Faire valider l'étude de faisabilité par le conseil des affaires de l'Etat de la chine	Faire valider l'étude de faisabilité par le conseil des affaires de l'Etat de la chine	Art. 6.2		100%	
12.	Dépôt de l'étude de faisabilité au Ministère des Mines par l'entremise de la JV	Dépôt de l'étude de faisabilité au Ministère des Mines par l'entremise de la JV	Art. 6.2		100%	
13.	Octroi des facilités à la JV pour qu'elle atteigne dans le délai ses objectifs de production de 200.000 tCu à la 1ère année et de 400.000 tCu à la 2è phase du projet	Octroi des facilités à la JV pour qu'elle atteigne dans le délai ses objectifs de production de 200.000 tCu à la 1ère année et de 400.000 tCu à la 2è phase du projet	Art. 7.1	- Facilités adm. ; -Facilités énergétiques	100% 100%	Révision à la baisse de l'objectif de production qui est passé de 400.000 t/cu à 250.000 t/cu
14.	Libre transfert des fonds		Art. 14.1.3		100%	
15.	Libre ouverture des comptes bancaires en devises locale et étrangères, dans et hors la République démocratique du Congo	Libre ouverture des comptes bancaires en devises locale et étrangères, dans et hors la République démocratique du Congo	Art. 14.1.3		100%	

°	La RÉPUBLIQUE DÉMOCRATIQUE DU CONGO	Le GEC	Référence	Réalisations	Taux d'exécution	Observations
16.	Exemption des droits, impôts et frais bancaires liés à l'imposition administrative		Art. 14.1.3	Permanent		
17.	Exonération totale de tous impôts, taxes, douanes, redevances payables en/à la République démocratique du Congo et ceux liés aux activités minières et de développement d'infrastructures pendant les deux premières périodes		Art. 14.2	Permanent		Adoption par la République démocratique du Congo d'une loi spéciale portant régime fiscal, douanier, parafiscal des recettes non fiscales et de change applicable aux conventions de collaboration et aux projets de coopération
18.	Exemption des frais et paiements relatifs à la demande, l'octroi, le transfert des droits et titres miniers pendant les deux premières périodes		Art. 14.2	Permanent		
19.	Exemption des frais de royalties liées à l'exploitation minière pendant les deux premières périodes		Art. 14.2		100%	
20.	Facilitation de l'octroi des		Art. 14.3	Permanent		

°	La RÉPUBLIQUE DÉMOCRATIQUE DU CONGO	Le GEC	Référence	Réalisations	Taux d'exécution	Observations
	visas et permis de travail pour les employés expatriés dans le cadre de la construction des projets infrastructures et de la JV minière					
21.	Sécurisation des sites des projets (sécurité juridique et physique)		Art. 14.3.2	Permanent		
22.	Octroi à la JV minière et aux projets d'infrastructures de tout nouvel avantage en cas de modifications du cadre légal et règlementaire		Art. 14.4	Permanent		
23.	Adoption, par la République démocratique du Congo, dans les 12 mois suivant l'approbation du projet minier, d'une loi sécurisant le régime fiscal, douanier et de change		Avenant 3. Art.10	Loi promulguée	100%	Loi n°13/005 du 11 février 2014. Cette loi a été adoptée en retard.
24.	Respect par les parties des modalités des périodes de remboursement des investissements réalisés et mis en place par le GEC	Respect par les parties des modalités des périodes de remboursement des investissements réalisés et mis en place par le GEC	Art. 12 de la convention	Permanent		Disposition modifiée par l'avenant n° 4

°	La RÉPUBLIQUE DÉMOCRATIQUE DU CONGO	Le GEC	Référence	Réalisations	Taux d'exécution	Observations
25.	TIR $\geq$ 19%		Art. 17.1			TIR inférieur à 19%, mais concertation en cours pour l'améliorer.
26.	Remboursement du projet des investissements des projets d'infrastructures dans les 25 ans qui suivent la création de la SICOMINES		Art. 13.3.4	Engagement en cours d'exécution		. Revenir rapidement dans le schéma de l'étude de faisabilité initiale (250.000tcu) pour que la JV puisse rembourser totalement endéans 25 ans
27.	Respect du Traité Sino-Congolais relatif à l'encouragement et à la protection mutuelle des investissements signé le 18 décembre 1997	Respect du Traité Sino-Congolais relatif à l'encouragement et à la protection mutuelle des investissements signé le 18 décembre 1997	Art. 15.3			Voir avec ministère affaires étrangères et coopération internationale
28.	Sécurisation de l'investissement minier et du remboursement des travaux d'infrastructures		Art. 15.6	Permanent		
29.		Octroi à la JV minière d'un prêt d'actionnaire, à rembourser sans intérêt, des 30% des investissements estimés nécessaires par l'étude de faisabilité des	Art. 17.2		100%	

°	La RÉPUBLIQUE DÉMOCRATIQUE DU CONGO	Le GEC	Référence	Réalisations	Taux d'exécution	Observations
		projets miniers infrastructures				
30.		Prêt à la GECAMINES des fonds nécessaires pour sa participation au capital social de la JV minière et aux éventuelles augmentations de celui-ci à concurrence de 32 Millions USD	Art. 17.3		100%	Selon l'IGF, il y aurait ambiguïté et confusion concernant le prêt de 32.000.000 USD (le contrat de prêt affirme que ce montant a été versé à GECAMINES tantôt à SICOMINES.
31.		Assurance que la JV minière fasse un bon choix technologique performante capable de réduire les coûts d'exploitation (amélioration de la compétitivité)	Art. 17.4	permanente		Le projet SICOMINES a été jugé comme un investissement sur-évalué
32.		Assurance des bons ratios coût et qualité	Art. 17.5	permanente		
33.	Organisation des consultations annuelles d'évaluation de la Convention de Collaboration	Organisation des consultations annuelles d'évaluation de la Convention de Collaboration	Art. 18	Evaluations effectuées en 2009 et 2010	13%	
34.	Reconnaissance du cas de	Reconnaissance du cas de	Art. 19.1	permanent		

°	La RÉPUBLIQUE DÉMOCRATIQUE DU CONGO	Le GEC	Référence	Réalisations	Taux d'exécution	Observations
	force majeure conformément au droit commun	force majeure conformément au droit commun				
35.	Priorité au règlement à l'amiable des différends		Art. 20.1	permanent		
36.	Recours à l'arbitrage du CERDI en français et en chinois avec primauté du français en cas de conflit entre les deux langues	Recours à l'arbitrage du CERDI en français et en chinois avec primauté du français en cas de conflit entre les deux langues	Art. 20.2	permanent		
37	Engagement à ne jamais nationaliser, s'approprier et exproprier directement ou indirectement la JV minière ainsi que son patrimoine		Art. 15.2	permanent		

ENGAGEMENTS ENTRE LE GROUPE GECAMINES ET LE CONSORTIUM D'ENTREPRISES CHINOISES

ENGAGEMENTS DES PARTIES

N°	*LE GROUPE GECAMINES*	*LE CONSORTIUM D'ENTREPRISES CHINOISES*					
	Intitulé		Réf.	Réalisation	Taux de réalisation	Observations	Recommandations
01.	Rédaction et signature de la convention de JV Minière sur base de la Convention de Collaboration	Rédaction et signature de la convention de JV Minière sur base de la Convention de Collaboration			100%		
02.	Entrée en vigueur de la convention de la JV Minière	Entrée en vigueur de la convention de la JV Minière	Art. 58		100%		
03.		Elaboration de l'étude de préfaisabilité	Art 3.1 Art. 5.1 Art 5.2	EPF Faite à la signature de la convention de JV avant cession Droits et titres miniers (art.5.1) PV CA/GCM 28 avril 2008 03 juin 2008 selon évaluation du 29 mars 2010 Exécutée (selon article 1l'avenant n° 3 de la Convention de Collaboration), le 18/07/2013 selon lettre 0067/ADG/SCM/2013 du 14/11/2011)	100%	Réserves d'environ 10.616.070 tCu, dont 6.813.070 tCu certaines et 626.619 tCo	

ENGAGEMENTS ENTRE LE GROUPE GECAMINES ET LE CONSORTIUM D'ENTREPRISES CHINOISES							
ENGAGEMENTS DES PARTIES							
N°	*LE GROUPE GECAMINES*	*LE CONSORTIUM D'ENTREPRISES CHINOISES*					
	Intitulé		Réf.	Réalisation	Taux de réalisation	Observations	Recommandations
04.	Constitution de la SICOMINES	Constitution de la SICOMINES	Art. 4.1.1 Art. 4.1.3 convention de JV Art.13.1 convention JV et 11.1 des statuts)	Décret n° 08/019 du PM du 22/09/2008	100%		
05.		Prêt d'une somme de 32 Millions de dollars américains à la Gécamines.	Art. 4.1.4 convention de JV	Exécuté avant le 06/04/2012 rés n°2 AGO SCM du 06/04/2012, let 003/PCA/SCM/2013 du 10/07/2013	95%	Montant intégralement libéré	
06.	Cession des titres et droits miniers à la SICOMINES		Art. 4.2	Exécutée le 10 octobre 2008 Attention : acte à produire	100%		
07.	Mise à disposition des espaces vides à la SICOMINES		Art. 4.2.4 Art. 4.2.5	Exécutée le 26/06/2015 (selon contrat d'amodiation)	100%	Il s'agit de la phase 1	
08.		Paiement des pas-de-porte à la partie congolaise	Art. 4.3	Exécutée en trois tranches : 175 MUSD payé 04/06/2009 ; 125MUSD payé 26/06/2012 et 50MUSD payé 16/11/2012	100%	Pas de porte non remboursable parce que l'étude de faisabilité a été approuvée par les	S'assurer que le pas de porte ne soit pas remboursé comme frais dans l'investissement

ENGAGEMENTS ENTRE LE GROUPE GECAMINES ET LE CONSORTIUM D'ENTREPRISES CHINOISES							
ENGAGEMENTS DES PARTIES							
N°	*LE GROUPE GECAMINES*	*LE CONSORTIUM D'ENTREPRISES CHINOISES*					
	Intitulé		Réf.	Réalisation	Taux de réalisation	Observations	Recommandations
						deux parties (art.7.7 de la conv)	minier
09.	Fournir des données géologiques et minières à la JV Minière pour permettre l'élaboration de l'étude de faisabilité		Art. 6.4	Exécuté	100%		
10.	Veiller à ce que la JV mette en production les mines et installations de traitement des minerais conformément à l'étude de faisabilité	Veiller à ce que la JV mette en production les mines et installations de traitement des minerais conformément à l'étude de faisabilité	Art. 9.4	Réalisée	100%	Disponibilité complète du processus moderne de production d'exploitation, de concentration, de métallurgie, de grillage, la mise en service de toute la ligne du système autour	

ENGAGEMENTS ENTRE LE GROUPE GECAMINES ET LE CONSORTIUM D'ENTREPRISES CHINOISES							
ENGAGEMENTS DES PARTIES							
N°	*LE GROUPE GECAMINES*	*LE CONSORTIUM D'ENTREPRISES CHINOISES*					
	Intitulé		Réf.	Réalisation	Taux de réalisation	Observations	Recommandations
						du cuivre	
11.	Veiller que la JV rembourse le financement des projets de coopération (minier et infrastructure) conformément au plan de remboursement agréé.	Veiller que la JV rembourse le financement des projets de coopération (minier et infrastructure) conformément au plan de remboursement agréé.	Art. 12		Action en cours de réalisation		

§2 : Quel jugement porter sur le niveau d'exécution du Projet Minier ?

Il découle de ce tableau qu'il y a trois catégories d'engagements, à savoir : (i) les engagements souscrits par la République démocratique du Congo, (ii) les engagements souscrits par le Groupement d'Entreprises Chinoises et (iii) les engagements souscrits concomitamment par les deux parties. Sur les 47 engagements relevés de ce projet minier (sans que ça soit exhaustif), il se constate qu'une bonne partie d'entre eux sont à ces jours exécutés.

Il semble que l'objectif poursuivi par le Groupement d'Entreprises Chinoises, à savoir : exploiter les métaux non-ferreux, soit quasiment atteint d'autant plus que la production de la SICOMINES, dont il assure d'ailleurs le contrôle en sa qualité d'actionnaire majoritaire, est exclusivement vendue à ses entreprises.

Il y a lieu de rappeler par ailleurs qu'en vertu de la Convention de Collaboration du 22 avril 2008, la République démocratique du Congo s'était substantiellement engagée à ce que :

- la GECAMINES cède à la JV Minière (SICOMINES) les droits et titres miniers couvrant les gisements naturels cupro-cobaltifères de Dikuluwe, Mashamba Ouest, Jonction D, Cuvette Dima, Cuvette Mashamba et Synclinal Dikuluwe D contenant des réserves minières estimées à environ 10.616.070 tonnes de cuivre dont environ 6.813.070 tonnes de cuivre en ressources certaines, environ 626.619 tonnes de cobalt et, en tonnage restant à déterminer, toutes autres substances minérales valorisables ;
- il y ait exonération totale de tous les impôts, taxes, douanes, redevances payables en République démocratique du Congo et ceux liés aux activités minières et au développement d'infrastructures ;
- il y ait exemption des frais et paiements relatifs à la demande, à l'octroi, au transfert et à la cession des droits et titres miniers, des permis de prospection et d'exploitation.

Pour sa part, le Groupement d'Entreprises Chinoises s'était substantiellement engagée à :

- mobiliser et à mettre en place le financement nécessaire pour le développement des gisements listés en annexe A à la convention minière que la GECAMINES devait céder à la SICOMINES tel que mentionné ci-dessus ;

- verser un pas-de-porte de trois cent cinquante millions de dollars américains, à la partie congolaise, à condition que l'étude de faisabilité ait été approuvée par le Gouvernement chinois ;
- Chercher et mettre en place une assistance financière à hauteur de 50 millions de dollars américains (50.000.000,00USD), sous la forme d'un prêt à la GECAMINES, pour la réhabilitation de ses ateliers de l'Ouest (AO), du Centre (ACP) et de Lubumbashi (LC).

Quant à l'exécution de ces engagements, il s'avère que la République démocratique du Congo les a bel et bien honorés en amenant notamment GECAMINES a opéré la cession de ses droits et titres miniers au profit de la JV SICOMINES.

La République démocratique du Congo s'est également montrée respectueuse des engagements souscrits aux termes de l'article 14 de cette convention, portant sur les avantages commerciaux et fiscaux et d'autres accordés à la JV ainsi qu'au Groupement d'Entreprises Chinoises. L'objectif de cette disposition est de permettre à la JV d'être capable d'assurer dans le délai imparti le remboursement rapide des investissements miniers et des travaux d'infrastructures.

Quant à l'engagement substantiel (en rapport avec le projet minier) souscrit par la partie chinoise consistant à mobiliser et à mettre en place le financement nécessaire pour le développement des gisements sus indiqués, il a été investi environ 2, 900 milliards USD sur le montant de 3, 664,08 milliards de dollars prévus dans l'étude de faisabilité, soit un taux d'exécution de 77%.

Des doutes planaient au sujet montant de l'investissement déclaré par SICOMINES. Compte tenu de cela, une commission a était mise en place en vue d'auditer la destination des montants d'environ 2,900 milliards USD ainsi déclarés comme coût d'investissement[92]. L'idée était de savoir l'affection de ce montant qui aurait été consacré au développement du Projet Minier.

---

[92] Voir le compte-rendu de la soixante-seizième réunion du Conseil des Ministres du Gouvernement de la RDC tenu le 11 novembre 2022

A propos de l'engagement consistant à verser le pas-de-porte de l'ordre de 350 millions USD en faveur de la partie congolaise, il se pose un problème portant sur l'imputation de cette somme. En effet, par définition, le pas-de-porte[93] est une prime perçue, à la signature et par conséquent non-remboursable, par l'Etat ou l'entreprise minière de son portefeuille ayant découvert et cédé son gisement considéré dès lors comme étudié, documenté et travaillé. Cependant, la GECAMINES décrie le fait que ce paiement à titre de pas-de-porte soit enregistré dans les immobilisations de la SICOMINES. En gros, elle conteste que ce paiement soit considéré comme un investissement remboursable.

Le fait que la partie chinoise ait modifié unilatéralement la clause relative au paiement de pas-de-porte en l'imputant dans les immobilisations de la SICOMINES cela conduit à la dénégation de la parfaite exécution de cet engagement. Il s'agit donc d'une divergence de vue qui nous rend perplexe, quant à l'évaluation de la réalisation de cet engagement. Ainsi, il y a lieu de se questionner si le montant de 350 millions USD versé à la GECAMINES peut être considéré comme pas-de-porte au vrai sens du mot. En dépit de tout ce qui est relevé par rapport au montant décaissé pour l'investissement minier, il convient d'admettre que le projet SICOMINES évolue normalement comme tous les projets miniers en ce qui concerne ses activités minières.

Il ressort toutefois une divergence de vue quant à la question relative au volume de production de cette société qui ne correspond pas à celui qui est prévu dans la Convention. En effet, la capacité de l'usine ayant été de 90 T de cuivre cathodique par an, il s'est avéré qu'une partie de concentrés cuivre-cobalt non traitée a été pendant les 4 premières années commercialisées à l'état brut.

Toutefois, il faut noter qu'en 2019, la SICOMINES S.A avait formellement démarré les travaux de la phase II de son projet. Le premier lot du cuivre cathodique a été produit par elle le 30 juin 2021. Ce qui symbolise

---

[93] Loi n°007/2002 portant Code minier telle que modifiée et complétée par la Loi n° 18/001 du 09 mars 2018, article 1literra 36 bis. Il importe de noter qu'au moment de la conclusion de la Convention Sino-Congolaise le code minier ne contenait pas la définition de pas-de-porte. Cependant, dans la pratique ceci était payé dans le cadre de J.V que les entreprises minières du portefeuille de l'Etat constituaient avec les partenaires privés.

la disponibilité complète du processus moderne de production, d'exploitation, de concentration, de métallurgie, et la mise en service de toute la ligne du système autour du cuivre, et son entrée au stade consécutif de mise en service. Après l'atteinte de la capacité, l'échelle totale d'exploitation et de concentration a atteint 9100bkt/a. Ainsi, la production de cuivre cathodique a atteint 250.000 tonnes de cuivre par an et celle du cobalt métallique contenu dans l'hydroxyde de cobalt brut est de 5180 t/a.

A propos de l'atteinte de l'objectif fixé par la SICOMINES dans son étude de faisabilité de produire 250.000 t/cu par an et 5180 t/an, si cela parait satisfaisant pour la partie chinoise qui trouverait son compte dans ce deal, d'aucuns s'insurgent contre ce niveau de production revu à la baisse par rapport aux prévisions initiales qui projetaient une production de 200.000 t de cuivre la première année et 400.000 à partir de la troisième année commerciale (article 7.1 de la convention de collaboration). La fixation de cet objectif de production à 400.000 t/an, comme les exonérations concédées par la République démocratique du Congo, avait pour but de permettre le remboursement rapide des prêts obtenus.

En ce qui concerne ce remboursement, rappelons-le, qu'il est prévu, aux termes de l'article 13.3.4 de la convention de collaboration telle que modifiée par l'article 8 de l'avenant n°3, que la JV rembourse les investissements et les intérêts des projets d'infrastructures dans les 25 ans qui suivent sa création, au cas contraire la République démocratique du Congo devra rembourser le solde restant à payer par toutes autres voies.

Etant déjà à la quinzième année depuis sa création, il reste donc environ un délai de 10 ans endéans lequel la SICOMINES doit rembourser entièrement les prêts obtenus pour la réalisation des infrastructures publiques en République démocratique du Congo qui se chiffre jusqu'ici à 822.190.060,14 USD. Cependant, une certaine opinion fustige le fait que l'avenant n°4 ait modifié les dispositions de l'article 12 de la convention de collaboration en réduisant le remboursement des investissements de deux projets (projet minier et projet d'infrastructures) à une seule période alors qu'initialement il était prévue que la SICOMINES assure en premier lieu le remboursement des travaux les plus urgents avant de rembourser les investissements miniers ainsi que ceux de la première tranche des infrastructures en deuxième lieu.

Au sujet de la modification des périodes de remboursement des investissements, l'IGF estime qu' « on a vraisemblablement voulu retarder le remboursement et donc l'apurement de la dette de la République démocratique du Congo vis-à-vis des investisseurs chinois ; à la période commerciale où la totalité des bénéfices est distribué aux actionnaires et où la deuxième tranche des travaux d'infrastructures et leurs intérêts seront financés par toutes les contributions fiscales et douanières auxquelles la République démocratique du Congo a droit. Les investisseurs chinois se sont donc soustraits de l'obligation de financement des travaux d'infrastructures, fussent-ils qualifiés de « deuxième tranche ». Et de s'interroger, pourquoi ont-ils prévu dans ce cas qu'il ait des intérêts, les contributions fiscales et douanières auxquelles la République démocratique du Congo a droit n'étant pas productrices d'intérêts ? »

Nonobstant tous ces griefs, il s'avère que l'objectif cherché par le GEC de pouvoir exploiter pour son compte les métaux non-ferreux est atteint. En revanche, dans le second volet, il convient de faire l'évaluation du Projet d'Infrastructures pour voir si la République démocratique du Congo a obtenu les résultats escomptés de ce Programme Sino-Congolais.

Section 2 : Evaluation du Projet d'Infrastructures

J'évoque un tableau synoptique du niveau de réalisation des résultats attendus. Je fais un bilan du projet des infrastructures du programme Sino-Congolais. Je rappelle la controverse sur le montant prévu pour le financement du Projet d'Infrastructures au dernier point.

§1 : Tableau synoptique du niveau de réalisation des résultats attendus

Types d'Infrastructures Projetées	Quantité et/ou longueur	Réalisation des résultats attendus		Observations
		Réalisations	*Taux de réalisation*	
Réhabilitation + modernisation de chemin de fer	2.198 km	Aucune	0%	0%
Construction de chemin de fer	1015 km	Aucune	0%	0%
Construction des routes bitumées	3.656 km	Environ 210 km de routes construites, à savoir : Lubumbashi-Kasomeno (137 km); Beni-Niania (60km) et Kanina Musonoï-Kapata 12,93 km	0%	0%
Réhabilitation des routes asphaltées	364 km	228 km de routes réhabilitées, à savoir : Bukavu –Kamanyola (5km) ;Bunagana-Rutshuru (15km) ; Mbuji-Mayi-Mwene Ditu (16 km); Kikwit Idiofa (7 km); Kitanda-Ankoro (70km) et Ankoro-Manono (115km)	0%	0%
Réhabilitation des routes en terre	2.518 km	171,6 km de route en terre réhabilitée (Lwambo Mitwaba-Manono-Kalemie		
Réhabilitation de la voirie urbaine à Kinshasa	250 km	+ou -30 km des travaux de voirie urbaine réalisés	0%	0%
Réhabilitation de la voirie urbaine dans d'autres villes du pays	300 km	+ou- 55 km de travaux de réhabilitation et modernisation de voirie réalisés		100%
Réhabilitation de l'aéroport de Goma et celui de Bukavu	2 aéroports	Aucune	0	0%
Constructions et équipements des hôpitaux par ancienne province	10 hôpitaux de 150 lits	Aucune	0%	0%
Construction des Hôpitaux par nouvelle province	21 hôpitaux de 150 lits	Aucune	0%	0%

réhabilitation et parachèvement d'un hôpital au centre-ville à Kinshasa	1	Réalisée : réhabilitation et modernisation de l'hôpital du Cinquantenaire	100%	
construction de barrage hydro-électrique	2 barrages, en l'occurrence Katende ainsi celui de Kakobola	Aucune	0%	0%
réhabilitation de réseau de distribution électrique	2 réseaux en l'occurrence celui de Kinshasa et de Lubumbashi	Aucune	0%	0%
construction et réhabilitation des centres de formation aux métiers BTP	Indéterminé	Aucune	0%	0%
construction des logements sociaux à Kinshasa	2000 logements	Aucune	0%	0%
construction des logements sociaux en provinces	3000 logements	Aucune	0%	0%
Construction et équipements des centres de santé de 50 lits	145 centres de santés dont un par territoire	Aucune	0%	0%
construction de deux universités modernes	2 universités	Aucune	0%	0%

Quel bilan faire du Projet d'infrastructures du Programme Sino-congolais ?

§2 : Bilan du Projet d'Infrastructures du Programme Sino-Congolais

L'analyse du tableau ci-dessus donne lieu aux observations suivantes :

- Un faible taux de réalisation des projets de construction de routes bitumées (210 km/3656 km prévu)
- Le taux de réalisation des travaux de réhabilitation et/ou la modernisation des routes déjà asphaltées dépassant 50 pourcents, au détriment des projets de constructions de nouvelles routes susdites, dénote le manque d'ambition de la part de la partie congolaise ainsi que le manque d'intérêt de la part des chinois à mettre en œuvre les projets intégrateurs pour le développement de la République démocratique du Congo.

En faisant le décompte des infrastructures qui sont réalisées 15 ans après la conclusion et le lancement de ce projet, il est déplorable de constater que la mise en œuvre de ce programme, concernant le volet infrastructures n'a pas produit les retombées escomptées, alors que cela se présentait comme une véritable aubaine pour la concrétisation des « cinq chantiers de la République ».

Certes, le PSC ne pouvait supporter seul le poids du développement des infrastructures de base d'un pays à la dimension d'un sous-continent comme la République démocratique du Congo, mais du moins ce programme tel que conçu et compte tenu de la liste des ouvrages qui a été initialement présentée par l'Etat congolais dans la l'annexe C de la convention du 22 avril 2008, cela était censé doter la République démocratique du Congo des infrastructures à même de désenclaver le pays et, partant conduire à son développement. Le PSC devait jouer un rôle majeur dans le programme de désenclavement intérieur du pays, dans la situation où se trouvait et se trouve encore le pays handicapé par la discontinuité et la dégradation des réseaux d'infrastructures routières, ferroviaires et fluviales, etc.

En faisant une rétrospection sur ce qui a été dit à propos de cette convention au lendemain de sa conclusion et ce qui est réalisé à ces jours, il se révèle clairement que les résultats obtenus sont loin des objectifs fixés.

Pour rappel, l'ancien ministre des Infrastructures, Travaux Publics et Reconstruction, s'adressant aux élus du peuple en date du 14 mai 2008 au sein de l'hémicycle du Palais du peuple, avait notamment soutenu ce qui suit : « en ce qui concerne les infrastructures de transport, et en considérant les projets financés par d'autres partenaires, la Convention se focalise aux projets intégrateurs à l'échelle nationale. A ce titre, notre objectif est de disposer d'une voie ferrée qui permette de relier sans rupture de charge le Sud-est du pays à l'Ouest en traversant les provinces du Katanga, des deux Kasaï, du Bandundu, de Kinshasa et du Bas-Congo ».

« Le projet de construction de la route reliant Lubumbashi-Kalemie-Bukavu, Goma-Beni-Kisangani en traversant les provinces du Katanga, du Sud et du Nord-Kivu et de la Province-Orientale procédait du souci de promouvoir la complémentarité de différents modes de transports, et de contribuer au renforcement de l'unité nationale et l'introversion de notre économie ».

« Ces projets routiers devait être complétés par des routes transversales dont Kananga-Mbuji-Mayi-Kasongo-Bukavu, Kasongo-Kindu avec la bretelle Mbuji-Mayi-Muene-Ditu, et des routes de contournement dont Likasi-Kolwezi-Dilolo-Kapanga-Kananga, ainsi que la route Matadi-Boma-Moanda de désenclavement de la République démocratique du Congo vers l'Océan Atlantique ».

« Sur le plan énergétique, il était en fait prévu la construction des centrales hydroélectriques de Kakobola et Katende pour répondre au problème de desserte en énergie électrique du Sud de la province de Bandundu et du Grand Kasaï, tandis que la réhabilitation du réseau de distribution d'électricité dans les villes de Kinshasa et de Lubumbashi était projetée dans le but de réduire le taux de délestage dans ces deux métropoles [94]».

Pour revenir sur le bilan de ce Programme, il se constate que quasiment rien de tout ce qui a été initialement projeté comme travaux qui auraient pu désenclaver le pays et par conséquent contribuer, pour ne pas dire accélérer, son développement n'a été réalisé.

Parlant des voies ferrées, il faut noter qu'aucun projet de chemin de fer n'a été malheureusement mis en œuvre dans le cadre du programme Sino-Congolais.

Sur ce point, L. Mupepele estime « qu'au regard du boom minier que connaissent principalement les quatre provinces du Grand Katanga, ce programme de reconstruction des voies ferrées nationales était une opportunité majeure pour le rétablissement des exportations minières par la façade Atlantique, avec pour principaux terminaux les ports de Lobito et de Matadi ; avec, à la clef, le désenclavement de facto des provinces intérieures du pays. Depuis, des milliards USD ont été investis dans le développement des mines du Katanga, faisant exploser, d'une année à l'autre, les records de production de cuivre et de cobalt notamment. Mais, faute d'infrastructures de communication adéquates devant permettre d'assurer les échanges commerciaux entre les provinces minières et les autres provinces du pays, ce sont les pays limitrophes auxquels le Grand Katanga est connecté qui continuent à bénéficier des retombées économiques de cette montée en puissance de notre activité minière ».

---

[94] Réponse du ministre des Infrastructures, Travaux publics et Reconstruction, Pierre Numbi aux députés nationaux au cours de la session du 14 mai 2008

En ce qui concerne le secteur énergétique, il convient de noter que les deux projets prévus dans le cadre du PSC, à savoir la construction du barrage hydroélectriques de Kakobola (10,5 MW) dans la province du Kwilu et celui du Grand Katende (64 Mw) dans le Kasaï Central n'ayant pas été réalisés, ont été confiées à d'autres partenaires à la suite d'un accord de crédit signé en 2011 entre la République démocratique du Congo et EXIM BANK of India.

En ce qui concerne le secteur de santé, il se révèle qu'un seul projet a été exécuté dans le cadre de ce programme. Il s'agit de la réhabilitation de l'hôpital du Cinquantenaire. Il importe de préciser que les travaux de construction de cet hôpital ont été amorcés à l'époque coloniale. Cependant, suite aux événements sanglants ayant marqué l'accession du pays à l'indépendance, ces travaux ont été interrompus. A la faveur du PSC, les travaux de grande envergure ont été réalisés pour donner corps à cet hôpital. Ces travaux qui ont consisté à la transformation, achèvement et modernisation des bâtiments déjà existants d'une superficie de 40.000 m^2 ont couté 99,873 millions de dollars américains. Il s'est agi d'un financement conjoint du gouvernement congolais et la banque chinoise Exim Bank.

En matière d'éducation, on note qu'en dépit du fait que le PSC n'avait pas aligné plusieurs projets dans ce secteur, les projets retenus présentés dans le cadre de cet accord, à savoir la construction de deux universités nationales et des centres de formation en métiers BTP ont souffert d'inexécution.

Quant à l'habitat, tout comme le secteur d'éducation et de la santé, ce secteur n'a pas bénéficié d'une estimable réalisation de ce programme. L'unique projet qui avait connu un début d'exécution tel que renseigné dans le rapport de l'ACGT, il s'agit de la construction des maisons pré fabriquées. Ce projet s'inscrit dans le cadre de la construction des logements adaptés en vue de réduire le déficit de logement en République démocratique du Congo estimé à 3 millions de logements, et de favoriser le développement des projets de construction à coût réduit des bâtiments qui pourront servir des logements, d'écoles, des bureaux ou d'hôpitaux.

Son objectif est de doter la province de la Tshopo d'une usine de fabrication des préfabriqués pour la construction des logements adaptés.

Malgré que les travaux de construction de cette usine soient achevés, il se fait que ce programme de construction des maisons préfabriquées n'a pas du tout prospéré puisqu'en aucun lieu de la République démocratique du Congo on trouve des maisons construites dans le cadre de ce programme, excepté les maisons prototypes qui sont implantées au camp français, en face de l'aéroport international de N'djili.

En évaluant les réalisations de toutes ces infrastructures sur base de projections initiales et compte tenu des besoins du pays qui accuse un déficit criant en matière de transport et voies de communication, d'infrastructures énergétiques (électricité et eau potable), l'habitat et autres, le contrat sino-congolais qui a été lancé avec tambours et trompettes rend le Congolais perplexe compte tenu du flou artistique qui l'entoure à telle enseigne que la population ignore si cet accord demeure toujours en vigueur ou non.

En fait, d'aucuns estimaient que le « contrat chinois n'est pas un programme de développement, mais l'expression d'une volonté politique des dirigeants comprenant une liste des projets à réaliser sans planification économiquement et écologiquement viable, sans objectif bien identifiés pour les cinq chantiers de la République qui en constituent la justification[95].

L'encadré ci-dessous nous présente la situation et les défis de la République démocratique du Congo en matière d'infrastructures de Transport[96].

> Le système de transport comporte un réseau multimodal d'infrastructures routières, ferroviaires, portuaires, et aéroportuaires, caractérisé par une absence d'intégration harmonieuse de différents réseaux. Il connait actuellement plusieurs points de ruptures de charges dues à l'hétérogénéité de standards dans un même mode et/ou de l'inexistence de chenaux d'interconnexion. Dans la plupart des provinces, les infrastructures de transport connaissent une vétusté avancée, ce qui traduit le délai d'acheminement trop long des personnes et des biens.
>
> La République démocratique du Congo compte 152.400 km de routes réparties en routes d'intérêt national (58.129 km représentant 38% du réseau global), routes d'intérêt local (86.871 km, soit 57% du total) et voies urbaines (7.400 km, représentant 5%). Cependant, ce réseau reste essentiellement en terre, le réseau bitumé ne représentant qu'une très faible part de 2,3%. Il intègre 3.500 ouvrages de franchissement d'une longueur total de 68.000 mètres.
>
> La République démocratique du Congo dispose de trois réseaux ferroviaires indépendants, pour un total de 5.000 km, chacun géré par un opérateur public. Une voie de 366 km de long entre Matadi et Kinshasa relie les principaux ports du pays à la capitale et aux sections navigables du fleuve Congo. Deux autres réseaux, l'un long de 3.641 km couvre la partie Sud-Est du pays et l'autre de 1.026 km dans le Nord du pays.
>
> Le transport maritime, fluvial et lacustre s'organise, d'une part le long du fleuve Congo et de ses affluents (plus de 16.238 km de voies navigables), et d'autre part autour des trois principaux ports du pays ayant un accès à la mer (Matadi, Boma et Banana). Du fait du mauvais état de l'essentiel du réseau routier congolais (à peine 15 %), le transport aérien devient le moyen le plus fiable de liaison entre certaines régions.

---

[95] D. Mulenda, accessible sur revuenouvelle.be/la-cooperation-economique-Chine-République démocratique du Congo

[96] Plan National Stratégique de développement 2019-2023 de la République démocratique du Congo, pp.69-70.

Les défis majeurs du secteur sont : (i) maintenance des infrastructures existantes ; (ii) réparation, réhabilitation et reconstruction des infrastructures de transports pour désenclaver le pays.

Au regard de ce défi, le gouvernement s'est fixé comme objectif stratégique pour le secteur de développer un système intégré de transport multimodal performant, à travers la densification du réseau routier national et la modernisation des infrastructures et équipements portuaires, aéroportuaires et ferroviaires.

Au sujet de ces défis tels que mentionnés ci-haut, relevons tout de même que leur existence et/ ou connaissance est mis mise en évidence depuis longtemps, bien avant la conclusion de la Convention Sino-Congolaise. Le DCSRP 1 en parle d'une certaine manière et les documents subséquents en font également état. Pratiquement les mêmes recommandations ont été formulées dans le cadre des différents plans que l'Etat congolais a eu à élaborer avec l'appui des partenaires traditionnels. Ces recommandations tendent vers les mêmes objectifs. Cependant, la concrétisation de ces programmes fait défaut. Tous ces objectifs semblent être vœux pieux.

Avec la Convention Sino-Congolaise, on pensait qu'il s'agissait d'une occasion pour la République démocratique du Congo de concrétiser son souhait de mettre en œuvre d'importantes infrastructures susceptibles de désenclaver le pays mais malheureusement, avec une enveloppe d'environ 825 millions de dollars américains, ce rêve « de faire de la République démocratique du Congo la Chine de demain » est loin de se concrétiser 15 ans après la signature de cette convention.

Face à ce qui pourrait paraitre comme un échec, en dépit de quelques réalisations relevées ci-haut qui du reste n'ont pas d'impacts réel sur le développement socio-économique du pays, 15 ans après la signature de la Convention de Collaboration entre la République démocratique du Congo et les entreprises chinoises du GEC, il est important de tabler sur l'avenir de ce « deal ».

A la lumière de ce que nous venons de voir il importe de poser la question tant sur la pertinence que sur l'efficience de ce programme sino-congolais. Par la pertinence, il faut se demander si ce programme a été bien conçu par les parties. Par l'efficience, il y a lieu de se questionner sur le suivi et le contrôle de la mise en œuvre de ce Projet d'Infrastructures. Il semble que le manque de suivi serait aussi à la base de de ces résultats mitigés.

En gros, nous notons que plus de 15 ans après la signature de l'accord de coopération entre Kinshasa et Pékin, « le déficit d'infrastructures de la République démocratique du Congo constitue encore et toujours une entrave à son développement ». Il apparait que la suspension ou le refus de financement des projets d'infrastructures par EXIM BANK, qui d'ailleurs avait manifesté cette intention en 2013 en conditionnant son financement par la cession de 32 % des parts de GECAMINES dans SICOMINES, met à mal l'évolution du projet.

Je note également que la situation actuelle du PSC avec un faible niveau d'exécution est très loin de satisfaire les attentes des Congolais. Ce qui rend ce modèle peu fiable et hypothèque la chance pour la République démocratique du Congo de conclure d'autres partenariats de ce genre.

Que retenir sur la controverse sur le montant prévu pour le financement du Projet d'Infrastructures ?

§ 3 : Controverse sur le montant prévu pour le financement du Projet d'Infrastructures

Alors qu'il est connu du grand public que le budget global prévu pour la réalisation des infrastructures dans le cadre du programme sino-congolais a été ramené de 6 à 3 milliards USD à la suite des pressions du FMI et de la Banque mondiale, un autre débat est suscité quant au montant réel prévu pour la réalisation des projets d'infrastructures dans le cadre du PSC. Il est tantôt avancé que le montant prévu pour ces travaux est de 1,053 milliards USD et non 3 milliards USD.

Dans son rapport d'étude sus évoqué, L. Mupepele abordait cette question en expliquant que « dans sa réaction intérimaire à son rapport, l'ACGT semblait remettre en question le plafond de 3 milliards USD, en rabaissant le budget alloué au projet d'Infrastructure à 1,053 milliards ». Et de poursuivre, « n'ayant pas connaissance d'un quelconque avenant portant modification des accords du 22 avril 2008, le Consultant appelle la partie congolaise à faire preuve de vigilance en procédant notamment à une enquête pour élucider l'origine de ce nouveau chiffre pris en charge par l'ACGT [97]».

Cette question a été bien avant abordée par Stefaan Marysse qui soutient que le texte du FMI (accord révisé) est plus clair que l'Avenant sur différents points : le calendrier d'exécution des travaux et de remboursement, ainsi que les sommes engagées. Selon ce calendrier, les travaux d'infrastructures devaient être réalisés dans le quatre années à venir (2014). C'est aussi le moment où le début de remboursement à partir de la production minière était attendu. Puis devait commencer le remboursement des prêts pour les travaux d'infrastructures prioritaires (de 375 millions de dollars), et ensuite le remboursement des investissements miniers et ensuite les prêts pour les travaux d'infrastructures restants, c'est-à-dire 3 milliards USD moins 375 millions des travaux d'infrastructures prioritaires. Et, d'ajouter c'est exactement dans le mot « restant » que plane le doute sur l'impact de cette révision[98].

[97] L. MUPEPELE, *Op. Cit*, pp. 140-141
[98] S. MARYSSE, *Op. Cit*, p. 147

Alors qu'il est clairement dit dans l'encadré du FMI que l'accord sur les financements de l'infrastructure exclut « la seconde phase des projets d'infrastructure pour ne conserver qu'une phase unique pour un total de 3 milliards USD, il est incompréhensible que le DG de l'ACGT soutienne que le montant de 3 milliards USD prévu pour le financement des infrastructures aurait été réduit à 1,053 milliards USD.

Pour élucider cette question, il est important de savoir sur quelle base et en vertu de quel acte cette révision substantielle est inscrite. Faisant état du Bilan de la Convention de Collaboration lors de la conférence de presse organisée en date du 24 mai 2013, à l'occasion du cinquième anniversaire de cet accord, M. Ekanga avait expliqué, pour ce qui concerne le projet d'infrastructure, que « les décaissements en leur faveur ont été effectués avant même la réalisation de l'étude de faisabilité du projet minier, garanti de remboursement, et son approbation par les instances gouvernementales de deux pays. Et de renchérir, c'est l'occasion également de relever que l'étude de faisabilité du Projet prévoit les décaissements de l'ordre de 1,053 milliard USD en faveur des projets d'infrastructures avant la mise en production du projet minier ».

Conclusion

Il se dégage clairement de la lecture de ce qui précède que 1,05 milliard représentent l'enveloppe qui a été prévue pour l'exécution des projets d'infrastructures avant la mise en production de la SICOMINES. Pourtant, il se constate qu'alors que la SICOMINES produit et commercialise effectivement ses produits miniers depuis 2016, la situation demeure quasiment au statu quo : la partie chinoise ou EXIM BANK ne finance quasiment plus aucun autre projet d'infrastructures depuis près de 10 ans, ce qui dénote la mauvaise foi puisque la République démocratique du Congo a mis à leur disposition les gisements miniers dont les réserves sont certaines et prouvées. Sur ce point, il est inexplicable que les Chinois suspendent unilatéralement l'exécution de leur obligation en la faisant dépendre du niveau de production de la SICOMINES. Du reste, une telle condition suspensive ne figure pas dans la Convention de Collaboration en question.

Il me semble important d'envisager les perspectives d'avenir du Programme Sino-congolais au chapitre suivant.

Chapitre 5

Perspectives d'avenir du Programme Sino-Congolais

Ce chapitre aborde les perspectives d'avenir du Programme Sino-congolais.

La Convention Sino-Congolaise a fait couler et continue à faire couler beaucoup d'encres et de salives. Le rapport de l'IGF publié le 15 février 2023 a alimenté le débat à la veille de la commémoration du 15ème anniversaire de cette convention.

Plusieurs griefs sont formulés à l'encontre de ce contrat conclu au grand dam de la République démocratique du Congo. Il est notamment reproché à cette Convention :

1) l'important déséquilibre financier au détriment de la République démocratique du Congo entre les avantages octroyés à la partie chinoise et les engagements à sa charge ainsi que les gains attendus par la partie congolaise :

    - Sur base de cette convention, la partie chinoise aurait gagné USD 90 936 120 000,00 contre des engagements à leur charge d'USD de 6.2 milliards, soit un gain d'USD 84 736 120 000, 00 auquel devront s'ajouter les exonérations fiscales et douanières estimées provisoirement aux taux les plus faibles à USD 2 163 623 850,15. Même en déterminant la valeur actuelle nette (VAN) sur base des éléments retenus dans l'étude de faisabilité de 2021, la VAN est de USD 76 573 723 516,28 qui constituent le gain en faveur de la partie chinoise parce que la VAN implique la déduction des CAPEX et OPEX du chiffre d'affaires ;

2) la faiblesse criante et la modicité des investissements des infrastructures : SICOMINES a mobilisé, en 14 ans des financements d'un montant total de USD 4.471.588.685,14 et n'a consacré que 822.190.060,14 pour le financement des travaux d'infrastructures, soit 18,38% du financement total mobilisé ;

3) le manque de visibilité et d'impact des travaux exécutés et leur sélectivité injustifiée en violation de l'annexe C de la Convention du 22

avril 2008. Sur ce point, le rapport de l'IGF montre que le programme desdits travaux n'a pas obéi à des exigences précises, comme la connectivité des villes, le désenclavement, la fluidité du trafic des personnes et de leurs biens, l'ouverture des localités de production aux grands centres de consommation, l'impact immédiat sur la vie de la population etc. et donc ces travaux sont restés, pour la quasi-totalité, sans impact visible pour les populations ;

4) le positionnement malheureux de SICOMINES comme « Emprunteur » des investissements du projet d'infrastructures consacré aussi bien par l'article 10.1 de la Convention que par l'Assemblée générale ordinaire du 19 mai 2009. Ce qui confirmerait, en fait comme en droit, la non-exécution de l'engagement d'un apport financier du GEC tel que prévu dans la Convention de Collaboration ;

5) le non-respect de la quantité minimale de production prévue. Ce qui entraîne des conséquences évidentes sur la durée du remboursement. La SICOMINES n'a pas encore pu atteindre la production projetée d'au moins 200.000 tonnes de cuivre en 2006 et 400.000 tonnes de cuivre en 2019 et, ce, malgré l'importance des investissements consentis ou encore l'empiétement des gisements de GECAMINES ;

6) l'imbroglio entretenu dans les périodes de remboursement des investissements. Cet imbroglio a servi à la réduction du montant des investissements des infrastructures d'USD 6,5 milliards à 3,0 milliards ;

7) d'importantes importations des biens en exonération totale sans évidence dans les états financiers. Les importations de SICOMINES faites en exonération totale des droits et taxes dus depuis 2009 à fin octobre 2022, se chiffrent à un CIF de CDF 3.413.815.915.004,00 et à un FOB en USD 2.275.848.597,00 pour 1.030.005,93 tonnes des biens importés ;

8) l'endettement injustifié de SICOMINES, en lieu et place d'un apport des fonds par le Groupement d'Entreprises Chinoises.

Au terme de la Convention de Collaboration et de la Convention de Joint-Venture, il revenait au GEC de mobiliser les ressources pour le financement des investissements miniers et d'infrastructures, ressources dont le remboursement devait être assuré par la SICOMINES. Au lieu de cela, c'est la Joint-venture SICOMINES qui s'est endettée, à hauteur de 3.341.948.821,85 pour financer et les investissements miniers et les infrastructures. Mais en même temps, elle s'est payée à elle-même, de 2016 à octobre 2022, USD 5.464.880.564,06 sur son compte principal à Dubaï au profit d'un ou d'autres comptes non encore identifié.

Au regard de tous les griefs relevés (31 au total) sur la Convention de Collaboration conclue entre la République démocratique du Congo et le Groupement d'Entreprises Chinoises, l'IGF a conclu à l'inexécution par le GEC de ses engagements contractuels. Et d'affirmer : « c'est SICOMINES qui a tout financé jusqu'à ce jour grâce aux emprunts contractés auprès des banques chinoises. D'où la nécessité pour la République démocratique du Congo d'opposer au GEC « l'Exception non adimpleti contractus » entendu en français « l'exception de la non-exécution du contrat [99]».

Réagissant au rapport de l'IGF dans un communiqué publie le 17 février 2023, le porte-parole de l'ambassade de Chine en République démocratique du Congo a remis en question ce rapport dont le contenu serait à leur yeux plein de préjugés, ne correspondant pas à la réalité et ne pouvant être considéré comme crédible.

Selon ce dernier, le contrat chinois constitue un bel exemple du partenariat gagnant-gagnant. Il s'agit d'un fait indéniable, a-t-il soutenu, de nombreuses réalisations palpables qui prouvant que la partie congolaise a bénéficié effectivement de cette coopération. Et de conclure : « le gouvernement chinois encourage les entreprises chinoises à travailler avec leur partenaire congolais pour améliorer la coopération en la faisant bénéficier davantage à la partie congolaise, et résoudre les désaccords à travers le dialogue amical et raisonnable. Il va défendre fermement les droits et intérêts légitimes des entreprises chinoises et riposter résolument à toute violation des droits et intérêts légitimes des entreprises chinoises [100]».

A propos des chiffres avancés par l'IGF, il a été souligné que ceux-ci ont été mal calculés : « les chiffres sont contestables. La SICOMINES est entrée en production à partir de 2015. C'est-à-dire la production du cuivre de la société n'a duré que 6 ans. Si la SICOMINES avait gagné plus de 9 milliards, c'est-à-dire que le prix du cuivre durant les 6 années passées doivent être au-delà de 14.000 USD par tonne. Or, le prix du cuivre bouge. C'est à partir de 2019 que le prix du cuivre a grimpé à 8.000 USD ou 9.000 USD la tonne. Il suffit d'un simple calcul pour comprendre que l'IGF a accentué les chiffres[101].

---

[99] Confère conclusion de l'Inspection générale des Finances sur la Convention de collaboration d'avril 2008 entre la République démocratique du c3 et la Groupement d'Entreprises Chinoises (Contrat chinois) publiée le 15 février 2023.

[100] Communiqué de l'Ambassade de Chine en République démocratique du Congo sur le rapport de l'IGF sur le contrat chinois publié le 17 février 2023.

[101] Actualite.cd/2023/03/25/ Dossier SICOMINES : la partie chinoise estime que les chiffres avancés par l'IGF sont mal calculés et réfute les accusations de surfacturation des infrastructures

Sans vouloir décortiquer chaque point évoqué par l'IGF ou en apprécier le fondement, il semble que ses conclusions dénotent du désaccord qui pourra s'amplifier si aucune solution n'est trouvée.

Analyse faite du communiqué susmentionné de l'Ambassade de Chine, il se dégage que tout en privilégiant la solution négociée à ce « litige », la partie chinoise prévient, pour ne pas dire menace, le Gouvernement congolais sur sa faculté de recourir à toute voie légale pour défendre les droits et intérêts de ses entreprises contre ce qu'elle pourra considérer comme violation desdits droits et intérêts.

Au regard de ce qui vient d'être relevé au sujet de l'inexécution de la Convention, il convient d'analyser les solutions envisageables dans pareille situation : faut-il renégocier ou résilier cette convention ? Et, quelles sont les prérogatives de l'Etat congolais en cette matière ?

J'évoque les prérogatives de l'Etat en cas d'inexécution de contrat, entre la résiliation et/ou la renégociation de la convention sino-congolaise : quel choix à opérer face aux manquements constatés.

Section 1 : Prérogatives de l'Etat en cas d'inexécution de contrat

De manière générale, les prérogatives de l'administration traduisent la particularité des contrats administratifs dans la mesure où cette dernière dispose de la faculté de déroger au principe de la convention-loi établie par l'article 33 du Code civil, livre III. Agissant dans le but d'intérêt général, l'Administration dispose d'un pouvoir de contrôle et de direction, de sanction unilatérale, de modification unilatérale, d'ajournement des prestations et de résiliation unilatérale du contrat.

Il est indéniable que la convention sino-congolaise est un contrat de partenariat, mais la question qui mérite d'être posée est celle de savoir si ce contrat de partenariat est un contrat administratif ou un contrat d'une autre nature.

En droit français, le contrat de partenariat est un contrat administratif par lequel l'Etat ou un établissement public de l'Etat confie à un tiers, pour une période déterminée en fonction de la durée d'amortissement des investissements ou des modalités de financement retenues, une mission globale ayant pour objet la construction ou la transformation, l'entretien, la maintenance, l'exploitation ou la gestion d'ouvrages, d'équipement ou de biens immatériels nécessaires au service public, ainsi que tout ou partie de leur financement à l'exception de toute participation au capital.

Cependant, en droit congolais l'article 5 de la loi sur le partenariat public privé apporte une nuance en précisant que le contrat de partenariat public-privé *dont l'objet porte sur un service public* est un contrat administratif. Ce qui sous-entend que tout contrat de partenariat ne constitue pas un contrat administratif.

Par service public, cette même loi définit tout organisme ou toute activité d'intérêt général relevant de l'administration publique.

De ce qui précède, peut-on affirmer que les activités découlant de la convention de collaboration du 22 avril 2008, à savoir les activités minières ainsi que la construction ou reconstruction des infrastructures publiques, constituent-elles des activités d'intérêt général ?

Si pour les activités minières exercées par la SICOMINES il ne fait l'ombre d'aucun doute qu'il s'agit des activités purement économiques et commerciales. Néanmoins, pour ce qui concerne le projet d'infrastructures, l'article 10 de la convention de collaboration stipule que chaque contrat de travaux d'infrastructure fait l'objet d'un contrat spécifique entre le Ministre en charge des Infrastructures et Travaux publics (personne publique) et l'une ou l'autre des sociétés du Groupement d'Entreprises Chinoises et/ou ses sociétés affiliés. Et, l'objet de ces contrats spécifiques est l'exécution d'un service public, à savoir, la construction d'infrastructures, activités d'intérêt général, à l'instar des marchés des travaux publics.

Je parle du pouvoir de sanction unilatérale par l'Administration, le pouvoir de modification unilatérale de clauses du contrat par l'Administration, le pouvoir de résiliation unilatérale du contrat par l'administration

§ 1 : Le pouvoir de sanction unilatérale par l'Administration

Dans tous les contrats administratifs, l'Administration dispose, en effet, d'un pouvoir de sanction unilatérale contre le cocontractant exercé en cas de méconnaissance de ses obligations. Même si les contrats administratifs peuvent prévoir des sanctions relatives aux manquements aux obligations du cocontractant (F. Vunduawe, Traité de droit administratif), il faut reconnaitre que « ce pouvoir de sanction peut cependant s'exercer en l'absence de prévisions contractuelles, au-delà des prévisions contractuelles et même contre elles[102], car, ce pouvoir existe de plein droit même lorsqu'il n'est pas prévu au contrat.

On estime en général que le droit des contrats administratifs comporte de plein droit, même en l'absence de stipulations écrites en ce sens[103].

- La reconnaissance de pouvoirs à l'administration de faire exécuter le contrat ; et que ces pouvoirs s'exercent sans qu'il soit besoin de recourir

---

[102] F. VUNDUAWE TE PEMAKO et J.M MBOKO DJ'ANDIMA, *Traité de droit administratif de la République démocratique du Congo*, 2e éd., Bruxelles, Bruylant, 2020, p.864

[103] Y. GAUDEMET, *Op. Cit,* p.318

au juge. Ces pouvoirs de contrôle et d'exécution sont au demeurant souvent repris par les clauses explicites (notamment les anciens cahiers des charges types, aujourd'hui modèles).

Ces « garanties de l'exécution », sont de trois sortes :

- Un pouvoir permanent de contrôle (souvent aménagé par le contrat ; et surtout pour les marchés de travaux publics et les contrats de longue durée) ;
- L'infliction de pénalités, notamment des pénalités de retard, qui celles-là n'existent évidemment que si elles sont prévues au contrat ; dans le cas contraire, il ne peut s'agir que de mécanismes ordinaires de responsabilités contractuelles.
- Le prononcé de sanctions coercitives, c'est-à-dire ayant directement pour objet l'exécution en nature du contrat, en dépit de la carence du cocontractant et ses frais.

Le recours aux sanctions coercitives n'est pas discrétionnaire, mais subordonné à la réunion d'un certain nombre de conditions cumulatives. Ces sanctions ne sont disponibles que pour surmonter un manquement grave du cocontractant dans l'exécution de ses obligations et qui affecte gravement la bonne exécution du contrat.

Sur le terrain de la procédure, le prononcé des sanctions n'est possible qu'après mise en demeure du cocontractant, lui laissant un délai raisonnable pour se conformer à ses obligations, et restée infructueuse.

A la lumière de ce qui est relevé au sujet du pouvoir de sanction de l'administration, il se dégage, pour ce qui concerne le projets d'infrastructures conclus sur base de la convention de collaboration de 22 avril 2008, que l'administration congolaise dispose notamment des prérogatives d'infliger des sanctions coercitives à ses cocontractants, en l'occurrence les entreprises chinoises avec lesquelles des contrats des travaux publics sont conclus, en cas des manquements constatés dans le chef de ces derniers.

Que dire du pouvoir de modification unilatérale de clauses du contrat par l'Administration ?

§ 2 : Le pouvoir de modification unilatérale de clauses du contrat par l'Administration

Si en droit civil, le contrat est soumis au respect du principe de l'immutabilité du contrat, en vertu de la loi du changement lorsque l'intérêt général l'exige, les clauses contractuelles d'un contrat administratif peuvent être modifiées unilatéralement par l'administration. Il s'agit de la règle de la mutabilité qui constitue l'un des traits les plus originaux du régime juridique des contrats administratifs.

Le pouvoir de modification de l'administration est cependant soumis à deux limites :

- Les modifications doivent porter uniquement sur les modalités techniques de réalisation du marché. En effet, l'avenant peut permettre la modification de la technique de la prestation, la variation dans la masse des travaux ou des fournitures, les délais d'exécution, le lieu de la réalisation ou de livraison des prestations, ou permettre la poursuite des prestations au-delà de la date du terme fixée, mais sans aller au-delà de la durée maximale légale pour certains types de contrats ou marchés.
- Les modifications ne doivent pas entraîner le bouleversement de l'économie du marché, sinon l'administration sera dans l'obligation de rétablir l'équilibre financier du marché par l'indemnisation du cocontractant. Autrement dit, les clauses financières ne peuvent pas être modifiées unilatéralement par l'administration, mais plutôt les clauses qui intéressent le service, son organisation et ses besoins pour motif d'intérêt général.

En vertu de ce principe de mutabilité de contrats administratifs, il ressort que l'administration congolaise a le pouvoir de modifier les contrats spécifiques qui sont conclus avec la partie chinoise. Ainsi, il apparait tout à fait logique que l'administration congolaise ait pu proposer d'autres projets d'infrastructures à la place de ce qui ont été initialement prévus.

Les pages qui suivent évoquent le pouvoir de résiliation unilatérale du contrat par l'administration.

§ 3 : Le pouvoir de résiliation unilatérale du contrat par l'administration

La résiliation est l'acte unilatéral par lequel l'administration décide de mettre fin au contrat pour l'avenir, car elle n'a pas d'effet rétroactif. Pour motif d'intérêt général, l'administration peut résilier unilatéralement le contrat sans recours au juge et en l'absence de toute condition résolutoire. Ce pouvoir de résiliation unilatérale concerne tous les contrats administratifs. L'administration ne peut y renoncer. La réglementation relative aux marchés publics et aux conventions de délégation de service public souligne à cet effet que l'autorité contractante peut résilier le marché pour motif d'intérêt général.

L'intérêt général constitue le fondement et la limite de ce pouvoir de résiliation unilatérale. L'intérêt général se confond avec l'intérêt du service lorsqu'un service public est en cause. Il peut consister aussi à la transformation de la nature de l'activité objet du contrat ou en la perte de confiance de l'administration envers le cocontractant en cas de faillite de celui-ci ou de survenance d'un événement affectant sa capacité. La résiliation unilatérale pour motif d'intérêt général peut aussi intervenir lorsque la réalisation du marché est devenue inutile ou inadaptée compte tenu des nécessités du service public[104].

En application de l'article 60 de la loi n° 18/016 du 09 juillet 2018 relative au partenariat public-privé, la résiliation du contrat de PPP par l'Autorité contractante résulte notamment des cas de défaillance ci-après :

1. Le non-respect par le partenaire privé de ses obligations contractuelles ;
2. Le non-paiement par le partenaire privé de toute somme exigible aux termes des contrats de financements ;
3. L'insuffisance des ressources financières du partenaire privé compromettant la réalisation ou l'exploitation de l'ouvrage ou nécessitant le report des échéances de remboursement des prêts ;
4. L'abandon du projet par le partenaire privé ;
5. La cessation des paiements du partenaire privé ;
6. Le manque persistant et grave d'entretien et de maintenance de l'infrastructure et des équipements conformément aux dispositions du contrat ;
7. La violation par le partenaire privé des dispositions relatives aux obligations fiscales, sociales et du code du travail ;
8. La violation et la réglementation en matière d'environnement ;
9. La violation d'obligation de continuité de services publics et d'égalité des usagers devant le service public.

Dès lors qu'il s'avère que l'administration congolaise a effectivement les prérogatives de résilier unilatéralement les contrats spécifiques d'infrastructures conclus avec ses cocontractants, mais en ce qui concerne la convention de collaboration, il semble que l'analyse doit être menée différemment compte tenu du projet minier qui y est inclus. Ceci rend ainsi ce contrat de partenariat complexe.

En fait, l'existence de ce projet minier, SICOMINES, donne une autre nature à la convention de collaboration que d'aucuns qualifient de « contrat d'Etat ». Or, pour une majorité de la doctrine, le contrat d'Etat n'est pas un contrat administratif et la notion a été inventée précisément pour rendre compte d'un type de relation contractuelle qui présente des traits qui sont propres[105].

---

104 F. VUNDUAWE TE PEMAKO, *Op. Cit*, p.867

105 LUKOMBE NGHENDA, *Le règlement du contentieux commercial,* Tome II l'arbitrage, Kinshasa, Publications des Facultés de Droit des Universités du Congo, 2006, p. 345

Ce qui distingue les deux types de contrats est que le contrat administratif se caractérise par la prééminence reconnue à la partie étatique, alors que les contrats dans lesquels la doctrine reconnaît des contrats d'Etat, sont marqués par le refus de cette prééminence ou, du moins, par son atténuation. La partie étatique ne bénéficie pas de privilèges exorbitants ; bien au contraire, des clauses contractuelles cherchent à assurer l'égalité juridique entre l'Etat et la personne privée afin de mettre celle-ci à l'abri des revirements de celui-là.

Aussi, entre la résiliation et/ou la renégociation de la Convention Sino-Congolaise : quel choix à opérer face aux manquements constatés ?

Section 2 : Entre la résiliation et la renégociation de la Convention Sino-Congolaise : quel choix à opérer face aux manquements constatés

Comme nous venons de le noter, la mise en œuvre du projet SICOMINES sur base de la Convention de Collaboration (contrat de partenariat) liant la République démocratique du Congo au GEC donne une autre nature juridique à ce contrat de partenariat qui est considéré comme un contrat d'Etat.

Le contrat d'Etat est défini par la Conférence des Nations Unies sur le Commerce et le Développement, comme un contrat conclu entre l'Etat ou un organisme public et un ressortissant étranger ou une personne morale de nationalité étrangère[106].

Ce genre de contrat peut couvrir un large éventail de questions, notamment les accords de crédit, les contrats d'achat de fournitures et des services, les contrats d'emploi ou les projets d'importantes infrastructures, comme la construction de chemins de fer, de ports et de barrages. Une des formes les plus communes de contrats d'Etat est le contrat d'exploitation des ressources naturelles, appelé parfois « accord de concession ».

Un mode courant d'accès pour les investisseurs étrangers, particulièrement dans le pays en développement, est la conclusion d'un contrat d'investissement étranger avec l'Etat ou un organisme public.

Sur ce point, le professeur Lukombe Nghenda note que c'est précisément à propos de contrats d'investissement que la notion de contrat d'Etat s'est développée, même si l'expression est apparue à propos d'une autre catégorie de contrats, les emprunts internationaux (emprunts d'un Etat auprès de créanciers à l'étranger). Il convient de noter que tous les contrats d'investissement conclus entre Etat et une entreprise étrangère ne sont pas des contrats d'Etat. En effet, la doctrine a défini les conditions que devaient remplir les contrats d'investissement pour être qualifiés de la sorte. Il a été soutenu que certains contrats d'investissement, par leur importance et leur finalité, avaient une nature

---

[106] Conférence des Nations Unies sur le Commerce et le Développement, *Contrat d'Etat,* collection de la CNUCED sur les questions des accords internationaux d'investissement, New York et Genève , 2004.

spécifique. Il s'agit de ce qu'on a appelé, dans les années 60 à 70, les accords de développement économique. La notion renvoie à des contrats d'investissement dans lesquels des obligations spéciales pèsent sur l'entreprise étrangère, qui participe ainsi au développement de l'Etat d'accueil : construction de routes, de voies ferrées, d'écoles, électrification, etc.[107].

Les contrats d'Etat sont généralement considérés comme différents des contrats commerciaux ordinaires. En effet, la distinction entre les contrats commerciaux ordinaires conclus entre des parties privées et un contrat conclu entre une partie privée et un Etat et ou un organisme public qui en dépend est universellement reconnu dans plusieurs systèmes juridiques nationaux (particulièrement dans le concept du contrat administratif français) bien que l'approche précise varie d'un système à un autre.

La résiliation d'un contrat d'Etat peut dépendre de considérations d'intérêt public. Ces considérations peuvent justifier les règles pour déterminer des dommages qui ne sont pas entièrement fondés sur les considérations commerciales, qui peuvent s'appliquer aux contrats ordinaires. Les moyens de résiliation peuvent également différer entre les contrats commerciaux ordinaires et les contrats d'Etats. Les uns et les autres peuvent être résiliés pour des manquements, mais des contrats d'Etat sont souvent résiliés ou rendus entièrement ou partiellement inopérants par une action publique.

C'est vrai, qu'il apparait clairement qu'il y a des manquements qui donnent droit à la République démocratique du Congo de résilier la convention de collaboration conclue avec le GEC. Cependant, pour arriver à ce point il convient de peser le pour et le contre. Une telle action, aux conséquences lourdes ne peut être engagée à la légère. Dans la situation actuelle du pays, il convient de bien apprécier l'opportunité d'une telle décision. Puisque ces manquements sont généralement à la base des différends qui opposent les parties, il y sied d'analyser dans la section suivante le mécanisme conventionnel des règlements des litiges qui se présentent.

J'évoque le cadre de règlement des différends entre parties dans la convention du 22 avril 2008 et le fondement de la renégociation de ladite convention.

Sous-section 1 : Cadre de règlement des différends entre parties dans la convention du 22 avril 2008

Il faut savoir que les PPP sont de manière basique des accords contractuels entre une autorité publique ou une entreprise publique et une partie privée. En tant que tels, ils sont fondés sur le droit des contrats. L'Etat de droit et la protection des droits de propriétés et des droits contractuels, sont une exigence clé du succès d'un PPP (OCDE, 2012). Les participants du secteur privé doivent

---

[107] LUKOMBE NGHENDA, *Op. Cit*, p.347

considérer qu'ils contractent sur un pied d'égalité avec l'Etat, dans le cadre de la loi, et qu'ils ne vont pas être soumis à des changements arbitraires des termes de l'accord ou d'autres engagements, ni voir leurs droits de propriété abrogés. Ces acteurs ainsi que les investisseurs examineront méticuleusement toute violation antérieure de ces droits dans le pays.

Il se trouve que les litiges sont presque inévitables sur une durée de 25 à 30 ans de contrat, dans la mesure où des aléas interviendront très probablement. Une bonne relation contractuelle est caractérisée non par l'absence de tout litige mais par la manière dont ces litiges sont résolus. Des règles de résolution des litiges claires, prévisibles et transparentes, devraient être fixées pour trancher les désaccords entre les parties (OCDE, 2012). L'un des buts d'un processus efficace de résolution des litiges devrait être d'assurer que la construction ou la fourniture de service continue lorsqu'un litige intervient. Sa résolution doit être recherchée alors même que les parties continuent de remplir leurs obligations contractuelles.

Une procédure de résolution des litiges consiste typiquement en une série d'étapes successives au cours desquelles le litige est renvoyé aux échelons supérieurs des hiérarchies de deux partenaires, avec l'objectif de résoudre le problème à l'échelon le plus bas possible. Ceci signifie qu'il doit exister des gestionnaires de l'entité publique qui sont informés des détails de la transaction et compétents pour la résolution des litiges. Il doit aussi exister un comité de représentants nommés par les partenaires pour examiner et trancher les différends. Si un désaccord ne peut être réglé ainsi, il doit être renvoyé à un tribunal ou une instance d'arbitrage contraignante sur le plan national. Les investisseurs étrangers apprécieront que le pays hôte ait signé la Convention de Washington ouvrant la possibilité d'un recours auprès du Centre international pour le règlement des différends relatifs aux investissements (ICSID) [108].

Dans le cas d'espèce, l'article 20 de la convention de collaboration prévoit que tout différend relatif à l'interprétation et à l'exécution de cette convention doit être réglé en priorité par des discussions amiables entre les Parties. En cas de persistance de ce différend dans les six mois qui suivent ces discussions amiables, une des parties peut soumettre ce désaccord à l'arbitrage de CIRDI (Centre international pour le règlement des différends relatif aux investissements) selon ses règles.

Au demeurant, comme indiqué plus haut, l'article 18 de cette convention a prévu un cadre d'évaluation régulière du niveau d'exécution de la convention ainsi que de la résolution des divergences nées pendant l'exécution du projet de coopération. Hélas, durant les 15 années de la mise en œuvre de cette convention, ces réunions d'évaluation ne sont pas régulièrement tenues si bien qu'on se retrouve dans une situation de remise en cause dudit projet.

---

[108] OCDE, *Idem*, p.36

En ce qui concerne cette question de règlement des différends, Gilles Lhuillier commente que les entreprises chinoises (GEC) de Chine populaire et de Hong-Kong se voient désormais reconnaitre un droit de recours direct contre l'Etat étranger, la République démocratique du Congo, par le biais d'une action autonome, sans que son Etat de nationalité (la Chine) n'ait à agir en son nom par le mécanisme traditionnel de la protection diplomatique[109].

Il faut préciser que non seulement le GEC a la latitude de recourir à l'arbitrage de CIRDI, cet article 20 de la convention reconnait également à la République démocratique du Congo le droit d'initier une telle action.

Ayant abordé cette question déjà en 2009, C. Kabange Nkongolo affirmait que ce qui est certain dans le cadre des contrats « chinois » est que le déséquilibre dans la modalité de répartition des bénéfices de la première période est clairement établi, au point de laisser planer l'ombre d'un préjudice pour la partie congolaise. Même si l'existence de la lésion était établie, il reste qu'il s'agit d'un grief que la partie préjudiciée est censée évoquer devant le juge. Et de préciser, dans le cas de contrat « chinois », la Convention de collaboration prévoit à l'article 20, l'arbitrage par le CIRDI en cas de différend. A première vue, ceci aurait pour implication qu'une telle demande serait de la compétence du tribunal arbitral du CIRDI. Cependant, une telle démarche serait dépourvue de fondement juridique. Un tribunal ne peut, en principe, s'arroger le droit de réajuster un contrat en l'absence d'une habilitation légale ou contractuelle des parties.

Pour asseoir son argumentaire, l'auteur s'appuie sur le commentaire officiel de la Banque mondiale sur la portée de l'article 25 (1) de la Convention du CIRDI qui souligne en son paragraphe 26 que la dispute ne doit pas concerner un simple conflit d'intérêts entre les parties, mais plutôt l'existence ou l'étendue de leurs droits et obligations respectifs. Dès lors, ce qui pourrait être envisageable à ce niveau est que les parties aux contrats « chinois » aient recours à la renégociation[110]. Dans le cas d'espèce, il apparait clairement dans les conclusions de l'IGF l'existence en même temps d'un conflit d'intérêts et aussi des problèmes relatifs à l'exécution parfaite des obligations des parties.

Le nœud du problème dans cette affaire, hormis le grief portant sur le déséquilibre des avantages concédés à la partie chinoise au grand dam de la République démocratique du Congo, c'est le non-respect par la partie chinoise de ses engagements financiers particulièrement celui de mobiliser les fonds pour la construction des infrastructures en République démocratique du Congo.

---

109 Le contrat Sino-République démocratique du Congo minier « du siècle » et la « constitution du monde accessible sur www.gis-reseau-asie.org/fr/mai-2015-le-contrat-sino-République démocratique du Congo-minier-du-siecle-et-la-constitution-du-monde

110 C. KABANGE KONGOLO, *Op.Cit*, p.10

Ce manquement constaté dans le chef du Groupement d'Entreprises Chinoises donne droit à la République démocratique du Congo à leur opposer l'exception d'inexécution de ses obligations (comme l'a si bien conclu l'IGF) en suspendant les siennes le temps de trouver un compromis, si possible. Il s'agit d'une violation flagrante du principe sacro-saint affirmé à l'article 33 du code civil congolais livre III qui stipule que les conventions légalement formées tiennent lieu de loi à ceux qui les ont faites.

A propos de ce principe, F. Vundwawe précise que même si l'article 33 du Code civil congolais, livre III, précité ne s'applique pas directement aux contrats administratifs, il faut dire que la force obligatoire du contrat administratif est tout de même liée à la notion même de contrat. Les clauses du contrat doivent être exécutées de bonne foi par les deux parties en vue de la réalisation de l'objet du contrat. Les éléments d'originalité du régime juridique du contrat administratif s'expriment principalement au stade de son exécution et relèvent de l'ordre public contractuel[111].

Sous-section 2 : Fondement de la renégociation de la Convention Sino-Congolaise

La renégociation du contrat est un mécanisme de sauvegarde de relation contractuelle que les parties mettent en œuvre lorsque ses conditions strictement définies sont réunies. Conformément au principe de l'intangibilité du contrat, elle résulte soit de sa prévision contractuelle au sein des clauses insérées, soit des règles de droit applicables au rapport contractuel qui en prévoit l'hypothèse et en précisent les modalités d'exécution, à l'existence d'une obligation de renégociation.

Cette renégociation suppose l'existence d'un déséquilibre fondamental de l'équilibre contractuel. Cela signifie que, d'une part, n'importe quel déséquilibre contractuel n'entraîne pas la renégociation du contrat et que, d'autre part, seul un déséquilibre altérant fondamentalement l'équilibre du contrat est pris en considération dans la mise en œuvre de la renégociation du contrat. En effet, les parties ne doivent pas être en mesure de tenter une adaptation du contrat pour leurs seuls intérêts notamment en raison d'une augmentation raisonnable du prix ou lorsque le cours de change ne leur est plus profitable.

La notion d'équilibre financier du contrat tend à concilier d'une façon permanente, le paradoxe entre l'intérêt général et les intérêts privés du cocontractant en raison de son caractère dynamique qui permet au juge administratif de développer la notion même du contrat administratif et

[111] F. VUNDUAWE TE PEMAKO, *Op. Cit*, p, 861

d'approfondir sa particularité par rapport aux contrats synallagmatiques de droit privé[112].

Cette dynamique peut conduire le juge, d'une part, à prendre en compte, pour analyser l'équilibre financier, les aspects liés à l'évolution économique et la notion de risque et d'autre part, introduire certains mécanismes tendant à protéger les droits financiers du cocontractant contre les conséquences préjudiciables provenant des aléas administratifs ou économiques. L'idée selon laquelle la rémunération du cocontractant partenaire privé, au lieu d'être fixe mais varie par le contrat, doit se modeler, sur les charges qui lui incombent réellement, de telle sorte que l'aléa inhérent à toute entreprise se trouve sérieusement limité. Cette option est à la base de la théorie des sujétions imprévues par le cocontractant, s'il rencontre des difficultés matérielles d'exécution extérieures à la volonté des parties, et imprévisibles, doit être indemnisé intégralement.

La théorie du fait de prince

L'aléa envisagé ici est d'ordre administratif. C'est-à-dire qu'il résulte de l'exercice par l'autorité publique, à l'égard du cocontractant, de ses prérogatives. Lorsque la puissance publique (le prince) aggrave par son fait les conditions d'exécution du contrat et prend une mesure qui aboutit à renchérir le coût d'exécution des prestations contractuelles, celle-ci peut être tenue d'indemniser le cocontractant de manière intégrale, c'est-à-dire égale au préjudice subi.

La théorie du fait de prince joue toujours lorsque la personne publique contractante use de son pouvoir de modification unilatérale des obligations du cocontractant. Il en est de même si la personne publique prend à l'égard de son cocontractant une mesure individuelle, aggravant les charges, non pas sur la base du contrat, mais à un autre titre, par exemple en vertu de son pouvoir de police.

La théorie de l'imprévision

C'est ici l'aléa économique qui est pris en considération. Il peut arriver qu'au cours de l'exécution, lorsque le contrat se poursuit sur une certaine durée, des bouleversements économiques, étrangers à la volonté des parties, viennent imposer au cocontractant une surcharge ruineuse. L'exécution reste matériellement possible : sinon, il y aurait force majeure, et le cocontractant serait délié de son obligation ; mais elle devient économiquement désastreuse.

Pour revenir sur la question du déséquilibre contractuel fondamental, nous relevons que l'exigence de l'existence de ce facteur est rappelée par les législations nationales et les instruments juridiques internationaux, qui prévoient

---

112 B. MASHEKE NABULINGI, *Partenariat public-privé en RD. Congo : cadre juridique et pratique, vecteur d'un renouveau de l'action publique,* tome I, ECKI Publications, RD. Congo, 2022, pp 409-411

l'hypothèse de hardship, ainsi que par les clauses contractuelles. Elle est par ailleurs largement admise par la jurisprudence arbitrale et unanimement appuyée par la doctrine.

Ailleurs, le bouleversement de l'équilibre contractuel est défini dans les termes suivants « il y a hardship lorsque surviennent des événements qui altèrent fondamentalement l'équilibre des prestations, soit que le coût de l'exécution des obligations ait augmenté, soit que la valeur de la contre prestation ait diminué[113].

Dans le cas d'espèce, il est décrié comme nous l'avons vu d'important déséquilibre financier au détriment de la République démocratique du Congo entre les avantages octroyés à la partie chinoise et les engagements à sa charge ainsi que les gains attendus par la partie congolaise.

A la suite de la publication du rapport de l'IGF, le gouvernement congolais avait jugé bon de procéder à la « révisitation » du contrat chinois en vue de rééquilibrer les avantages et garantir les intérêts de la République démocratique du Congo dans l'exploitation de la SICOMINES, allusion faite notamment à la répartition des parts 32 % pour GECAMINES et 68 % pour le GEC qui n'aurait rien apporté si ce n'est que la mobilisation de financement de deux projets (minier et infrastructures) effectués par EXIM Bank.

Il en découle que la République démocratique du Congo qui s'estime lésée suite à la disproportion des avantages qu'elle a obtenus et ceux qu'elle a conférés au GEC, peut bien renégocier cette convention en modifiant ses éléments par un nouvel accord des volontés.

Cette question de la renégociation du contrat chinois aurait été inscrite à l'agenda du Président de la République démocratique du Congo pour sa visite en Chine en mai 2023. Selon certaines sources, le président de la République démocratique du Congo s'était rendu en Chine où il devait rencontrer son homologue Xi Jinping. Officiellement, il s'agissait de « redynamiser les échanges » entre les deux pays. Mais en réalité, le Président Tshisekedi souhaitait renégocier les termes du « contrat du siècle[114] ». Il était particulièrement question de revoir le contrat signé en 2008 parce que jugé trop favorable à la Chine.

D'après un document consulté par RFI et à la suite des révélations de Jeune Afrique et Reuters, la délégation congolaise à Pékin voulait rééquilibrer les actions de la SICOMINES. Kinshasa voulait également des garanties sur la gouvernance future : « mettre fin au rôle de figurant des mandataires de GECAMINES, faire un audit technique et financier de la SICOMINES, mettre en place des mécanismes de contrôle sur les sites de production, mais aussi

[113] www.trans-lex.org/104717/_/lorfing-pascale-accaoui-la-ren%c3% A9gotiation-des-contrats-internationaux-2011

[114] www.france 24.com »… » info éco

solder le financement des travaux d'infrastructures pour 1,5 milliards de dollars par une ligne crédit « gérée par la partie congolaise » et que la SICOMINES assure aussi la réalisation d'infrastructures à hauteur de 667 millions de dollars américains[115].

Malgré la volonté affichée par les autorités congolaises de pouvoir « rééquilibrer » « le contrat chinois », les négociations entamées entre la partie chinoise et la RDC piétinaient. Pour certains ce blocage serait dû à la résistance de la partie chinoise. En effet, les deux parties prenantes avaient entamé les négociations depuis le 22 mars 2023 dans l'optique de faire la lumière sur cette question. Une commission comprenant Kinshasa et les entreprises chinoises était mise sur pied en RDC en vue de la renégociation dudit contrat. Cependant, il a été déploré l'opacité qui entourait ces discussions[116].

Tout en déplorant l'opacité dans les négociations tendant au rééquilibrage du contrat chinois, la société civile avait formulé quelques recommandations au Président de la République, au Gouvernement, aux Cours et tribunaux et aux partenaires chinois. Il s'agit notamment de ne pas laisser impunis les crimes économiques commis dans le cadre de cette Convention, en cas d'établissement de culpabilité par les cours et tribunaux[117].

Cet état chose met en lumière la nécessité de respecter les clauses conventionnelles ainsi que le cadre prévu de résolution des litiges pour ne pas tomber dans la cacophonie. Il est aussi important que le gouvernement aligne les experts dont la compétence en matière d'analyse de ce type de contrat n'est pas à démontrer.

Il faut savoir que les PPP sont des accords contractuels et financiers si complexes qu'il est peu probable que les administrations publiques disposent des compétences et connaissances requises pour structurer la transaction et gérer le contrat sur toute sa durée. Dans le cas d'espèce, il n'est nullement question de contester les compétences des fonctionnaires et experts alignés par le gouvernement pour renégocier en face de la partie chinoise. Néanmoins, il convient de souligner que les compétences requises pour ce genre de contrat de partenariat sont distinctes de celles habituellement exigées par le service public. D'où, il est important de recourir aux cabinets spécialisés pour une bonne négociation mutuellement avantageuse.

---

115 www.rfi.fr: Mines en RDC : Kinshasa veut renégocier le « contrat du siècle » avec Pékin, publié le 25 mai 2023

116 www.rfi.fr/afrique/20230810-rdc: la société civile déplore l'opacité dans les négociations de rééquilibrage du contrat « chinois »

117 Actualité.cd/2023/08/09/contrat-chinois-en-rdc-lodep-exige-des-autorites-la-transparence-et-la-redevabilité- sur- les- résultats- de- la- revisation

Par ailleurs, une implication politique à un haut niveau s'avère nécessaire pour assurer la continuité et la bonne application d'un tel programme, dont la renégociation a été obtenu après un combat de longue haleine.

Il est vrai que s'approvisionner par le moyen de PPP plutôt que sur les marchés publics traditionnels relève d'une décision politique prise aux plus hauts niveaux de l'Etat. C'est souvent une démarche entièrement nouvelle pour les agents publics qui la mettent en œuvre. Il est décisif que les décideurs aux plus hauts niveaux y adhèrent, mais aussi que leur volontarisme soit perçu. Des problèmes ne manqueront sûrement pas pendant le processus.

Conclusion

En tout état de cause, les contrats entre gouvernement et sociétés transnationales devraient être négociés et appliqués de bonne foi. Ces contrats, particulièrement ceux à long terme, devraient normalement comporter des clauses de réexamen ou de renégociation.

Dans le cas de la convention sino-congolaise, il se trouve que ces clauses ne sont pas expressément mentionnées. Néanmoins, l'article 18 de cette convention dispose qu'afin de garantir la bonne exécution du Projet de coopération, les représentants du Groupement d'entreprises chinoises et ceux de la République démocratique du Congo se rencontreront chaque année notamment afin de résoudre les éventuelles divergences nées pendant l'exécution du Projet de coopération. Par ailleurs, l'article 24 de cette convention stipule que les parties peuvent amender celle-ci par la voie d'un avenant dument signé.

Sur base de ces dispositions conventionnelles, il apparait évident que la renégociation de la convention sino-congolaise quoi que n'étant pas formellement stipulée, cependant, considérant que la révision ou l'amendement de la convention n'est que le corollaire de la renégociation ou de la réévaluation du Projet de coopération liant la République démocratique du Congo au GEC, il est donc plausible que la République démocratique du Congo ait pu initier ce processus de révision de ladite convention.

Il m'apparaît important de faire une analyse critique du mémorandum d'entente conclu entre la RDC et le GEC.

Sous-section 3 : Regard critique sur le mémorandum d'entente conclu entre la RDC et le GEC

En effet, en date du 19 janvier 2024, neuf mois après d'intenses négociations, un mémorandum d'entente est signé entre la République démocratique du Congo et le Groupement d'entreprises chinoises, structure communément appelée « GEC » dont le statut juridique n'est pas connu.

Comme ce fut le cas lors de la conclusion, en avril 2008, de la Convention de Collaboration, qualifiée de « Contrat Chinois », la signature de ce mémorandum d'entente a fait l'objet de divers commentaires tant positifs que négatifs. Ainsi, s'avère-t-il important de faire une analyse critique du processus ayant conduit à son aboutissement pour comprendre ses tenants et ses aboutissants.

Contexte de la signature de ce mémorandum d'entente

Au regard du contexte dans lequel le mémorandum d'entente a été signé, 9 mois après l'entame des renégociations avec la partie chinoise, en vue du rééquilibrage des avantages des deux parties, on se rend compte que cela est une réplique, à quelques exceptions près, du schéma adopté pour la signature de la Convention de Collaboration du 22 avril 2008.

En effet, comme pour la Convention, dont la conclusion a eu lieu dans un contexte post-électoral ne laissant presque pas le choix à l'ancien président de la RDC qui se devait de réaliser ses promesses électorales circonscrites par le vocable « Cinq Chantiers », le mémorandum d'entente est survenu dans le contexte similaire, contraignant la RDC à trouver un accord avec le Groupement d'entreprises chinoises en vue de garantir la mise en œuvre du Programme de construction des infrastructures du second mandat du Président Félix Tshisekedi.

En effet, Lors de sa campagne électorale, le président de la RDC Félix-Antoine TSHISEKEDI, candidat à sa propre succession avait dans une large mesure fait référence à son Programme de Développement Local de 145 territoires (PDL-145). Ce Programme résulte de sa volonté politique de vaincre la pauvreté et les inégalités territoriales, à travers le développement à partir de la base, pour remédier aux inefficacités des politiques de croissance pro-pauvres engagées depuis des décennies en RDC. Ce plan de développement territorial, est adossé au Plan National Stratégique de Développement (PNSD) 2019-2023, au Programme d'Action du Gouvernement (PAG) 2021-2023 ainsi qu'au Programme accéléré de lutte contre la Pauvreté et les Inégalités (PPALCP)[118].

Articulé autour de quatre composantes, dont la composante majeure consiste à améliorer l'accès des populations des territoires ruraux aux infrastructures et services socioéconomiques de base. Cette composante vise à mettre en place des infrastructures socioéconomiques de base pour contribuer à l'amélioration des conditions de vie des populations des territoires ruraux. Ses activités tendent vers l'accroissement de l'offre publique pour répondre aux besoins des populations, notamment, en électricité, en eau potable, en routes de dessertes rurales, en infrastructures scolaires et de santé primaire.

[118] Programme de Développement Local des 145 Territoires de la République démocratique du Congo, décembre 2021.

Cet ambitieux programme nécessite des ressources financières conséquentes que l'Etat congolais se doit de réunir. Il semble que le défi de la reconstruction nationale soit le leitmotiv qui amène le gouvernement congolais à « préserver » ce projet de coopération en vue de matérialiser son Programme.

Suivant l'esprit de l'article 24 de la Convention, telle que voulue par les parties en 2008, il est évident que le mémorandum d'entente du 19 janvier 2008 n'a aucun impact juridique parce que ne modifiant aucune clause de la Convention de Collaboration en vigueur. A cet égard, un cinquième avenant à la Convention de Collaboration du 22 avril 2008 a été signé entre parties en date du 14 mars 2024.

Selon la presse présidentielle, l'amendement de ce contrat rétablit l'équilibre dans ce partenariat en le rendant gagnant-gagnant entre les deux parties. En effet, parmi les points d'accord figure la révision à la hausse du montant d'investissement pour les infrastructures qui est passé de 3,2 à 7 milliards de dollars américains. Ce qui favoriserait la construction de plus ou moins 5000 km de routes dont le premier décaissement de plus de 700 millions est prévu pour des travaux d'urgence de la voirie de la ville de Kinshasa et de quelques routes d'intérêt national[119].

Comme pour l'avenant n°4, la partie congolaise a été représentée, pour la signature de l'avenant n°5, par les ministres ayant en charge respectivement le Budget, les Finances, les Infrastructures, Travaux publics et Reconstruction et les Mines dans leurs attributions.

Que dire des retombées de ce mémorandum d'entente commué en avenant ?

Retombée du Mémorandum d'entente du 19 janvier 2024 substitué par l'avenant n° 5

Selon le communiqué de presse de SICOMINES SA du 27 janvier 2024, les Parties ont mené des discussions amicales dans la confiance mutuelle et avec pragmatisme et équité, et sont parvenues à ce consensus :

1. Pendant toute la durée du Projet de Collaboration, le montant d'investissement pour les infrastructures devrait atteindre sept (7) milliards de dollars américains (7.000.000.000 USD), principalement destiné à la construction des routes nationales ;
2. En maintenant la structure de son actionnariat, la SICOMINES SA payera 1.2% sur la base du chiffre d'affaires annuel à la Partie congolaise à titre des royalties ;

---

[119] Présidence .cd/actualités-detail/signature du 5ème avenant au « contrat minier chinois » en présence du Président Tshisekedi, publié le 14 mars 2024

3. Les Parties congolaise et chinoise gèrent conjointement la Centrale de Busanga, dont 60% des parts pour la Partie chinoise et 40% pour la RDC ;
4. La GECAMINES sera chargée de la commercialisation de 32% de la production annuelle de SICOMINES.

A en croire cette joint-venture, ces optimisations favorisent la réalisation des objectifs de coopération gagnant-gagnant et constituent une étape significative pour promouvoir un nouveau développement entre la Chine et la République démocratique du Congo.

A propos du financement des infrastructures, il est important de relever la précision apportée par Jules Alingete, Inspecteur chef des services de l'Inspection Générale des Finances, lors de conférence de presse du 27 juillet 2024. Selon ce dernier, les 7 milliards USD proviendraient des bénéfices que générerait l'exploitation du projet commun, SICOMINES, à débloquer en concurrence de 324 millions USD chaque année. Et pour l'exercice 2024, le montant est porté à 624 millions USD. Ce niveau d'investissement, tributaire des cours des matières premières, pourra varier parce que le prix de référence est de 8.000 USD (huit mille dollars américains) la tonne pour le cuivre. Ce qui revient à dire que lorsque le prix du cuivre augmente, le montant d'investissement annuel pour les infrastructures serait revu à la hausse et lorsque le prix du cuivre baisse, le montant d'investissement pourrait également baisser[120].

Au sujet de ce 7.000.000.000 USD que la partie SICOMINES se serait engagée à débloquer, son paiement s'étale sur une période de 15 ans. Ce qui ramène la convention jusqu'à l'an 2040.

La reconduction des exonérations de tous les impôts, taxes, droits est une autre question qui fâche aux yeux de certains analystes. En effet, aux termes de l'article 14.1.1 de la Convention de Collaboration, la RDC accorde, dans le cadre de ce Projet de Coopération, à la JV Minière (SICOMINES) le bénéfice de tous les avantages douaniers, fiscaux et de change prévus par les lois et règlements en vigueur en RDC ainsi que les dispositions particulières applicables aux marchés publics à financement extérieur.

Pour sa part, l'article 14.2.1 de cette convention précise qu'il s'agit de l'exonération totale de tous les impôts, droits, taxes, douanes, redevances, directs ou indirects, à l'intérieur ou à l'import et export, payables en RDC et ceux liés aux activités minières et au développement d'infrastructures.

[120]https://deskeco.com/index.php/2024/01/27 SICOMINES: un mémorandum d'entente signé entre la RDC et le Groupe d'entreprises chinoises après 9 mois de négociations

En nous référant au rapport annuel de TFM, nous notons que pour l'exercice 2016, cette société a versé à titre d'impôt et autres paiements connexe au Trésor public et d'autres services administratifs un montant de 245,5 millions USD. Depuis le démarrage du projet en 2006 jusqu'en 2016, soit 10 ans après, ces paiements ont atteint un montant total d'environ 1,691 milliard USD.

Il se dégage que la moyenne annuelle des paiements effectués par TFM au profit du Trésor public et d'autres services administratifs se chiffre, pendant cette période, à 169,1 millions de dollars américains. Au vu de ce calcul, il apparait que le montant de 342 millions à verser annuellement par SICOMINES pour la réalisation des Projet d'Infrastructures est acceptable. Cependant, le volume des paiements effectués par TFM en faveur de l'Etat congolais est largement en hausse ces dernières années. Cette augmentation est notamment due au fait que cette société, ayant récupéré ses investissements, paie désormais l'impôt sur le bénéfice et profit. Pour le troisième trimestre 2023, par exemple, cette société déclare avoir versé un montant net d'environ 361,57 millions USD au titre d'impôt et autres paiement connexes au Trésor public et d'autres services administratifs publics de la RDC[121].

Dans la mesure où la SICOMINES aurait déjà franchi la période de retour aux investissements, au regard de sa taille, le montant de 342 millions qu'elle s'engage à verser annuellement à l'Etat congolais, pour la construction des infrastructures, semble minime.

Il y a également lieu de rappeler que le plan initial d'exécution du PSC prévoyait un plan de décaissement étalé sur 10 ans avec un montant de 560 millions de dollars pour la première année et une moyenne de 250 millions de dollars pour les 9 dernières années. Fort malheureusement, sur le 3 milliards prévus pour le Projet d'Infrastructures seulement 822.190.060 USD ont été injectés pour la réalisation de travaux après 15 ans.

Il a été par ailleurs décrié le manque d'études relatives aux infrastructures projetées, situation qui aurait conduit au manque de visibilité et d'impact des travaux exécutés, selon les rapports établis par l'IGF. A ce jour, il reste à savoir si la RDC dispose des études bien conçues pour l'exécution des travaux d'infrastructures nécessaires au désenclavement du pays et éviter que les mêmes causes produisant les mêmes effets.

Enfin, il est aisé de constater que la SICOMINES conserve sa position « d'emprunteur ». Il s'agit en fait, comme nous l'avons déjà vu, d'un paiement anticipatif des impôts, taxes et droits revenant au Trésor public et d'autres services administratifs. Toutefois, le problème pourrait demeurer entier si jamais ces paiements anticipatifs généraient les intérêts, alors qu'au départ le

[121] https://actualité.cd/2023/11/06/tfm déclare ses chiffres de production et sa contribution au Trésor public pour le troisième trimestre 2023

remboursement des financements débloqués pour la réalisation des infrastructures et le paiement des intérêts qui en résultaient se justifiaient du fait qu'il s'agissait des deniers emprunts auprès d'une institution financière, en l'occurrence EXIM BANK OF CHINA.

Il m'apparaît important de rappeler l'apport d'autres partenaires multilatéraux dans la reconstruction de la République Démocratique du Congo.

Chapitre 6

Apport d'autres partenaires multilatéraux dans la reconstruction de la République démocratique du Congo

Ce chapitre met l'accent sur l'apport d'autres partenaires multilatéraux dans la reconstruction de la République démocratique du Congo.

J'ai rappelé que le programme d'actions prioritaires constituait la première étape dans la marche vers la reconstruction de la République démocratique du Congo à travers les cinq chantiers du Président de la République, le programme du Gouvernement, le contrat de gouvernance et le cadre d'assistance pays des partenaires au développement.

Le PAP fut un programme commun au gouvernement et aux partenaires au développement autour duquel ces derniers se sont engagés et ont choisi d'harmoniser leur appui au fur et à mesure de l'exécution. La phase de reconstruction de la République démocratique du Congo supposait un volume additionnel d'investissements qui ne pouvait être soutenu que par des financements extérieurs appropriés, en attendant la maturation des mécanismes de financement interne.

En parlant des infrastructures réalisées à l'époque de l'ancien président J. Kabila, on ne peut faire abstraction des apports des partenaires multilatéraux qui ont contribué tant soit peu à l'œuvre de la reconstruction de la République démocratique du Congo au moment où le pays était dépourvu des moyens financiers pour assurer la mise en œuvre des projets d'infrastructures nécessaires pour le développement socio-économique du pays.

Le développement de la République démocratique du Congo et l'amélioration des conditions de vie des Congolais a été dans une certaine mesure prise en compte au travers de différents programmes du gouvernement de la République démocratique du Congo, mais cette tache de reconstruction, étant lourde, elle nécessitait des moyens financiers colossaux que le budget de l'Etat ne pouvait supporter seul.

Ceci dit, il convient de déterminer les différents apports des partenaires multilatéraux dans la mise en œuvre des infrastructures réalisées en

République démocratique du Congo parallèlement au programme sino-congolais.

Je parle des projets d'infrastructures financés de la Banque mondiale, les projets d'infrastructures financés par la Banque africaine de développement, les projets financés par l'Union européenne, les projets d'Infrastructures financés par le Japon, l'apport d'autres partenaires dont la Belgique dans la réalisation des projets d'infrastructures en République démocratique du Congo

Section 1 : Projets d'infrastructures financés de la Banque mondiale

La République démocratique du Congo a connu une profonde crise économique caractérisée par une série des taux de croissance négatifs et la persistance de l'hyperinflation au cours de la décennie 1990 et au début des années 2000. Cette situation a été aggravée au plan politique, par une guerre et les conflits armés à l'Est qui perdurent depuis plus de deux décennies.

Depuis 2001, les partenaires au développement, dont principalement la Banque mondiale, s'étaient engagés à octroyer à la République démocratique du Congo des ressources financières sous formes de dons et de crédits, destinés à accompagner le Gouvernement dans ses efforts ultérieurs de redressement de l'économie et à atténuer les effets sociaux d'un ajustement économique et financier drastique.

La BM avait cessé ses activités en République démocratique du Congo en 1990 avant d'y revenir en 2001. Ce retour se fait graduellement, avec une première phase de 2001 à mi 2002.

Il importe de rappeler que la guerre imposée à la République démocratique du Congo en 1998 avait coupé le pays en plusieurs parties dont la partie Est qui était occupée par le RCD Goma, la partie Nord occupée par le MLC et la partie Ouest occupée par le Gouvernement national. Le dernier conflit en République démocratique du Congo a officiellement pris fin en 2003, mais le processus de stabilisation post-conflit n'a guère avancé au cours des deux dernières décennies. Les violences se poursuivent dans le pays, en particulier dans la région des Grands Lacs.

Le Groupe de la Banque mondiale pour la République démocratique du Congo a adopté quatre stratégies depuis 2001 (deux stratégies de transition en 2001 et 2004), une stratégie d'aide-pays en 2008 et une autre pour les exercices 2013 à 2016) ont toutes recensé des obstacles persistants au développement durable de la République démocratique du Congo, notamment le conflit et la violence, la faiblesse du capital humain et la corruption omniprésente.

Les quatre stratégies ont, dans une large mesure, proposé des réponses similaires à ces problèmes de développements persistants, notamment des investissements pour favoriser la stabilisation et le développement du capital humain, renforcer la gouvernance et encourager le développement du secteur privé.

Entre 2002 et 2017, l'IDA a engagé 7,5 milliards de dollars de ressources en République démocratique du Congo, les efforts étant largement axés sur la reconstruction des infrastructures publiques (routes, aéroports, chemins de fer, énergie et approvisionnement en eau) détruites par des années de mauvaise gestion économique et les conflits qui ont suivi.

Les retombées de ces investissements qui, dans la pratique ne suivaient pas la même logique que les stratégies décrites ci-dessus, ont été quelque peu limitées, notamment en ce qui concerne le renforcement de capacités institutionnelles et l'accélération des réformes indispensables de la gouvernance. Facteur aggravant, les projets ont généralement été déployés dans plusieurs provinces, sans concentration géographique stratégique. Les investissements étaient donc disséminés sur un vaste territoire, ce qui mettait en danger la sécurité du personnel. En outre, le manque de moyen de transport a également empêché la Banque mondiale de fournir un soutien adéquat en matière de supervision.

Parmi les projets d'infrastructures mis en œuvre par le Groupe de la Banque mondiale je relève ce qui suit : le Programme Multisectoriel d'Urgence de Réhabilitation et de Reconstruction, « PMURR », le projet de développement des marchés d'électricité pour la consommation domestique et à l'exportation, le projet de marché d'électricité d'Afrique australe / Southern African Power Market Project (SAPMP, le projet d'Appui à l'ouverture et l'entretien des routes hautement prioritaires (Pro Routes)

§ 1 : Programme Multisectoriel d'Urgence de Réhabilitation et de Reconstruction, « PMURR »

Le PMURR est le plus grand programme intégrant plusieurs lancé dans le cadre de la reconstruction sociale et économique de la République démocratique du Congo. Lancé en 2002, ce programme avait pour objectif de démarrer le processus de réhabilitation et de reconstruction de la République démocratique du Congo tout en assurant la pérennité à long terme des investissements. Il est en exécution depuis novembre 2002.

D'un coût global estimé à environ USD 1,741 milliard dont 454 millions financés par les ressources de l'IDA, le PMURR était subdivisé en deux grandes parties à savoir :

La Composante A : Infrastructures

Cette composante a concerné la réhabilitation de grandes infrastructures des secteurs de transport, de l'énergie, de l'eau, de la voirie urbaine et de l'assainissement. Le budget réservé à cette composante est de 354 millions de dollars américains. Les secteurs concernés sont les suivants :

- Infrastructures routières (RNI) : 140 millions de dollars américains ;
- Energie électrique : 72 millions de dollars américains ;
- Alimentations en eau potable : 50,3 millions de dollars américains ;
- Infrastructures urbaines et assainissement (21,4 millions de dollars américains) et infrastructures de transport (41,72 millions de dollars américains).

La composante B : Agriculture et secteurs sociaux

Celle-ci comprenait les actions se rapportant à l'agriculture, aux secteurs sociaux (éducation, santé et protection sociale) et au développement communautaire.

Activités :

Agriculture

- Ce volet de 28 millions américains comprend :

Un volet « production végétale axé sur la poursuite du processus de production de semences et de boutures de manioc saines à distribuer aux agros multiplicateurs auprès des paysans ;

- Un volet production animale destiné à promouvoir l'élevage de volaille, petit bétail et pisciculture.

Santé

Le programme prévoyait un appui global à 67 (soixante-sept) zones de santé dans 5 provinces avec un financement total de près de 41,7 millions de dollars américains. L'appui comprend : la réfection des bureaux des zones et des centres de santé, la fourniture de médicaments, équipements et autres intrants, la surveillance épidémiologique.

Education

Un programme de réhabilitation de 140 écoles primaires a été mis en place avec le concours du Ministre de l'EPSP sur base des zones de convergence de l'UNICEF. Ce programme prenait en compte la réhabilitation des infrastructures scolaires retenues afin d'améliorer les conditions d'apprentissage des élèves. Les écoles ont été localisées dans les provinces de Bas-Congo, Bandundu, de deux Kasaï et du Katanga.

Les études de réhabilitation des écoles pour les provinces de Katanga, Bas-Congo, Kasaï Occidental, Kasaï Oriental et Kinshasa ont été complétées au 31 décembre 2003. Grâce à ces études, le BCECO avait lancé une série d'appels d'offres pour la sélection des entreprises locales devant réaliser les travaux.

Le lancement de la série de travaux de réhabilitation est intervenu au mois de décembre 2003 sous la direction du Ministre de l'EPSP en présence des autorités de la Banque mondiale. L'enveloppe prévue pour ce volet est de 9 millions de dollars américains.

Développement communautaire

Le volet Développement Communautaire du PMURR visait le renforcement des capacités des communautés devant leur permettre de se prendre en charge. Le montant prévu pour ce volet s'élève à 14 millions de dollars américains. Un manuel d'exécution des projets de développement communautaire a été approuvé fin 2002 par la Banque mondiale et une campagne de sensibilisation de développement a été réalisée au courant de la première moitié de l'année 2003.

Les projets financés dans le cadre du volet de développement communautaire couvraient généralement les secteurs suivants :

- Éducation ;
- Santé ;
- Hydraulique rurale ;
- Transport ;
- Électricité ;
- Assainissement et infrastructure urbaines ;
- Protection de l'environnement.

La Banque mondiale avait bouclé, le 20 juillet 2010 l'évaluation du Programme multisectoriel d'urgence de réhabilitation et de reconstruction, qu'elle a financé à hauteur de 700 millions de dollars américains en République démocratique du Congo.[122] Après deux jours d'évaluation, elle estima que le bilan du PMURR, qui appartient désormais au passé, est positif, avec la réalisation de plus de trois cents projets à travers la République.

Il y a aussi le projet de développement des marchés d'électricité pour la consommation domestique et à l'exportation.

§ 2 : Projet de développement des marchés d'électricité pour la consommation domestique et à l'exportation

Le projet de développement du Marché d'électricité pour la consommation domestique et à l'exportation est l'un des plus importants projets financés par la Banque mondiale touchant la réhabilitation des infrastructures d'électricité en République démocratique du Congo.

[122] https://www.radio okapi.net » 2010/11/18

Données de base

Montant total du Don : 300 millions de $US

Date de signature : le 4 octobre 2007

Date d'entrée en vigueur le 2 avril 2008

Date de clôture le 30 juin 2013

Ce projet avait pour objectifs de :

- rendre disponible à terme 1322 MW au complexe d'Inga en sécurité N-1 ;
- sécuriser le fonctionnement des barrages des centrales d'Inga et du Katanga ;
- supprimer les délestages dans la ville de Kinshasa ;
- procéder à 50.000 nouveaux raccordements et desservir en électricité plus de 500.000 habitants à Kinshasa, soit une amélioration du taux de la desserte de la ville de Kinshasa de 40 à 50% ;
- renforcer les capacités institutionnelles et managériales de la SNEL et du ministère de l'Energie.

Je signale le projet de marché d'électricité d'Afrique australe / Southern African Power Market Project (SAPMP.

§ 3 : Projet de marché d'électricité d'Afrique australe / Southern African Power Market Project (SAPMP)

Le projet s'inscrit dans la stratégie d'aide-pays pour la République démocratique du Congo, à la stratégie de la Banque mondiale pour l'Afrique, à la stratégie d'aide à l'intégration régionale et aux rapports sur le développement dans le monde.

Ce projet est financé par l'Association internationale de développement (IDA) à hauteur de 186 M US$ initialement. Il a ensuite bénéficié d'un financement supplémentaire d'un montant de 205,5 millions de dollars en vue de renforcer la capacité de transport d'énergie de la République démocratique du Congo afin de mieux répondre à la demande nationale en énergie dans ce pays et de soutenir l'intégration du pays au marché régional de l'énergie en Afrique australe.

L'objectif du Projet SAPMP était de promouvoir un marché énergétique régional efficace au sein de la Communauté de Développement de l'Afrique Australe (SADEC) afin de créer les conditions favorables à l'intensification des investissements dans le secteur énergétique, accroitre la concurrence et favoriser l'intégration économique régionale.

Par ailleurs l'objectif essentiel de la partie B de la phase1 du SAPMP qui concerne l'accord de Crédit 3831 DRC est l'accroissement de 300 à 500 MW de la capacité de transit du corridor d'exportation d'électricité de la République démocratique du Congo vers les pays de l'Afrique australe via la Zambie, plus précisément du site d'Inga jusqu'à la ville frontalière de Kasumbalesa au Katanga.

Réalisations

Marché 1 « réalisation du système THT Courant continu 500kv (stations de conversion d'Inga et de conversion de Kolwezi »

Marché 2 réhabilitation et extension des postes (Fungurume, Panda, Karavia) et du Centre de Commande de Likasi à compléter

Marché 3 « Construction des nouvelles lignes entre Fungurume et Kasumbalesa à compléter

Marchés 4 « réhabilitation des lignes existantes, THTCC entre Inga et Kolwezi et HTCA entre Kolwezi et Kasumbalesa

Marché 5 « Installation d'un système de télécommunication par fibre optique à compléter

Marché 6 « Construction des Infrastructures communautaires le long des lignes à construire à compléter.

Je signale le Projet d'Appui à l'ouverture et l'entretien des routes hautement prioritaires (Pro Routes).

§ 4 : Projet d'Appui à l'ouverture et l'entretien des routes hautement prioritaires (Pro Routes)

Le projet Pro- Routes est financé à travers un fond fiduciaire multi-bailleurs qui est géré par la Banque mondiale dans le cadre du financement initial et additionnel. Il vise la réouverture et l'entretien de routes en terre du réseau ultra prioritaire de 15.800 km pour contribuer à la réunification du pays.

L'objectif de ce projet est la lutte contre la pauvreté grâce au rétablissement et à la préservation durable des infrastructures de transport pour garantir l'accès aux marchés et aux services sociaux et administratifs nécessaires à la relance socioéconomique et à la réintégration du pays par l'ouverture et l'entretien de 15.800 km de routes et le renforcement des capacités opérationnelles des entités du Ministère des Infrastructures, Travaux Publics et Reconstruction concernées.

Les lignes suivantes portent sur les projets d'infrastructures financés par la Banque africaine de développement.

Section 2 : Projets d'infrastructures financés par la Banque africaine de développement

Au cours d'un atelier de restitution de l'évaluation des projets de la BAD en République démocratique du Congo qui s'est tenu en novembre 2021, il a été avancé que l'enveloppe du portefeuille des projets actifs de la Banque africaine de développement en République démocratique du Congo a été évaluée à hauteur de 1,62 milliard USD couvrant plusieurs secteurs d'activités nationales dont les secteurs des infrastructures (transport, énergie, eau potable et assainissement) pour 61%, la gouvernance pour 16%, l'agriculture pour 12%, le social pour 8%, les mines et les finances pour 3%.

Le taux de décaissement se situe à environ 42% au 31 octobre 2021 pour un âge moyen des projets de 5,2 ans avec quelques extrêmes pour quatre (4) projets variant de 8 à 13 ans[123].

Parmi les projets d'infrastructures réalisés par la BAD, je relève ce qui suit : le projet multisectoriel d'urgence pour la réhabilitation des infrastructures socioéconomiques, le projet d'appui au développement des infrastructures rurales « PADIR » et les projets prioritaires de sécurité aérienne (PPSA).

§ 1 : Projet multisectoriel d'urgence pour la réhabilitation des infrastructures socioéconomiques

Montant total du prêt : 30,00 millions d'UC

Date d'entrée en vigueur le 3 février 2004

Date de clôture le 31 décembre 2009

Il s'agit d'un projet comprenant quatre composantes, à savoir :

1) Réhabilitation des systèmes d'alimentation en eau potable ;
2) Assainissement et lutte antiérosive ;
3) Réhabilitation des infrastructures sociales ;
4) Gestion du projet.

Composante A : Réhabilitation des systèmes d'alimentation en eau potable

Réalisations

L'état de réalisation de divers travaux de réhabilitation et d'acquisition de biens opérée à Kinshasa se présente comme suit :

- Les travaux de réhabilitation de deux laboratoires REGIDESO ;

[123] Acpcongo.com/ index.php/2021/11/16.

- L'atelier central de la REGIDESO a acquis, le 14 octobre 2008, l'outillage des ateliers mécaniques et électriques, des machines-outils, des engins de levage et de divers moteurs ;

Composante B : Assainissement et lutte antiérosive

Les travaux d'enlèvement d'immondices et d'évacuation de sable sur l'avenue Mulele : travaux achevés.

L'opération pilote porte à porte des travaux de ramassage des déchets ménagers

Les travaux de construction de la route de désenclavement de Kinsenso ainsi que les ouvrages de drainage ont été attribués à l'entreprise SAFRICAS.

Composante C : Infrastructures

Dans le cadre de cette composante il a été mis en œuvre les travaux suivants :

2. Réhabilitation de l'Hôpital général de référence de Bumbu (achevés)
3. Réhabilitation de trois autres hôpitaux généraux de référence (Matete, Lemba et Ngaba)
4. Réhabilitation de 4 bureaux centraux de zones de santé (Kisenso, Matete, Ngaba et Bumbu sont achevés ;

Réhabilitation de l'ISP/Gombe et complexe scolaire

Les travaux de l'ISP/Gombe ont concerné la réhabilitation du bâtiment administratif et pédagogique, du mur de clôture, des homes Serbiera et Père Détienne, de l'école primaire d'application et des résidences des professeurs. Tous ces travaux sont achevés. Les travaux de réhabilitation de trois complexes scolaires de Kinshasa, à savoir Batende, Likasi et Lemba.

Que dire du projet d'appui au développement des infrastructures rurales « PADIR ?

§ 2 : Projet d'appui au développement des infrastructures rurales « PADIR »

Evaluation des besoins.

En dépit de ses grandes potentialités et de son importance socio-économique, le secteur agricole et rural connait une baisse drastique de sa productivité, liée en grande partie à l'enclavement des zones de production et à la défaillance des services d'encadrement de l'Etat. Sur les 87.000 km de réseau de desserte agricole, seulement 10% est accessible. Les infrastructures de commercialisation et de conservation des produits agricoles sont dans un état de dégradation avancée. Les services d'encadrement technique des paysans sont pratiquement absents sur le terrain. Cette situation a créé un paradoxe en milieu rural : des productions agricoles dans les champs qui ne trouvent pas d'acquéreurs et des pénuries de denrées alimentaires dans les villes. Le déficit alimentaire est évalué à plus de 30%. Le besoin d'investissement pour le secteur agricole et rural a été évalué pour la décennie 2011-2020 à 945,4 millions$ EU.

Le projet PADIR vise l'augmentation de la production agricole et l'amélioration du niveau de vie des bénéficiaires à travers la réhabilitation des routes de desserte agricole et la construction des infrastructures de commercialisation des zones de production agricole.

Programme à caractère multisectoriel du Gouvernement congolais, mis sous encrage institutionnel de l'administration du Développement rural, exécuté dans plus ou moins 13 provinces de la République démocratique du Congo et financé à hauteur de 79.171.000,00 dollars américains par la BAD depuis 2012 pour une durée initiale de 5 ans.

Fixée initialement le 31 décembre 2017, la date de clôture de ce projet a été modifiée pour le 31 décembre 2020. Un atelier du comité de pilotage de clôture du projet a été tenu le jeudi 19 septembre 2019 à Kinshasa. C'était l'occasion pour le coordonnateur du projet, Mbuka, de présenter aux membres du comité de pilotage son bilan programme de clôture du projet.

Que dire des projets prioritaires de sécurité aérienne (PPSA) ?

§ 3 : Projets prioritaires de sécurité aérienne (PPSA)

Description du Projet

Le projet prioritaire de sécurité aérienne (PPSI) en République démocratique du Congo est en phase avec le plan directeur national intégré des transports (PDNT) financé par la BAD en 2016 qui identifie le secteur aérien comme un levier central de la politique de déplacement de la population et du rayonnement économique du pays. La phase I du projet, lancé en novembre 2010, a notamment permis d'atteindre les résultats satisfaisant en termes de mise à niveau des infrastructures des trois aéroports principaux de N'djili, Lubumbashi et Kisangani ainsi qu'en matière d'appui à la navigation dans l'espace aérien de la République démocratique du Congo et au renforcement des capacités humaines. La présence de la phase II (PPSAII), qui s'inscrit dans le prolongement et la consolidation du PPSA I, a été conçue sur la base d'études détaillées sur trois sites inclus dans le projet ainsi qu'une évaluation de la sécurité conduite par l'Autorité de l'Aviation Civile sur le site de Mbuji-Mayi.

Le PPSA II améliore et renforce non seulement les infrastructures, mais aussi le niveau de conformité de la République démocratique du Congo aux exigences de l'Organisation de l'Aviation Civile Internationale (OACI) en matière de sécurité et de navigation aérienne.

Les actions suivantes sont notamment menées et/ ou en cours d'exécution dans le cadre de ce projet en matière de réhabilitation d'infrastructures aéroportuaires : réhabilitations de l'aéroport de Kisangani, de Kindu et celui de Mbuji-Mayi.

En effet, la BAD a financé les travaux de réhabilitation de l'aéroport international de Kisangani, travaux évalués dans sa phase II à 18,7 millions de dollars. Quant en ce qui concerne la réhabilitation de l'aéroport de Bipemba à Mbuji-Mayi, sur financement de la BAD, le lancement de ces travaux a eu lieu le 25 novembre 2021. Il s'agit également des travaux inscrits dans le programme PPSAII. Prévus pour 24 mois, ces travaux sont exécutés par l'entreprise Chine Jiang International Corporation (CJIC).

Il convient de signaler les projets financés par l'Union européenne.

Section 3 : Projets financés par l'Union européenne

Je parle du contexte de la coopération entre l'Union européenne et la R.D. Congo et des instruments financiers de l'Aide au développement.

1. Contexte de la coopération entre l'Union européenne et la République Démocratique du Congo.

La coopération structurelle entre l'Union européenne et la République démocratique du Congo a connu plusieurs phases successives au cours des dernières années. Interrompue entre 1992 et 2002, période durant laquelle des programmes humanitaires ont subsisté et ont été mis en œuvre directement par la Commission européenne au travers de son agence humanitaire et également des ONG. Cette coopération a repris à partir de 2003[124].

Que dire des instruments financiers de l'Aide au développement ?

2 Les instruments financiers de l'Aide au développement

La politique d'aide au développement européenne a permis la création du Fonds européen de développement (FED). Ce dernier constitue le principal instrument financier de la coopération entre l'UE et le Groupe ACP ; et finance de nombreux programmes et projets de développement dans l'ensemble des pays ayant conclu des accords de partenariat avec l'Union.

Il faut souligner que c'est au cours de l'année 2003 qu'un Ordonnateur national du FED (ON), en l'occurrence le ministre des Finances, a été désigné. Les deux parties ont initié un dialogue, dans l'esprit de l'accord de

---

[124] Rapport COFED 2015, pp 12 à 15.

Cotonou[125], signé entre l'Union européenne et les pays de l'ACP, qui a conduit au rétablissement de modalités d'une coopération cogérée, avec pour ce qui est du FED, un transfert graduel des compétences à l'Ordonnateur national de la République démocratique du Congo, entre 2002 et 2006.

La coopération UE-République démocratique du Congo, octroyée sous la forme de dons (non remboursables) est mise en œuvre à travers plusieurs sources et instruments :

- Le programme indicatif national, ainsi que les programmes indicatifs régionaux qui financent des activités visant l'intégration régionale entre les pays de la zone concernée ;
- Le budget de l'Union européenne avec ses lignes thématiques ;
- La mission EUSEC et EUPOL en appui au secteur de sécurité et de police ;
- Les interventions humanitaires qui contribuent largement aux actions menées par l'UE en République démocratique du Congo, avec l'agence humanitaire ECHO.

Le programme indicatif national, conformément à l'Accord de Cotonou, est quant à lui, entièrement financé par le Fonds européen de développement. Concernant le PIN 10ème FED couvrant la période de 2008-2013, une allocation initiale de 634,32 millions d'euros a été allouée à la République démocratique du Congo. Les secteurs de concentration bénéficiaires de l'intervention de ces Fonds se présentent comme suit :

- Gouvernance 130 millions d'euros ;
- Infrastructures 251 millions d'euros ;
- Santé 51 millions d'euros.

Dans les secteurs hors concentration, 82 millions d'euros ont été affectés à des programmes et projets venant en appui aux domaines de l'environnement, de l'intégration régionale, la gestion de ressources naturelles et du développement des activités commerciales.

Cet instrument concerne également des contributions à des initiatives d'allégement de la dette adoptées internationalement ainsi qu'un soutien destiné à atténuer les effets néfastes de l'instabilité des recettes d'exportation. Le montant affecté à cette enveloppe s'élève à 140,32 millions d'euros.

---

125 L'accord de partenariat entre les pays du Groupe ACP (Afrique-Caraïbes-Pacifique) et ceux de l'Union européenne a été signé le 23 juin 2000 à Cotonou au Benin. Il couvre une période de vingt ans, avec une clause de révision tous les cinq ans et vise l'objectif de réduction et, à terme, l'éradication de la pauvreté, en cohérence avec les objectifs de développement durable et d'intégration progressive des pays ACP dans l'économie mondiale.

Concernant le secteur des infrastructures, l'Union européenne a poursuivi son appui au Gouvernement de la République démocratique du Congo en visant l'amélioration à moyen terme de ses liaisons fluviales et lacustres sur le bief moyen du fleuve Congo. Elle est intervenue sur différentes infrastructures routières, tout particulièrement, sur la réhabilitation de 114 km de route nationale entre la ville de Batshamba dans le Kwilu et celle de Tshikapa, en passant par le pont Loange sur la rive du Kasaï.

Il y a aussi les projets d'Infrastructures financés par le Japon.

Section 4 : Projets d'Infrastructures financés par le Japon

L'Agence Japonaise de Coopération Internationale (JICA) compte un bon nombre des projets en République démocratique du Congo. Dans le secteur d'infrastructures, il y a notamment :

1) La réhabilitation-construction de l'avenue Poids-Lourds

Ce projet a été un don non-remboursable du Japon. Il a consisté à l'élargissement de la route de deux à quatre bandes. Le coût pour la réalisation de ces travaux a été évalué à 2.958.300 dollars américains. Ces travaux ont été financés conjointement par la JICA et le gouvernement de la République démocratique du Congo.

Avenue des Poids-Lourds, Limete Kinshasa

2) L'éclairage public de 15 km sur cette route des Poids-lourds avec l'énergie solaire

Au total 563 poteaux électriques, alimentés par des panneaux photovoltaïques ont été installés après les travaux de modernisation et d'élargissement de cette voie routière.

3) La construction, réhabilitation et équipement de l'Institut National Pilote de Science de Santé (INPSS)

L'Institut national pilote d'enseignement des sciences de santé a aussi bénéficié de l'appui du Japon pour la construction, la réhabilitation et les équipements de cette école des sciences de santé.

4) Projet d'aménagement de l'Institut National de Recherches Biomédicales (INRB).

Dans le volet santé l'INRB est le plus grand bénéficiaire de l'appui du Japon. Il s'agit en effet, d'un don non remboursable évalué à environ 21 millions de dollars américains pour la construction et l'équipement de laboratoire de niveau de biosécurité supérieur (P3), d'un centre d'essai clinique. Cette infrastructure a été inaugurée en février 2020.

5) Projet d'aménagement des directions provinciales de l'Institut National de Préparation Professionnelle (INPP).

L'Institut National de Préparation Professionnelle se trouve également parmi les plus grands bénéficiaires de la coopération japonaise en République démocratique du Congo. Dans le cadre de cette coopération, la JICA a financé à hauteur de 16,6 millions de dollars américains le projet d'aménagement de la direction provinciale de l'INPP/Kinshasa et, à hauteur de 29,5 millions de dollars américains, celui d'aménagement de la direction provinciale de l'INPP/Katanga à Lubumbashi.

Je rappelle l'apport d'autres partenaires dont la Belgique dans la réalisation des projets d'infrastructures en République démocratique du Congo.

Section 5 : Apport d'autres partenaires dont la Belgique dans la réalisation des projets d'infrastructures en République démocratique du Congo

Parallèlement aux partenaires multilatéraux qui ont substantiellement financé plusieurs projets d'infrastructures en République démocratique du Congo avant même la tenue des premières élections libres de 2006, le pays a également bénéficié de l'appui des partenaires bilatéraux notamment la Belgique, tel que nous allons le voir dans les lignes qui suivent.

Je parle de l'apport de la Belgique dans les projets de développement de la République démocratique du Congo et l'apport d'autres bailleurs des fonds dans le financement des infrastructures de la République démocratique du Congo,

§ 1 : Apport de la Belgique dans les projets de développement de la République démocratique du Congo

La coopération bilatérale belgo-congolaise est définie dans deux programmes indicatifs de coopération (PIC) signés respectivement en 2009 et 2014. Le premier couvrait la période 2010-2013. Le second couvre la période 2014-2015. A cette coopération structurelle s'est ajouté en 2014 un programme d'appui aux infrastructures dans les provinces du Nord-Kivu et du Sud-Kivu (Programme d'Appui aux Infrastructures des Kivu ou PAIK)[126], avec un budget de 30 millions d'euros.

La coopération investit 50 millions d'euros chaque année pour ses différentes interventions. Sans vouloir dresser un bilan exhaustif de celles-ci, nous relevons quelques-unes découlant précisément des programmes de coopération 2014-2015.

En effet, compte tenu des priorités telles que définies par la République démocratique du Congo, la Belgique a concentré ses actions de coopération bilatérale sur trois secteurs, à savoir : (i) Agriculture et développement rural ; (ii) Education et (iii) Santé.

1. Intervention de la CTB dans le secteur agricole et développement rural

Parmi les réalisations de la CTB dans ce secteur nous pouvons citer :

- la remise en service du bac à Kisangani après réhabilitation ;
- le désenclavement des populations : pont Piopio ;
- la réhabilitation de la route Kisangani-Opala.

Toujours dans le cadre de ce secteur, quelques résultats des interventions de la CTB sont fournis. Il s'agit précisément :

➢ réhabilitation de plus de 7500 km de routes au cours des dix dernières années pour faciliter la circulation des personnes et des biens ;
➢ entretien d'environ 4200km de pistes en 2013 et environ 2400 km en 2014 ;
➢ réhabilitation de 93 ponts entre 2011 et 2014 ;
➢ réhabilitation de 9 bacs et conception d'un nouveau modèle de leur gestion ;
➢ installation de 12 Maisons du Développement rural dans quelques territoires en vue de réactiver une administration de proximité, une synergie entre l'administration et les citoyens au niveau d'entités locales ;

---

126 CTB RD Congo, *aperçu des interventions de la coopération Belgo-Congolaise de 2010 à 2014*, p.3.

- réhabilitations et équipement des bureaux des structures au niveau central, déconcentré et décentralisé pour permettre à l'administration de mieux jouer son rôle de catalyseur de développement à tous les niveaux ;
- mise en place et appui à une centaine de Comités locaux d'entretien des routes (CLER) pour favoriser l'appropriation et créer des emplois ;
- appui à la mise en place de la Commission Provinciale Routière (CPR) dans quatre provinces pour améliorer la gouvernance dans ce secteur ;
- appui à la structuration des organisations paysannes en vue notamment de leur permettre de se prendre en charge et d'accroitre leur pouvoir de négociation vis-à-vis de l'administration publique.

Les lignes suivantes portent sur l' Intervention dans le secteur de l'Education.

2. Intervention dans le secteur de l'Education

Approche d'intervention

Cette approche consiste en des interventions spécifiques aux niveaux national et provincial. Ainsi, cinq interventions ont été prévues dans les provinces suivantes : Bandundu, Equateur, Katanga, Kasaï Oriental et Province Orientale.

Quant aux objectifs poursuivis, il s'agit, de manière générale, de contribuer à la croissance économique et à la lutte contre la pauvreté en participant à la mise en œuvre et à l'adaptation aux contextes locaux d'un système d'ETFP inclusif et de qualité, tout en offrant les mêmes opportunités aux filles et garçons dans les institutions de formation.

Dans cet ordre d'idée, le Projet d'Appui à l'Enseignement Technique et Formation Professionnelle (AETFP) a été mis en œuvre. Clôturé en 2013, son objectif était d'accompagner le Gouvernement congolais dans ses efforts d'amélioration de la qualité de l'ETFP ainsi que dans la recherche d'une meilleure adéquation formation-emploi dans 8 filières jugées prioritaires pour le développement du pays : mécanique, électricité, construction, coupe et couture, commerciale-administrative, agriculture, vétérinaire et électronique.

Ce projet compte à son actif plusieurs réalisations dont le plus tangible est la réhabilitation et équipement de 30 écoles techniques à travers le pays.

Il y a aussi l'intervention dans le secteur de santé.

3. Intervention dans le secteur de santé

Approche d'intervention

La coopération belge appuie la mise en œuvre de la Stratégie de renforcement du Système de Santé. Cet appui consiste au renforcement des capacités techniques des provinces pour qu'elles puissent à leur tour soutenir le développement des zones de santé à la base et améliorer ainsi l'accès des populations aux services et soins de santé de qualité.

Dans ce contexte, la coopération bilatérale a appuyé pendant plus de dix ans la lutte contre la Trypanosomiase Humaine Africaine (THA) ou maladie du sommeil.

Au nombre de réalisations dans ce secteur, nous pouvons citer :

- la réorganisation de cinq hôpitaux généraux de référence en faisant correspondre les ressources humaines à la charge du travail et en dotant chaque agent de l'outil de travail ;
- la mise en place dans trois HGR sur cinq d'un système de tarification forfaitaire subsidiée au profit des malades ;
- L'informatisation de la gestion ;
- Le renforcement de l'Institut National de Recherche Biologique (INRB).

Les pages suivantes portent sur l'apport d'autres bailleurs des fonds dans le financement des infrastructures de la République démocratique du Congo.

§ 2 : Apport d'autres bailleurs des fonds dans le financement des infrastructures de la République démocratique du Congo

Outre l'appui financier de ses partenaires traditionnels, La République démocratique du Congo compte d'autres partenaires qui ont contribué et contribuent à l'œuvre de la reconstruction du pays.

En effet, en vue de s'assurer d'une utilisation rapide et efficiente des ressources financières octroyées par les partenaires au développement, dont principalement la Banque mondiale, le Gouvernement de la République démocratique du Congo et la Banque mondiale avaient mis sur pied le Bureau Central de Coordination (BCECO) dont la mission principale était d'exécuter, sur financement extérieur, des projets qui couvrent pratiquement tous les secteurs de la vie économique et sociale. L'ensemble des actions du BCECO s'inscrivait dans la logique du Programme économique du Gouvernement (PEG), qui avait relayé les ambitions à partir d'avril 2002 pour une période de trois ans[127].

A partir de 2009, le BCECO, dans son mandat de maître d'ouvrage, ne compte plus que quatre bailleurs de fonds finançant les projets, à savoir : le Gouvernement congolais, la BADEA, l'OFID et le FVC.

Le financement provenant du Gouvernement occupe désormais la place des choix dans le portefeuille des projets gérés par le BCECO. Cette

---

[127] Bureau Central de Coordination, rapport annuel 2003, p.7

tendance s'est affirmée par la gestion de nouveaux projets notamment dans les secteurs des énergies, des infrastructures judiciaires et sportives.

Deux de ces projets, à savoir le Projet de réhabilitation et de reconstruction des infrastructures scolaires (PRRIS) et le projet d'appui à la réhabilitation du secteur santé (PESS) ont une envergure nationale et touchent le capital humain dans ses aspects les plus importants notamment l'éducation et la santé.

En effet, le PRRIS est une initiative du Gouvernement de la République démocratique du Congo visant à reconstruire 1.000 écoles par an et ce, pour concourir aux objectifs assignés par le Plan intermédiaire de l'Education. Quant au PESS, il s'agit de projet initié et financé sur fonds propres du gouvernement. Il vise à équiper, réhabiliter ou reconstruire mille centres de santé et deux cents hôpitaux généraux de référence et les approvisionner en médicaments de base de qualité.

Réhabilitation de l'Avenue de libération avec le Fonds Koweitien

Brèves données

Objet : mise en œuvre du projet de réhabilitation de l'avenue libération dans la commune de Selembao à Kinshasa

Coût : 15.462.800 USD selon l'accord de prêt n 731 du 13 octobre 2006 signé entre la République démocratique du Congo et le Fonds Koweitien

Projets financés par la BADEA et l'OFID

Le Gouvernement de la République démocratique du Congo a signé entre 2009 et 2012, trois accords de prêt avec la BADEA et l'OFID afin de financer les projets dans le secteur de l'éducation, de la santé et de l'agriculture[128].

Education

Le projet a porté sur la réhabilitation et l'équipement de 16 écoles primaires ciblées dans 5 provinces du pays notamment dans le Bandundu, l'Equateur, la Province Oriental, le Maniema et la Ville de Kinshasa. Le coût de ce projet est de 12.000.000 USD.

Au cours de l'année 2014, les activités réalisées dans le cadre de ce programme ont été marquées par la finalisation des réceptions définitives des travaux de génie civil, ainsi que la réception des équipements informatiques, des matériels didactiques, manuels scolaires, des mobiliers scolaires (bancs pupitres, tables, chaises, armoires)

Exécution des opérations

---

[128] Bureau Central de Coordination, Rapport annuel 2014

Au 31 décembre 2014, les activités du projet réalisées par les différents prestataires (entreprises, fournisseurs, bureaux d'études) ont été achevées.

L'année 2014 a été caractérisée par des réceptions provisoires et définitives de tous les travaux de construction et réhabilitation des 16 écoles.

Santé

Le dossier d'appel d'offres des travaux ainsi que les plans des structures sanitaires y afférents, préparés par le bureau d'études CRESTE, ont été approuvés par la BADEA et le Gouvernement Congolais en date du 02 décembre 2013.

Ces travaux sont répartis en quatre lots. Il s'agit de :

- Lot 1 : 15 centres de santé de la partie Est de la ville de Kinshasa ;
- Lot 2 : 10 centres de santé de la partie Ouest et Centre ;
- Lot 3 : 7 Bureaux centraux de zones de santé ;
- Lot 4 : 4 Hôpitaux généraux de référence

Conclusion

Parallèlement aux projets mis en œuvre dans le cadre du PSC à partir de 2009, cette étude nous a permis de constater que le Gouvernement de la République démocratique du Congo a bénéficié de l'appui financiers substantiel des bailleurs de fonds traditionnels, dont la Banque mondiale, la Banque africaine de développement et l'Union européenne.

Il ressort du document de l'USAID que la communauté des bailleurs de fonds a contribué à plus de 5,5 milliards de dollars d'aide publique au développement en 2011. Alors que plus de 3,2 milliards de dollars des fonds ont été utilisés pour soulager la dette et 200 millions de dollars pour de nouveau prêts, les bailleurs de fonds ont contribué à un total de 2,1 milliards de dollars en subvention d'assistance. Les Etats-Unis étant le plus grand bailleur de fonds. D'autres partenaires clés bilatéraux et multilatéraux comprennent le Département britannique pour le développement international (DFID), la Belgique, la France, les Pays-Bas, la Banque mondiale, la Banque africaine de développement, l'Union européenne et le FMI, entre autres[129].

Contrairement à ce que l'on pensé que la conclusion de la Convention Sino-Congolaise consacrerait progressivement une rupture avec les bailleurs des fonds traditionnels dont l'appui à la reconstruction de la RDC semblait, à

---

[129] USAID, *Stratégie de coopération pour le développement du Pays/République démocratique du Congo2015- 2019*, p.12.

l'époque, trainer aux yeux de certains dirigeants Congolais, il se dégage que durant la période de 2008 à 2023, l'appui des partenaires traditionnels dans la réalisation des travaux d'infrastructures est plus considérable. Cependant, au regard de l'immensité du pays beaucoup reste à faire.

Conclusion de la deuxième partie

Il découle de l'évaluation du Programme sino-congolais un faible taux de réalisation du projet d'infrastructures par rapport au projet minier. Pourtant, l'exécution de ces travaux d'infrastructures constitue, pour la partie congolaise, l'objet principal de la Convention de collaboration pour laquelle la partie chinoise devait assurer la mise à disposition des moyens financiers. L'exploitation des concessions minières cédées par la GECAMINES n'étant qu'un moyen, pour cette dernière, de remboursement tant de l'investissement d'infrastructures que celui du projet minier.

D'aucuns attribuent ce mauvais résultat à l'opacité généralisée dans l'exécution de la convention qui se caractérise notamment par[130] :

- la mainmise totale de la partie chinoise et d'un groupe très restreint de l'élite politique sur la mise en œuvre de la convention, y compris l'utilisation des fonds destinés aux infrastructures ;
- une opacité financière totale, avec des chiffres en partie secrets, et en partie contradictoires sur les prêts d'infrastructures encaissés et leur utilisation concrète ;
- la gestion des fonds destinés aux infrastructures hors du circuit normal des procédures encadrant les finances publiques, notamment à partir des comptes de la SICOMINES ;
- l'absence d'audits techniques rigoureux et le doute sérieux sur la qualité et les coûts des infrastructures réalisées ;
- l'exclusion des instances de contrôle classiques de l'Etat congolais, y compris le parlement, dans la supervision du projet ;

[130] Voir communiqué de presse du 03 avril 2023 de la Coalition « Congo N'est Pas à Vendre (CNPAV) : qui exige la préparation rigoureuse, la transparence totale du processus de renégociation et des enquêtes judiciaires sur les actes de détournements de fonds et de pratiques de corruption.

- l'absence d'une liste d'infrastructures devant être financées induisant un pouvoir discrétionnaire sur le choix des projets et un manque de contrôle citoyen.

Il apparait clairement que cette situation est notamment due au manque de suivi et de tenue des réunions périodiques prévues par la Convention, la mauvaise préparation du projet, le manque d'études de faisabilité ayant entrainé des bénéfices excessifs pour la partie chinoise ainsi que l'obtention des résultats inadéquats au grand dam de la République démocratique du Congo. Ce deal semble plus profiter à la partie chinoise qui exploite et commercialise les minerais de la République démocratique du Congo sans contrepartie juste et équilibrée.

Malgré les résultats non satisfaisants qui se constatent clairement, il n'est point question, à notre sens, de discréditer ce modèle économico-financier qui aurait fait ses preuves ailleurs. En effet, la coopération sino-congolaise est appelée à se poursuivre d'autant plus que ce modèle Chinois se présente comme une alternative, face aux partenaires traditionnels toujours très exigeants et compte tenu des mutations qui s'opèrent sur l'échiquier mondial faisant de la Chine un partenaire incontournable pour les pays en voie de développement dont la République démocratique du Congo.

Troisième partie

Le choix du meilleur modèle de financement des infrastructures pour le développement de la République démocratique du Congo

Introduction

La troisième partie a pour matrice le choix du meilleur modèle de financement des infrastructures pour le développement de la République démocratique du Congo.

La question du financement des infrastructures est analysée de diverses manières. Les choix et les modalités de financement présentent, en effet, de fortes similitudes mais aussi de différences majeures à l'échelle planétaire. La comparaison de choix de financement à différentes échelles montre également la diversité des options et des combinaisons possibles qui peuvent dépendre des traditions politiques, des conjonctures économiques, les échelons institutionnels sollicités...les routes, les voies d'eau et les ports présentent en général d'importants coûts de construction. A l'instar de la plupart des pays africains, la République démocratique du Congo ressent un réel besoin de mobilisation des ressources financières pour parvenir à la transformation structurelle. C'est ainsi qu'elle pourra parvenir à réduire ses déficits en matière d'infrastructures et d'énergie, qui sont des composantes indispensables pour son industrialisation.

Pour ne parler que des infrastructures de réseau, Sofia Mitshiopoulou soutient que celles-ci dépendent, en grande partie, de la puissance publique, en générale seule capable d'organiser et de financer leur fonctionnement. Cette nature particulière des services de réseau les soumet, plus que toute autre activité économique, au contrôle de la puissance publique. Toutefois, la vague des libéralisations a entrainé une « banalisation » du service public, ayant résulté de l'évasion de l'économie du marché[131].

Il est admis que la faiblesse des infrastructures représente dans le pays en développement un obstacle majeur à l'amélioration des conditions de vie, au développement des entreprises et aux objectifs de la Déclaration du Millénaire des Nations Unies. Dans de nombreux pays, le budget public ne peut pourvoir seul aux hauts niveaux d'investissement requis pour le développement des infrastructures : l'investissement privé est dès lors une option que les gouvernements ne peuvent ignorer. Il ne s'agit pas seulement

[131] Sofia MITSHIOLOULOU, *le marché des infrastructures de transport : les aéroports et les ports,* l'Harmattan, Paris, 2015, p.114.

d'un capital supplémentaire, mais de la mobilisation de l'expertise technologique et des compétences gestionnaires du secteur privé au service de l'intérêt général.

Une certaine opinion soutient que les gouvernements et les autorités locales peuvent continuer de développer l'infrastructure en recourant au financement public pour réaliser les investissements, et aux organismes du secteur public pour assurer la prestation. Cela confère au secteur public un certain nombre d'avantages, parmi lesquels la flexibilité, le contrôle et l'efficacité[132].

Ainsi, dans cette dernière partie du livre, nous allons faire une analyse comparative de ces différentes méthodes de financement des infrastructures pour relever celle qui convient le mieux pour la République démocratique du Congo.

La dernière partie du livre fait une analyse comparative entre le modèle traditionnel de financement des infrastructures publiques et le nouveau modèle de financement des infrastructures adossé à des ressources naturelles pour en déceler les avantages ainsi que les inconvénients. Cette partie est subdivisée en 5 chapitres, à savoir : (I) Le mode traditionnel de financement des infrastructures ; (II) Le mode de financement en évolution ; (III) Obstacles et limites du modèle Sino-Congolais pouvant empêcher sa reproduction en RDC ; (IV) La vision chinoise de l'Afrique : qu'est-ce qu'en tire la RDC ? et (V) Le contrat chinois face à la mondialisation de l'économie : quelle est encore la place des partenaires traditionnels et tant d'autres ?

---

[132] D. HALL, *Partenariats public-privé (PPP) : les raisons de leur inefficacité*, Rapport de l'International des Services Publics (ISP), France, 2015, p.48.

Chapitre 1

Le mode traditionnel de financement des infrastructures

Ce chapitre a pour pierre de touche le mode traditionnel de financement des infrastructures.

Je parle des marchés des travaux et de la mobilisation des ressources financières pour la construction des infrastructures publiques en République démocratique du Congo.

Section 1 : Les marchés des travaux

Les marchés de travaux ont pour objet la réalisation au bénéfice d'une autorité contractante de tous travaux de bâtiment ou de génie civil ou la réfection d'ouvrages de toute nature.

D'ordinaire, le financement des infrastructures publiques a toujours été assuré par l'Etat à travers les crédits budgétaires. Cependant, il a été constaté une certaine défaillance du marché d'infrastructures dont l'Etat est le principal acteur : les besoins sont largement supérieurs aux stocks d'infrastructures disponibles.

Les contraintes et/ou déficit budgétaires conduisent souvent le gouvernement à recourir aux privés pour réaliser les projets d'infrastructures de base pouvant accélérer le développement de leurs Etats respectifs. En effet, le budget de l'Etat est soumis au respect des principes et normes très contraignants qui régissent la gouvernance financière de l'Etat. Or, la réalisation des infrastructures est caractérisée par un fort besoin des ressources financières. Elle nécessite des financements conséquents qui s'ajoutent aux dépenses publiques.

Traditionnellement, l'Etat assure le paiement des travaux publics en conformité avec la loi sur les marchés publics.

Le terme « travaux publics » s'applique par opposition aux « travaux privés », aux infrastructures publiques. Il existe différents types des travaux :

- VDR (« voiries et réseaux divers » dont les routes et autoroutes) : enrobé, pose de bordures, assainissement, pose de gaine téléphonique, électricité ;
- Ouvrages d'art, dit de génie civil : réalisation de ponts et tunnels, barrages et écluses, stations d'épuration ;

- Voie ferrée : création et entretien des voies ;
- Terrassement ;
- Ouvrages de transports d'énergie (électricité, gazoduc, oléoduc) ou de fluides (aqueduc, vapeur) ;

Certains bâtiments de très grande taille sont considérés comme des ouvrages de travaux publics tels que aéroports, ports maritimes, centrales de production d'énergie (solaire, hydro, éolien, thermique, nucléaire), ouvrages militaires, stades.

La réalisation de ces travaux est généralement soumise au code de marché public. En République démocratique du Congo, la loi du 27 avril 2010 relative aux marchés publics détermine les règles concernant la passation, l'exécution, le contrôle ainsi que le contentieux des marchés des travaux, de fournitures, de services et de prestations intellectuelles des personnes administratives et des personnes de droit privé dans les conditions pré-indiquées.

Le marché public est défini, par le législateur congolais, comme un contrat écrit par lequel un entrepreneur, un fournisseur ou prestataire s'engage envers l'autorité contractante fournissant une contribution ou une garantie financière, soit à exécuter des prestations intellectuelles, moyennant un prix. Il découle donc de cette définition trois éléments : un élément organique (les parties), un élément matériel (l'objet du contrat) et un élément financier (la rémunération du titulaire du marché).

De cette définition, on comprend aisément que dans le contrat de marché public c'est l'autorité contractante (l'Etat, les provinces, les entités territoriales décentralisés et les établissements publics placés sous leur tutelle ainsi que les autres organismes créés par l'Etat) qui finance ou paie directement le prix de travaux d'infrastructures (marchés de travaux) qui seront réalisés. En d'autres termes, le cocontractant se fait rémunérer par l'Administration et use de toutes les voies de droit pour obtenir le paiement des prestations fournies. Cette rémunération est constituée par le prix. Le marché doit définir l'étendue de la prestation et les éléments que le prix doit couvrir, le mode de calcul du prix ainsi que les modalités éventuelles de variation du prix.

Ce type de contrat, contrairement au PPP, fait appel aux ressources budgétaires de l'Etat. Il s'agit en fait d'un mode classique de financement des travaux publics. Dans une approche purement traditionnelle, l'Etat recrute un ingénieur pour concevoir le plan de l'infrastructure, puis engage un entrepreneur pour sa construction. Une fois que l'infrastructure est construite, l'administration attribue des contrats individuels pour les réparations et les renouvellements. L'Etat paie la construction de l'ouvrage selon les termes du marché[133].

Les infrastructures publiques sont notamment caractérisées par une forte intensité capitalistique. En effet, leur entretien et construction nécessitent des montants d'investissements colossaux. En France par exemple, il est avancé qu'il faut 33 milliards d'euros d'ici 2035 pour la rénovation des lignes électriques haute tension, 7,7 milliards pour la construction des 302 kilomètres de ligne Tours-Bordeaux, 3,6 milliards chaque année pendant 10 ans pour rénover et moderniser le réseau ferroviaire[134]. Alors que la République française compte près de 1,1 million de kilomètres de réseau routier, la République démocratique du Congo, un des plus vastes pays au monde avec une superficie de totale de 2 345 410 km^2 n'en compte qu'environ 155 000 km de routes nationales et régionales.

Etant donné que la plupart des investissements dans les infrastructures viennent du secteur public, pour assurer ses missions régaliennes en offrant les biens publics (éducation, santé, d'infrastructures collectives) dans les meilleures conditions d'efficacité, l'Etat congolais se doit de mobiliser d'énormes ressources financières pour relever les défis de la reconstruction du pays.

En effet, les différentes missions de l'Etat sont à l'origine de dépenses. L'impôt n'est certes pas le seul moyen de les couvrir. L'Etat peut avoir recours à l'emprunt interne et extérieur. Il peut aussi, mobiliser des dons extérieurs. Cependant, un emprunt excessif est incompatible avec le maintien de la solvabilité financière de l'Etat. En cas de dette externe excessive, le pays risque de se retrouver en cessation de paiement. Le seigneuriage ou financement monétaire du déficit engendre de l'inflation dont le coût peut excéder le bénéfice au-delà d'un certain taux. Quant aux dons, ils présentent le risque de fluctuer fortement. On doit souligner que les financements sur ressources externes sont susceptibles d'entrainer une moindre rigueur dans la gestion de la dépense publique et donc une moindre efficacité de cette dernière. L'impôt apparait donc comme le mode de couverture fondamentale des dépenses publiques[135], notamment pour le financement des infrastructures routières.

---

[133] J. KETO NSINGANi, *Financement des Infrastructures publiques : partenariats publics –privés (PPP) versus infrastructures financées par les ressources (IFR)*, travail présenté dans le but d'obtenir le grade de maîtrise en administration, Sherbrooke, 2017

[134] Projet d'avis du Conseil économique, social et environnemental, *L'impact des infrastructures de réseaux dans l'économie. Op.Cit*, p.13

[135] Direction générale de la Coopération internationale et du Développement, Afrique au Sud du Sahara : Mobiliser des ressources fiscales pour le développement, Economica, Paris, 2005, p 7

La seconde session porte sur la mobilisation des ressources financières pour la construction des infrastructures publiques en République démocratique du Congo.

Section 2 : La mobilisation des ressources financières pour la construction des infrastructures publiques en République démocratique du Congo

J'évoque l'aperçu sur la question des ressources financières intérieures en Afrique en général, les ressources internes pouvant être mobilisées en République démocratique du Congo aux fins de financements des infrastructures publiques, l'état des lieux de la mobilisation des ressources internes en République démocratique du Congo, la question des flux financiers illicites en République démocratique du Congo

Sous-section 1 : Aperçu sur la question des ressources financières intérieures en Afrique en général

Le rapport de la Commission économique pour l'Afrique (CEA) des Nations Unies soutient que l'Afrique est la région du monde où la croissance est la plus rapide, et sa transformation durable prochaine devrait lui permettre de hisser ses économies au niveau des pays à revenu intermédiaire. Trois conditions doivent être remplies pour atteindre cet objectif : (i) bonne gouvernance, institutions efficaces et de qualité ; (ii) politiques de développement appropriées ; et (iii) ressources techniques et financières disponibles, en vue de la mise en œuvre des programmes et projets de développement. L'insuffisance des ressources disponibles reste toutefois un problème majeur[136].

Le paradoxe de la situation, cependant, est que l'Afrique est riche en ressources naturelles et possède une énorme base de ressources financières potentielles qui, une fois bien canalisée, suffit pour satisfaire une partie importante des besoins de développement du continent, en particulier dans le domaine des infrastructures. Il est par ailleurs relevé qu'en dépit de son impact bénéfique qui dure dans le temps, l'aide publique au développement ne suffit pas à satisfaire aux besoins de développement de l'Afrique, et ne constitue pas non plus une voie assurée pour sa transformation. Le continent doit rompre avec le passé et rechercher les ressources intérieures. Il doit compter sur ses propres ressources financières intérieures pour trouver des solutions durables à ses besoins de financement en vue de son développement[137].

---

[136] Rapport de la Commission économique des Nations Unies pour l'Afrique, *Financements novateurs et transformation économique en Afrique,* Addis-Abeba, 2015, mars 2015, p.18

[137] Rapport d'études conjoint du NEPAD et de la Commission économique des Nations Unies pour l'Afrique, «*Mobiliser les ressources financières intérieures à l'appui de la mise œuvre des programme et projets nationaux et régionaux du NEPAD- l'Afrique compte sur ses propres ressources,* juin 2014, p.14.

En ce qui concerne la République démocratique du Congo, il est noté que son grand défi en matière de finances publiques est de réussir d'une part à mobiliser davantage de ressources internes pour le financement efficient de son développement économique et d'autre part à améliorer la gestion des finances publiques, la transparence puis l'obligation de rendre compte. Dotée d'un énorme potentiel de mobilisation de recettes à caractère minier, la République démocratique du Congo est l'un des potentiels de développement économique le plus important de l'Afrique. Cependant, il a été établi que ses recettes publiques totales ne représentaient que 14,1% du PIB. En outre, il a été fustigé la tendance des autorités à recourir de manière excessive à l'utilisation des procédures d'exception dans la gestion des dépenses publiques et à opérer la régularisation à posteriori[138].

Compte tenu de ces faiblesses, le gouvernement a amorcé depuis 2008 une réforme de la gestion des finances publiques. Il s'est doté en 2010 d'un plan stratégique de réforme des finances publiques (PSREFP), mis en place le Comité d'orientation de la réforme des finances publiques (COREF) et a adopté en juillet 2011 une loi organique relative aux finances publiques (LOFIP), innovante, introduisant le budget axé sur les résultats. La mobilisation des ressources internes demeure la principale préoccupation du Gouvernement.

Il a été mis sur pied un Projet d'Appui à la mobilisation des ressources internes et Modernisation des Finances publiques (PAMRIM-FP) dont l'objectif est la mobilisation accrue des ressources internes et le renforcement de l'obligation de rendre compte. Son objectif spécifique est d'une part de poursuivre la mise en œuvre des réformes fiscales engagées par le Gouvernement et, d'autres parts de consolider les acquis des interventions des bailleurs des fonds.

Sans nous étendre sur ces différentes réformes, il nous parait utile de relever les données fondamentales susceptibles d'appuyer une dynamique de mobilisation des ressources intérieures.

La capacité d'un pays ou d'une région à mobiliser ses ressources financières intérieures pour mettre en œuvre des programmes et projets de développement est déterminée par la taille des activités économiques qu'il génère, sa croissance économique, sa capacité à lever et à gérer les recettes fiscales et l'efficacité de son système financier. Les activités économiques sont tirées par des investissements publics et privés, qui reposent sur l'épargne mobilisée par le système financier, et la taille de l'espace budgétaire créé par le

---

[138] Rapport et recommandation de la Direction du Groupe de la Banque au Conseil d'administration concernant le Don à la République démocratique du Congo pour le Projet d'Appui à la Mobilisation des Ressources Internes et à la modernisation des Finances publiques, P.4.

secteur public, qui est également déterminée par la performance de la croissance économique[139].

Il m'apparaît important de signaler les ressources internes pouvant être mobilisées en République démocratique du Congo aux fins de financements des infrastructures publiques.

Sous-section 2 : les ressources internes pouvant être mobilisées en République démocratique du Congo aux fins de financements des infrastructures publiques

Il existe plusieurs catégories de ressources publiques : certaines sont permanentes et d'autres temporaires. On distingue deux catégories de ressources permanentes : d'une part, on a les ressources fiscales dont l'impôt ; et, d'autre part, les ressources non-fiscales qui sont constituées par (i) les ressources domaniales ; (ii) les taxes administratives et judiciaires et (iii) la parafiscalité. A part ces ressources, l'Etat peut recourir à des ressources dites temporaires au cas où les ressources permanentes s'avèrent insuffisantes. Parmi les ressources temporaires, on classe le trésor public, l'emprunt et également l'émission monétaire. La dernière catégorie de ressources, dites exceptionnelles, proviennent des appuis financiers et autres interventions financières des bailleurs de fonds bilatéraux et multilatéraux. Cette dernière catégorie sera abordée dans le chapitre III. Dans le cadre de cette section, nous allons essentiellement parler des ressources publiques[140].

§ 1 : Les ressources permanentes

De façon globale, on distingue deux catégories de ressources permanentes, à savoir : (i) les ressources fiscales et (ii) les ressources non fiscales.

L'impôt est la principale ressource fiscale. Il est la principale source de revenu dans un Etat. L'évolution de l'impôt est liée à celle de l'Etat. La diversité de types d'impôts autant que leur importance quantitative en ont fait un moyen efficace d'interventionnisme étatique dans la société.

L'impôt est défini comme une prestation pécuniaire requise des contribuables d'après leurs facultés contributives et qui opère, par voie

[139] Rapport d'études conjoint du NEPAD et de la Commission économique des Nations Unies pour l'Afrique, op. cit, p.15

[140] G. BAKANDEJA WA MPUNGU, *Les finances publiques : pour une meilleure gouvernance économique et financière en République Démocratique du Congo,* Larcier, Bruxelles, p.71

d'autorité, un transfert patrimonial définitif et sans contrepartie déterminée, en vue de la réalisation des objectifs fixés par la puissance publique[141].

Il ressort de cette définition 3 éléments essentiels caractérisant l'impôt, à savoir : (i) acte de puissance publique ; (ii) prélèvement opéré sur la propriété et (iii) imposition dans un but d'intérêt général.

L'impôt doit satisfaire aux principes de rentabilité, légèreté, égalité et extériorité[142]. En ce qui concerne le principe de rentabilité R. Muzellec et M. Conan précisent que l'impôt doit être d'abord productif. Pour cela, on interdit les exemptions, on évite les exonérations ou les abattements, on rend la fraude difficile, l'impôt invisible (préférence pour les impôts indirects) ; on réduit les coûts de recouvrement en choisissant des impôts dont l'assiette est aisément contrôlable.

Sans vouloir nous étendre sur les notions théoriques essentielles liées au droit fiscal, notamment la classification des impôts ainsi que la procédure d'imposition nous allons faire un état de lieux de la mobilisation de ressources interne en République démocratique du Congo et ce, après avoir brièvement mis en exergue les différents rôles et fonctions de l'impôt.

J'évoque les ressources temporaires au point suivant.

§ 2 : Les ressources temporaires

L'Etat peut recourir à des ressources dites temporaires au cas où les ressources permanentes s'avèrent insuffisantes. Pour rappel, nous avons relevé que les ressources temporaires sont constituées par le Trésor Public et l'emprunt public. La distinction du Trésor et de l'emprunt est celle du court terme pour le premier et du long terme pour le second. L'emprunt et le Trésor ne fournissent pas seulement une anticipation de recettes ; ils assurent le financement de l'impasse budgétaire (différence entre les dépenses totales et les recettes fiscales et domaniales).

A. Le Trésor public

Le Trésor public a pour rôle d'assurer la distribution des fonds dans l'espace et dans le temps. Généralement, le Trésor a pour mission d'opérer l'exécution des encaissements et décaissements et de veiller à l'existence de disponibilités suffisantes pour faire face aux exigences de l'Etat. Pour cela, il bénéficie de l'unicité de caisse. Tous les fonds détenus par les comptables publics sont réunis sur un compte courant unique auprès de la Banque centrale et qui sert à payer l'ensemble des dépenses de l'Etat[143].

---

141 BELTRAME P, « la fiscalité en France » Paris, Ed. Hachette, 9ème édition, 2003, citée par G. Bakandeja, *Op.Cit*, p73

142 R. MUZELLEC et M. CONAN, *Op. Cit, p.63.*

143 G. BAKANDEJA, *Op. Cit,* p.123

La Trésorerie consiste à aménager les ressources dans le temps, de façon à les faire correspondre aux dépenses. Par des emprunts, on anticipe des ressources futures pour faire face immédiatement à des dépenses ; par des épargnes, on conserve des ressources passées pour faire face à des dépenses futures. Le Trésor a par ailleurs une fonction bancaire très importante. En effet, étant donné la masse des deniers qu'il collecte, celui-ci a la possibilité de les utiliser à d'autres fins que le paiement des dépenses publiques. Le Trésor agit comme un banquier en fournissant des capitaux ou en octroyant des avantages à des entreprises dont ils vont assurer le développement.

Le décret n°18/025 du 11 juillet 2018 fixe les modalités d'émission et de remboursement des bons du Trésor et obligations du Trésor. Il en ressort clairement que l'Etat congolais peut émettre des titres représentatifs d'emprunts publics appelés bons du Trésor et obligation du Trésor. Le Ministre ayant les finances dans ses attributions publie, au début de chaque année, un programme annuel d'émission prévoyant une estimation du volume global des émissions arrêtées dans le cadre de la loi de finances, il diffuse également au début de chaque trimestre, un calendrier trimestriel des adjudications. Ce calendrier est actualisé en cas de besoin (articles 1 et12).

Face à la faiblesse de la mobilisation des recettes, l'exécutif national lance les bons de Trésor pour diversifier ses sources de financement afin de faire face à ses dépenses publiques toujours élevées. Il en a été ainsi au début de l'année 2022. En effet, suivant le communiqué du Ministre des Finances publié par l'Agence Congolaise de Presse (ACP) le 14 février 2022, le Gouvernement RD. Congolais entendait lever sur le marché financier intérieur 430 milliards de CDF soit 215 millions USD à travers les bons de trésor entre février et mars 2022, selon un calendrier des émissions des bons de trésor indexes, publiés. Selon la note de conjoncture de la Banque Centrale du Congo citée par ledit communiqué, les obligations du Trésor indexées en dollar lancées le 1er février 2022, pour un montant proposé de 150 milliards de CDF, les soumissions des banques ont atteint 165 milliards de CDF, soit un taux de couverture de 110%, et le montant retenu a été de 105 milliards (52,5 millions).

Il y a lieu de relever que le gouvernement de la République démocratique du Congo a emprunté en date du 18 juillet 2022, au titre d'une émission des obligations du Trésor, la somme de 51,17 milliards de Francs congolais, soit plus de 25,58 millions USD au profit de la Banque centrale du Congo (BCC). Cette opération ayant une maturité de deux ans, son échéance court jusqu'au 18 juillet 2024[144].

[144] www.tsieleka.com 2022/07 République démocratique du Congo-le-go

B. Les emprunts publics

Comme indiqué plus haut, l'impôt est le procédé normal de financement des dépenses publiques. Mais il s'avère quelques fois insuffisant. Aussi, l'Etat peut-il être amené à assurer le financement de dépenses publiques au moyen des emprunts.

L'emprunt se distingue de l'impôt par son caractère contractuel et non obligatoire. L'Etat se procure des ressources sans utiliser la contrainte mais uniquement par l'engagement qu'il prend auprès des souscripteurs[145].

L'emprunt comme facteur de mobilisation de l'épargne

Au niveau macroéconomique, l'emprunt permet à l'Etat de diriger l'épargne vers les secteurs plus productifs de l'Economie. Cette épargne peut être utilisée dans les entreprises publiques ou privées selon les techniques de transfert notamment les subventions.

Au niveau de la microéconomie, les souscripteurs placent avantageusement leur épargne. Les intérêts et avantages permettent une fructification de leur capital. Pour recourir à l'emprunt, il faut qu'il soit techniquement possible, c'est-à-dire que l'Etat trouve des prêteurs. Cela suppose deux choses :

- Qu'il existe une épargne disponible ;
- Que cette épargne soit disposée à s'orienter vers l'emprunt public.

L'exécution des travaux publics sur ressources extraordinaires

On peut concevoir des travaux extraordinaires exécutés sur base de crédits du budget extraordinaire qui autorisera, de ce fait, les emprunts nécessaires.

A l'époque coloniale, des lois spéciales intervenaient, telles que la loi du 21 aout 1921 sur l'exécution des grands travaux, confirmée par une loi de 1926, et la loi de 1952 sur l'exécution du plan décennal[146].

La loi du 21 aout 1921 autorisait des travaux publics sur ressources extraordinaires, particulièrement concernant les transports. Elle habilitait le Ministre des Colonies à émettre des obligations de la Dette publique Congolaise à concurrence d'un premier capital de 300 millions de francs. Des arrêtés royaux devaient déterminer la date et les conditions des émissions. Le rapport annuel

[145] G.BAKANDEJA, *Op. Cit*, 9. 125

[146] Th. HEYSE, *Congo belge et Ruanda-Urundi,* Notes de Droit public et commentaires de la Charte coloniale, Bruxelles, 1952

aux chambres devait contenir un exposé des travaux exécutes sur les crédits accordés et un aperçu des travaux et dépenses à engager dans le cours de l'exercice suivant.

La loi du 8 janvier 1926 permettait de poursuivre l'exécution des travaux publics et autorisait le Ministre à émettre des obligations de la Dette publique congolaise à concurrence d'un capital de 500 millions de francs. Les crédits étaient repris par annuités aux tableaux des Budgets extraordinaires. La même loi autorisait le Ministre à faire apport à une société à responsabilité limitée du droit d'exploiter pendant cinquante ans, l'or et les substances précieuses dans l'étendue des territoires concédés à la Régie des Mines du Haut-Ituri.

La loi du 27 mai 1952, autorisait le Ministre des Colonies à exécuter le Plan décennal, sur ressources extraordinaires, pour le développement économique et social du Congo belge. Ce programme s'étendait à neuf domaines énumérés par l'article premier de cette loi, à savoir : 1°) transports ; 2°) logements des indigènes ; 3°) équipement scientifique et services publics ; 4°) approvisionnement en eau ; 5°) électrification ; 6°) enseignement ; 7°) hygiène ; 8°) immigration et colonat et 9°)agriculture.

L'emprunt suppose qu'une certaine catégorie de citoyens soit disposée à renoncer à consommer une partie de leurs revenus et à l'épargner. Il faut donc qu'il y ait possibilité d'épargner. Cela suppose que les prêteurs éventuels disposent d'un revenu suffisant ; car si leurs ressources ne dépassent guère leurs besoins calculés de façon large, en y incluant les loisirs normaux, ils ne pourront pas soustraire une partie pour souscrire à l'emprunt.

La nécessité d'une épargne bien disposée

Il ne suffit pas qu'il existe une épargne disponible, il faut aussi qu'elle soit décidée à s'investir en emprunts publics. En effet, pour que le souscripteur réalise une opération de placement de son capital, il faut qu'il trouve des avantages certains en prêtant à l'Etat, ceux-ci doivent être au moins équivalents à ceux des placements privés.

Deux éléments entrent en ligne de compte à cet égard : la sécurité du placement et son apport. En matière d'emprunt public, c'est le premier élément qui est essentiel car le souscripteur n'est pas un spéculateur. L'avantage essentiel qu'offre l'Etat c'est la solvabilité, donc la sécurité du placement. Mais, cette solvabilité n'est réelle que si la valeur de la monnaie est stable. En réalité, on ne peut prêter à l'Etat que lorsqu'on a confiance en ses dirigeants.

A propos de cette question portant sur le financement du budget par l'emprunt local, il convient de noter que le gouvernement avait levé 36 milliards de CFD (21 millions USD au taux budgétaire moyen annuel de 1684 CDF le dollar américain) sur ces deux lots des Bons du Trésor d'une valeur globale de 50 milliards de CDF. Sur un des lots, le ministre des Finance a renseigné un taux de couverture de 32% du montant en adjudication sur les 6 mois d'échéance et un taux de 9%.

Pour Nico Minga, consultant en développement Afrique centrale[147] « ces très faibles performances interpellent et démontrent sans surprise que l'Etat congolais éprouve de grandes difficultés à lever des fonds considérables sur le marché intérieur. Ces modiques chiffres trouvent leur explication dans les faiblesses structurelles, le manque de confiance en l'émetteur et autres caractéristiques improductives du système financier congolais. Le Ministre des Finances et la Banque Centrale devraient tirer les conséquences de ces résultats et s'accorder sur les réformes visant l'amélioration du profil économique et financier de la République démocratique du Congo. Cette dynamique conjointe viserait notamment l'amélioration des données fondamentales de notre économie qui doivent être aussi fiables, précises que fidèles à l'économie réelle. Ce débat semble très intéressant mais il est souvent évité par ignorance ou par absence d'ambitions. Le financement obligataire ou l'emprunt public local est à ce jour une pratique plutôt établie. Il sert à financer des investissements prévus par le budget : acquisitions durables ou immobilisations importantes ».

« Cependant, avec tous les détournements, vols, gabegies financières et autres irresponsabilités encore observées dans la gestion courante du pays, toute masse empruntée ne servirait qu'à couvrir le déficit d'énormes frais de fonctionnement, servir la dette ou financer les dépenses imprévues, sans réel effet d'entrainement sur les différents secteurs de l'économie ».

« Le secteur public est le premier investisseur local et à ce titre, il devient urgent que nous élaborions d'abord un plan de développement sérieux avec des priorités nationales clairement définies et exprimées dans le temps. Les projets concrets identifiés et autres gros ouvrages serviraient de véritables leviers à d'autres projets et secteurs pour justement avoir cet effet d'entrainement dans la création extensive de la richesse par le travail ».

« Le financement des grands projets à réaliser par les opérateurs économiques locaux permettra également de sédentariser ces capitaux, résorber le chômage et créer une véritable dynamique économique locale. Nous faisons allusion aux projets structurants tels que les infrastructures de communication, l'agro-industrie et l'énergie. Le saupoudrage que nous avons connu dans un passé et la gestion hasardeuse des urgences actuelles semblent uniquement inspirer de beaux discours récités au Parlement et à la télévision ».

« Notons tout de même quelques observations liées à notre cadre macro-économique, au faible taux d'autofinancement de l'Etat mais également de la notation des prêteurs. Quelles sont les ambitions traduites dans la combinaison de produits structurés proposés ? En cas des taux variables, avons-nous une maîtrise de critères d'indexation prévisibles pour éviter les risques de dérapages (financiers) pour un pays qui est déjà déficitaire, avec une inflation qui semble difficile à

[147] www.politico.cd » Grand angle/2020/06

contenir ? Il se trouve que ces titres publics sont libellés en monnaie locale, émis à taux fixe, à échéance courte et sans indexation sur l'inflation aux investisseurs et pourraient en dissuader plus d'un ».

« Compte tenu des enjeux et besoins réels, les prêteurs sont-ils prêts à prendre plus de risques dans la durée ou ils sont encore frileux, privilégiant le cours terme. Il n'y a donc pas de rendement élevé sans risque et nous préconisons bien entendu des échéances lointaines, au moins 10 ans et bien plus sur des projets de grande envergure. Cette durée implique forcement une relation de confiance qui fait défaut entre les prêteurs et les emprunteurs ».

« L'expérience de certains pays d'Amérique latine offre de nombreux exemples qui démontrent que les marchés intérieurs peuvent financer le développement sans emprunt sur les marchés extérieurs. Mais avec un total chiffré à 8,5 milliards de dollars US pour toutes les institutions en 2019, avons-nous réellement la capacité de répondre localement aux besoins financiers de développement de ce pays ? »

« Le Congo est un marché de plus de 80 millions d'habitants, avec une jeunesse entreprenante, autant de ressources naturelles, une forte demande d'investissement et des conditions très favorables avec un taux d'intérêt ailleurs négatif, on pourrait aussi bien créer une demande et susciter l'intérêt auprès d'épargnant par des incitants attractifs. Il doit sûrement y avoir une clé ou plusieurs verrous cachés à nos brillants cerveaux, ils nous empêcheraient de développer ainsi le marché local ».

Les lignes suivantes portent sur l'état des lieux de la mobilisation des ressources internes en République démocratique du Congo

Sous-section 3 : Etat des lieux de la mobilisation des ressources internes en République démocratique du Congo

Parmi les objectifs de tout Etat moderne, le développement économique occupe une place primordiale. L'atteinte de cette fin exige la mobilisation d'importants moyens financiers par les pouvoirs publics. C'est à ce titre que les régies financières ont pour vocation la collecte des ressources publiques destinées à financer le processus de développement.

En République démocratique du Congo, il existe trois régies financières dont la mission consiste à lever les ressources nécessaires à la production de biens et services publics : (i) la Direction Générale des Impôts, DGI en sigle, chargée de percevoir les impôts intérieurs (recettes fiscales) ; (ii) la Direction Générale de Douanes et Accises, DGDA en sigle, chargée de percevoir les droits de douane (recettes douanières) ; et (iii)la Direction Générale des Recettes

Administrative, judiciaire, domaniale et de participation, DGRAD en sigle, chargée de percevoir les taxes (recettes non-fiscales) [148].

La mise en œuvre du programme du gouvernement de la République démocratique du Congo dépend largement de la mobilisation de ressources par le Trésor Public. Sans les ressources nécessaires, même avec toute la volonté du monde, il serait difficile pour un gouvernement de mettre en œuvre des politiques publiques et d'engager le pays sur la trajectoire de développement. Or le ralentissement de la croissance économique et la forte instabilité politico-institutionnelle que connait la République démocratique du Congo depuis 2016 s'accompagne par des fortes contreperformances en termes de mobilisation des ressources. Cette situation s'est beaucoup accentuée avec l'avènement de la pandémie de Covid-19 en 2020. La croissance qui était décroissante depuis 2016, s'est située à son plus bas niveau en 2020 (1,7%) depuis une décennie. Ce ralentissement économique a eu comme corolaire l'amenuisement de l'espace budgétaire. La pression fiscale qui se situait à 14,3% en 2014 s'est établie à 6,7% en 2020[149].

Dynamiques récentes des recettes publiques internes.

En 2021, l'espace budgétaire de la République démocratique du Congo s'est élargi à la suite d'un rebondissement de sa croissance économique confortée par une remontée des cours mondiaux des matières premières dont ceux du cuivre et du cobalt.

En dépit de la part significative du secteur extractif (Mines et hydrocarbures) dans la croissance du PIB (±50 % de 2002 à 2020), la contribution de ce secteur dans les recettes douanières et accisiennes est négligeable du fait des exonérations prévues par le Code minier, les conventions pétrolières et les contrats de partage des productions pétrolières. Toutefois, la faible contribution du secteur des mines sur le plan douanier ne porte que sur l'exploitation artisanale des produits miniers marchands. Quant aux amendes et pénalités, elles ne prennent pas en compte les différents redressements effectués au titre des droits éludés, qui sont dilués dans l'ensemble des recettes. Cette structure budgétaire des recettes ne permet pas de bien cerner l'activité contentieuse et de bien apprécier son efficacité à partir du seuil de 5 % des prévisions des recettes généralement admis sur le plan international.

Les recettes collectées ne reflètent pas le potentiel fiscal des recettes encadrées par la DGDA dont une part significative est grevée des exonérations et de l'activité sous exercée en matière de contentieux et de recouvrement. Les

---

148 CONGO CHALLENGE, Performances apparentes des régies financières dans la collecte des recettes publiques en République démocratique du Congo, juin 2022.

149 MINISTERE DES FINANCES, *Mobilisation des recettes publiques internes en République démocratique du Congo: Difficultés, défis et pistes de solution,* Congo Challenge, avril 2022, p.9

exonérations accordées en 2018, 2019 et 2020 ont occasionné un manque à gagner d'une moyenne de 99,16 % des recettes réalisées, soit une moyenne de 2,34 % du PIB pour les trois années concernées. En isolant les exonérations accordées dans le cadre des privilèges diplomatiques et assimilés, les exonérations accordées de 2018 à 2020 ont occasionné des pertes des recettes d'une moyenne de 87,07 %, soit une moyenne de 1,96 % du PIB pour les 3 années.

A la fin de l'année 2021, la pression fiscale s'est établie à plus ou moins 10 %, soit un accroissement de 3 points de pourcentage. Certes, quelques réformes ont été menées au niveau des administrations financières pour qu'il en soit ainsi mais il reste encore beaucoup à faire. Pour rattraper la moyenne subsaharienne, il faudrait encore accroître la pression fiscale de 7 points. Aussi, il faudrait que la performance ne soit pas que le fait de la conjoncture[150].

Il est à noter que le ratio impôts/PIB en République démocratique du Congo avait diminué de 0,1 points de pourcentage entre 2018 et 2019, passant de 7,6% en 2018 à 7,5% en 2019. En comparaison, la moyenne des 30 pays africains figurant dans la publication a augmenté de 0,3 point de pourcentage sur la même période, et s'élevait à 16,3% en 2019. Depuis 2010, la moyenne des 30 pays africains a augmenté de 1,8 point de pourcentage entre 2010 et 2019, passant de 14,8% en 2010 à 16,6% en 2019. Au cours de la même période, le ratio impôts/PIB en République démocratique du Congo a diminué de 1,0 point de pourcentage de 8,5% à 7,5%. Le ratio impôts/PIB en République démocratique du Congo était de 10,7% en 2012, et le ratio le plus bas était de 0,6 % en 2000[151].

La République démocratique du Congo a enregistré une bonne performance dans la mobilisation des recettes au cours de l'année 2022, performance qui a été salué par le Président de la République lors de la 73ème réunion du conseil de ministre. Pour le Gouvernement RD Congolais, même si la pression fiscale n'est pas encore optimale au regard des standards internationaux, elle se rapproche de plus en plus dc la moyenne africaine de 15 à 16 %. Ainsi, le Gouvernement entend dépasser cette moyenne et atteindre rapidement au moins 20%, en faisant de l'élargissement de l'assiette fiscale et en digitalisant la taxe sur la valeur ajoutée.

Il est vrai que ces performances constituent une opportunité pour le pays de réaliser des actions à caractère socio-économique. Ces actions devront normalement se traduire par « un accroissement des dépenses infrastructurelles et sociales au profit de la population avec une emphase sur les infrastructures de transport et celles de production et de distribution d'énergie ; une exécution des

---

150 MINISTERE DES FINANCES, *Op Cit*, pp. 45-46

151 UNION AFRICAINE–OCDE, *Statistiques des recettes publiques en Afrique* 2021-République démocratique du Congo

dépenses basées sur une planification et une programmation qui assurent une traçabilité et une transparence reflétées dans la comptabilité publique.

Ainsi, les membres du Gouvernement concernés ont été chargés de profiter de cette opportunité pour finaliser de nombreux projets d'investissements dans la construction des infrastructures structurantes, pour le développement humain et la relance des entreprises publiques, qui souffraient encore de manque de financement. Il a été donc fait mention de la construction du barrage du Grand Katende, du Chemin de fer Kinshasa Matadi, de la réhabilitation des Groupes G24 et G25 du Barrage d'Inga, de l'asphaltage de la route Kananga-Kalamba-Mbuji-Mayi, de l'aménagement des zones économiques spéciales.

Parlant de la construction et/ou reconstruction des infrastructures publiques, il est important de souligner que traditionnellement son financement est assuré par l'Etat à travers les crédits budgétaires. Pour ce faire, il est important que l'Etat fasse de l'accroissement de recettes son cheval de bataille.

Or, il est constaté en République démocratique du Congo qu'en dépit de l'accroissement de recettes, le budget de l'Etat congolais connait un problème sérieux lié notamment à l'accroissement des dépenses publiques. En plus de cet accroissement, il est décrié l'aggravation des pratiques de corruption, l'affaiblissement des institutions à caractère social et l'incapacité du gouvernement à mettre en œuvre les politiques publiques. Ce qui occasionne les déficits budgétaires qui anéantissent les efforts conjugués par le gouvernement dans l'amélioration de la gouvernance des finances publiques. D'où la nécessité de mettre en place des réformes adéquates pour d'une part, accroitre la capacité de mobilisation de recettes et d'autre part, rationnaliser les dépenses publiques afin que ces dernières s'équilibrent avec les recettes réalisées par les différentes régies financières.

A titre d'illustration, on note que les statistiques révèlent une baisse de 20,57% des recettes collectées entre novembre et décembre 2021, passant ainsi de 973 114 millions de CDF à la clôture de novembre 2021 à 772 905 millions de CDF à la quatrième semaine du mois de décembre 2021. On peut donc constater que les recettes fiscales (DGI et DGDA) qui représentent près de 80% de recettes publiques ont baissé comparativement au mois précédent. Pour ce qui concerne les dépenses publiques, elles ont connu une augmentation sensible de 12,80% entre novembre et décembre 2021. Ces dépenses sont passées de 911 930 millions de CDF à 1 028 669 millions de CDF entre la clôture de novembre 2021 et la quatrième semaine de décembre 2021. Comme pour le mois précédent, les dépenses en capital ont occupé une très faible proportion à la quatrième semaine de décembre 2021, soit 2,88% comparées aux dépenses totales.

Il se constate que les dépenses publiques sont plus affectées à la consommation (résidences, véhicules, loisirs, …) y compris les salaires des institutions et organismes publics. Une telle affectation des ressources est contre-productive du fait de la faible importance accordée à l'investissement qui est l'un des moteurs principaux de la croissance et du développement économique.

La question des flux financiers illicites en République démocratique du Congo a une telle dimension qu'il convient de le souligner dans les pages suivantes.

Sous-section 4 : La question des flux financiers illicites en République démocratique du Congo

La République démocratique du Congo, à l'instar de la majorité des pays africains, a besoin d'importantes ressources financières pour assurer la mise en œuvre des objectifs de développement durable et lutter contre la pauvreté qu'elle connait depuis de lustres. Pour ce faire, comme nous l'avons vu plus haut, il est nécessaire de mobiliser les ressources financières nationales, afin que le pays soit en mesure de financer ses projets tendant au développement socio-économique.

Cependant, il s'avère que l'effort déployé pour la mobilisation des ressources publiques est de fois mis à mal du fait des flux financiers illicites qui échappent au Trésor public.

Les flux financiers illicites sont généralement définis comme étant les mouvements transfrontaliers de fonds qui sont gagnés, transférés et/ou utilisés de manière illégale. En 2015, le Groupe de haut niveau sur les flux financiers illicites en provenance d'Afrique, dirigé par l'ancien président Sud-africain Thabo Mbeki a présenté un rapport qui a mis en lumière le problème de FFI. Cette définition recouvre une gamme importante d'activités illégales notamment, la fausse facturation commerciale, l'évasion fiscale et la corruption.

Il est établi que Lcs flux financiers illicites privent le Trésor public des ressources nécessaires au financement des dépenses de développement. Les conclusions du rapport confirment que ces flux financiers sont considérables en Afrique et ne cessent de croître avec le temps. Réduire les flux financiers illicites est donc un moyen de doter les pays africains de fonds supplémentaires pour exécuter l'Agenda 2063 et atteindre les objectifs de développement durable.

Ce Groupe de haut niveau avait également fait effectuer des études par pays des flux financiers illicites en provenance d'Afrique afin d'obtenir des données factuelles sur les phénomènes et ses manifestations. Le Groupe avait retenu six pays dont la République démocratique du Congo.

En ce qui concerne la République démocratique du Congo, il a été avancé que si l'on mesure la production annuelle au nombre de carats, la République démocratique du Congo est le deuxième producteur mondial de diamants c'est également le plus gros exportateur de minerai de cobalt. La conjugaison de cette abondance de ressources très recherchées et de luttes politiques récentes a fait de ce pays d'Afrique centrale celui qui est le plus touché par l'exploitation illégale de ses ressources naturelles. Plusieurs commissions congolaises et des groupes d'experts des Nations Unies ont étudié avec soin l'exploitation et l'exportation illégales des produits minéraux, qui dans certains cas financent les groupes armés que l'on trouve en République démocratique du Congo. La CEA estime actuellement que le PIB du pays dépasse un peu 57 milliards de dollars, avec un PIB par habitant de 854 dollars et une croissance moyenne du PIB de 6,4%. De plus, les conflits en République démocratique du Congo ont réduit le produit national et les recettes publiques et, même en situation de sortie de conflits, des années de flux financiers illicites sortant sans entrave de la République démocratique du Congo, continuent de peser sur les recettes publiques du pays. La République démocratique du Congo est donc un cas particulièrement pertinent dans la lutte contre les flux financier illicites car son secteur minier est considéré comme la base économique de la reconstruction du pays après un conflit[152].

Je parle des sources de flux financiers illicites, des questions spécifiques des flux financiers illicites dans le domaine des ressources naturelles.

§1 : Quelques-unes des sources de flux financiers illicites

A. Évasion fiscale

L'évasion fiscale est un problème mondial touchant les pays développés aussi bien que les pays en développement. Selon des estimations, la perte de recettes fiscales sur l'imposition des entreprises se situe, selon les variables étudiées, entre 500 et 650 milliards de dollars par an à l'échelle mondiale (Crivelli et al. 2015 ; Cobham and Janský, 2018).

Les principaux mécanismes d'évasion fiscale et de fraude fiscale sont la fausse facturation dans le commerce international, la manipulation des prix de transfert, le transfert de bénéfices et l'arbitrage fiscal.

En Afrique, un sixième des recettes publiques provient de l'impôt sur les sociétés (pour un total de 67 milliards de dollars en 2015) et, selon la plupart des estimations, le coût de l'évasion fiscale représente environ le dixième de ce total (Hearson, 2018). La part de l'impôt sur les sociétés dans les recettes publiques totales est plus élevée dans les pays africains que dans les pays de l'OCDE, du fait surtout que les pays africains ne sont pas à même de tirer autant de recettes des prélèvements salariaux.

---

[152] Rapport du Groupe de haut niveau sur les flux financiers illicites en provenance d'Afrique, *Flux financier illicites,* Addis-Abeba, 2004, p.19

Parlant d'une certaine manière des FFI, le professeur Luzolo Bambi Lessa, alors conseiller spécial du Chef de l'Etat en matière de la bonne gouvernance, la lutte contre la corruption, le blanchiment des capitaux et le financement de terrorisme a estimé que La République démocratique du Congo enregistre chaque année une fraude fiscale et des détournements des fonds évalués entre 10 à 15 milliards de dollars américains. Un montant de loin supérieur au budget de l'Etat qui est en deçà de 8 milliards USD. Cet état de choses ne peut en aucun cas faciliter le décollage socio-économique du pays.[153]

B. Corruption et comptes offshore

La Banque africaine de développement estime que la corruption fait perdre chaque année quelque 148 milliards de dollars à l'Afrique (AfDB, 2015). Des estimations prudentes, effectuées à partir de données de 2007 dans le cadre de l'Initiative pour le recouvrement des avoirs volés, indiquent que chaque année des agents publics volent de 20 à 40 milliards de dollars à l'État dans les pays en développement et les pays à économie en transition (van der Does de Willebois et al., 2011).

La corruption est phénomène commun à tous les pays, les riches comme les pauvres, les petits comme les grands, les chrétiens comme les musulmans, les africains comme les asiatiques, ceux du nouveau monde comme ceux de l'ancien. Bien qu'elle soit omniprésente, son intensité varie et il existe différents moyens de la mesurer[154].

Des analyses au niveau mondial montrent que dans de nombreux pays africains de 20 % à 30 % de la fortune privée est placée dans des paradis fiscaux (Global Financial Integrity, 2017 ; Zucman, 2014).

La Corruption en République démocratique du Congo

En République démocratique du Congo, la corruption présente des formes multiples, on parle notamment de la petite et de la grande corruption. Elle touche de nombreux secteurs, qu'ils soient publics ou privés. Ainsi, selon le panorama que dresse Marie Chene, coordonnatrice de Transparency internatioanal en République démocratique du Congo sévissent à la fois la corruption à petite échelle et la grande corruption impliquant un large éventail d'agents publics, allant des fonctionnaires subalternes aux membres les plus hauts placés du gouvernement[155].

---

[153] www.mediacongo.net » article-actualité-7, Evasion fiscale en République démocratique du Congo: une gangrène qui déstabilise et ruine l'Etat, 23 novembre 2020

[154] W. EASTERLY, *Les pays pauvres sont-ils condamnés à le rester ?,* Paris, Nouveaux Horizons, 2006, pp. 295-296

[155] OFRA, Information concernant la corruption en République démocratique du Congo, septembre 2016,

Les crises politiques à répétition, l'insuffisance des infrastructures, un cadre réglementaire sous-développé, le manque de capacité institutionnelle et la faiblesse de l'Etat de droit continuent d'entraver les perspectives de développement économique et créent un terrain propice à la corruption. Cette situation transparait dans les grands indicateurs internationaux de gouvernance. En 2008, le pays était classé 162ème sur 180 d'après « l'indice de perception de la corruption de Transparency International (IPC)[156].

Dans son ouvrage intitulé la corruption en République Démocratique du Congo, J. Kabongo Tunsala nous peint un tableau sombre de la corruption en République démocratique du Congo. Il y relève les pratiques de la corruption dans les administrations publiques de la République démocratique du Congo dans plusieurs domaines[157]. Parlant du domaine de finances publiques, l'auteur soutient que les administrations financières ainsi que les banques commerciales sont impliquées dans les pratiques de détournement des fonds publics. Elles falsifient les preuves de paiement, procèdent à des retentions des recettes dues au Trésor Public sans aucune justification.

Cette pratique qui s'étend à tous les domaines comme nous l'avons dit plus haut fait perdre à l'Etat d'énormes moyens financiers nécessaires pour son développement.

Quelles sont les questions spécifiques des flux financiers illicites dans le domaine des ressources naturelles ?

§2 Questions spécifiques des flux financiers illicites dans le domaine des ressources naturelles

Dans le domaine des ressources naturelles, les flux financiers illicites surviennent principalement par le biais de la corruption, de l'exploitation illégale des ressources et l'évasion fiscale. Les actes de corruption comprennent les pots de vin versés par les sociétés et l'argent détourné de la collecte de l'impôt et des affectations budgétaires. L'exploitation illicite des ressources se traduit par des flux financiers illicites lorsque les entreprises transfèrent les recettes de l'extraction ressources non autorisée. Enfin, l'évasion fiscale alimente les flux financiers illicites dans le secteur des ressources naturelles par le biais de la contrebande, de la falsification des prix de cession interne et autres.

Ces formes de flux financiers illicites ont des conséquences désastreuses sur les revenus de l'industrie extractive. Les redevances sont affectées par la sous-déclaration de volume, la sous-estimation de la valeur, la réduction des prix, l'étalonnage ou l'indexation, l'extorsion et le non-paiement des

[156] U4, Expert Answer Transparency international, *panorama de la corruption et de la lutte anti-corruption en République démocratique du Congo*,

[157] J. KABONGO TUNSALA, *La corruption en République Démocratique du Congo*, Paris, L'Harmattan, 2016, pp.31-41

redevances. En outre, les impôts sur les sociétés sont en baisse en raison de la falsification des prix de cession interne ou de facturation abusive, des exonérations fiscales ou des rabais injustifiés, des fausses déclarations des sociétés quant au volume ou à la qualité, du gonflement des coûts opérationnels et des détournements de fonds. Cette situation affecte le développement, alors que la plupart des pays sont incapables de maximiser leurs gains provenant des ressources naturelles, les fonctionnaires de l'Etat et les entreprises corrompues étant les bénéficiaires au détriment de la population en général[158].

Dans son rapport publié en mai 2016, Global Witness avaient décrié une série de contrats miniers suspects qui seraient signés entre 2010-2012. Il y est renseigné que dans chaque cas, des droits miniers sous-évalués-parfois vendus à moins de cinq pourcents de leur valeur de marché sont passés de l'Etat congolais dans les mains de propriétaires cachés de sociétés offshores. Les sociétés ou les actifs qu'elles détenaient auraient au final été achetés par d'énormes entreprises multinationales. La liste complète des bénéficiaires ultimes des ventes d'actifs n'était pas connue. Si l'Etat congolais avait directement traité avec les acheteurs (ENRC et Glencore) dans le cadre de ces contrats miniers, il aurait pu recevoir au moins 1,36 milliard de dollars de plus que ce qu'il a perçu à travers les ventes aux sociétés offshore de Gertler[159].

Les paradis fiscaux et les juridictions financières opaques

Les paradis fiscaux et les juridictions financières opaques serviraient de points de destination aux flux financiers illicites grâce à l'évasion fiscale et au blanchiment d'argent. Leur nature garantit l'opacité et la facilité d'enregistrement, qui est souvent mise à profit par les propriétaires d'entreprises utilisant de fausses sociétés comme écrans. En servant de point de destination des fonds, ces paradis fiscaux sapent les efforts visant à endiguer les flux financiers illicites en provenance d'Afrique, et peuvent encourager certains pays africains à devenir aussi des paradis fiscaux et des juridictions financières opaques.

Ce rapport de Global Witness renseigne que les paradis fiscaux britanniques ont joué un rôle de premier plan dans la facilitation de ventes secrètes des actifs miniers de la République démocratique du Congo. Dès 2011, un parlementaire britannique avait publié une liste de 59 sociétés écrans impliqués dans le secteur minier congolais : 47 d'entre elles avaient leur siège aux Iles Vierges Britanniques.

A la lumière de tout ce qui est dit plus haut au sujet du FFI, il est impérieux de combattre ces méfaits en bannissant la corruption et en

---

[158] Rapport de la Commission économique des Nations Unies pour l'Afrique, *Op.Cit,* p.47

[159] GLOBAL WITNESS, *Les paradis fiscaux britanniques et le milliard et demi de dollars disparu du Congo*, 2016

décourageant le recours aux paradis fiscaux, afin de garantir l'utilisation efficace et efficiente des ressources et le financement intérieur à long terme. Les flux financiers illicites doivent être recherchés ou récupérés afin qu'ils puissent être investis, économisés ou servir notamment à la réalisation des infrastructures publiques qui sont nécessaires au développement socio-économique de la République démocratique du Congo.

Pour ce faire, des efforts concertés avec des pays de destination doivent être déployés. L'approche juridique et financière doit être transparente et le régime international de recouvrement des avoirs intégré, dans le cadre d'un effort visant à freiner ces sorties et débloquer des ressources si nécessaire.

Je rappelle les ressources extérieures des financements des infrastructures.

Section 3 : Financement des infrastructures au moyen des emprunts extérieurs et/ou aides publiques au développement

La loi des finances publiques congolaises prévoit le recours aux emprunts et aides extérieurs comme mode de financement des dépenses publiques.[160] Il s'agit des ressources extérieures qualifiées d'exceptionnelles mobilisées généralement par le recours au financement des bailleurs de fonds extérieurs, qu'il s'agisse des Etats, des institutions financières internationales (Banque mondiale, Fonds monétaire international, Banque africaine de développement) et des organismes internationaux (Union Européenne, Programme des Nations unies pour le développement) qui financent les projets de développement[161].

Ces ressources extérieures sont composées de recettes exceptionnelles qui sont :

- Les tirages sur emprunts extérieurs ;
- Les dons et legs extérieurs courants pour les dépenses courantes ;
- Les dons et legs extérieurs projets pour les dépenses d'investissements.

§ 1 : L'emprunt extérieur

L'emprunt international constitue la principale ressource exceptionnelle en période de paix. Il traduit la solidarité entre les peuples et permet le partage des richesses de la planète.

Considéré dans une perspective nationale, l'emprunt permet à un pays de faire des investissements dépassant son potentiel d'épargne et d'avoir des importations supérieures à ses exportations. A supposer qu'ils financent des investissements productifs, les fonds supplémentaires doivent avoir un

---

[160] Article 34 de la Loi n°11/011 du 13 juillet 2011 relative aux finances publiques.
[161] G. *BAKANDEJA WA MPUNGU*, *Op. Cit*, p.152

rendement suffisant pour permettre le remboursement des intérêts et du capital au titre des premiers emprunts étrangers.

En effet, pour exécuter certains travaux publics, il arrive que les Etats concluent les accords de prêt avec les institutions financières internationales. Ainsi, comme nous l'avons vu plus haut, depuis 2001, les partenaires au développement, dont principalement la Banque mondiale, s'étaient engagés à octroyer à la République démocratique du Congo des ressources financières sous formes de dons et de crédits, destinés à accompagner le Gouvernement dans ses efforts ultérieurs de redressement de l'économie et à atténuer les effets sociaux d'un ajustement économique et financier drastique. Dans ce contexte, plusieurs infrastructures publiques sont réalisées sur financement de ces partenaires tant à titre de dons qu'à titre de prêt.

Endettement supportable

Le caractère supportable de l'endettement national dépend : (i) du montant de l'endettement du pays et (ii) de sa capacité à effectuer les paiements requis. Mais aucune de ces conditions n'est aussi directe qu'elle ne le semble à première vue. Deux méthodes permettent de réfléchir au montant de la dette d'un pays : le montant total de la dette et celui des paiements dus au cours d'une période donnée. On mesure habituellement le montant total de la dette par la somme de la valeur nominale de toutes les dettes en cours, mais le calcul peut induire en erreur si une proportion importante de l'endettement fait l'objet de subventions. Par exemple, l'Association internationale de développement (IDA) de la Banque mondiale qui, au sein de la banque, accorde des financements aux pays à faible revenu, prête à un taux d'intérêt simplement égal à 0,75 % des fonds remboursables en 40 ans. A l'évidence, un prêt de 100 millions de dollars américains accordé à ces conditions crée une charge bien moindre qu'un prêt du même montant remboursable en cinq ans et assorti d'un taux d'intérêt égal à 7%[162].

La mauvaise utilisation des fonds empruntés est à la base de la problématique du remboursement de la dette publique extérieure des pays en développement dont la République démocratique du Congo. Notre pays avait une dette extérieure évaluée à 13,9 milliards de dollars américains. Cette dette avait constitué un problème majeur ayant freiné le développement du pays en raison de l'incapacité de l'Etat à honorer ses engagements vis-à-vis des bailleurs de fonds. La dette extérieure elle-même comprenait :

- Le principal : 20% de l'ardoise ;
- Les intérêts et encours, 10% ;
- Les pénalités pour non-respects des échéanciers, 70%.

---

[162] *Idem*, p.252

Le 1er juillet 2010, les conseils d'administration de la Banque mondiale et du FMI avaient approuvé un allègement irrévocable de dette en faveur de la République démocratique du Congo au titre de l'Initiative renforcée en faveur des pays pauvres très endettés (PPTE). La République démocratique du Congo est le 26ème pays membre régional (PMR) du Groupe de la Banque à atteindre le point d'achèvement au titre de l'initiative PPTE et à pouvoir ainsi prétendre à un allègement de dette de 7 252 millions d'USD, en valeur actualisée (VA) de fin décembre 2002, dont 1 009,7 millions de la part du groupe de la Banque.

De l'analyse faite par ces services sur la viabilité et la sensibilité de ladite dette, il se dégage que l'allégement intégral de celle-ci au point d'achèvement a permis de réduire substantiellement le fardeau de la dette publique extérieure de la République démocratique du Congo. A la fin de 2010, la VA du ratio dette extérieure/exportations est ramenée de 185,5%, après l'allégement habituel de dette à 57,5%, à la faveur de l'allègement de la dette supplémentaire au titre des initiatives PPTE/IADM, y compris l'aide bilatérale au-delà d'aide PPTE.

Pour rappel, le montant total de l'allègement de dette consenti à la République démocratique du Congo au titre de l'Initiative PPTE était de 7 251,5 millions d'USD, en VA de fin décembre 2002. Ce montant était réparti comme suit : créanciers multilatéraux : 36,3% ; créanciers bilatéraux : 59,3% ; et créanciers commerciaux 4,3%. La part du Groupe de la Banque dans l'allègement de dette PPTE est de 1 009,7 millions de dollars américains (dont 888,4 millions d'USD pour la BAD et 121,3 millions pour le FAD), et représente 38,3% du montant de l'allègement de la dette multilatérale et 13,3% de l'allègement de dette total[163].

Le premier ministre honoraire de la République démocratique du Congo, monsieur Adolphe Muzito a expliqué dans une des tribunes qu'il a organisée comment la République démocratique du Congo, qui hier était pays pauvre très endetté, est devenue depuis 2010, pays pauvre sous endetté. En effet, d'après son explication, ayant pris conscience du retard enregistré par le pays sur la voie du développement, le nouveau pouvoir a, au début des années 2000, pris l'orientation nouvelle d'engager des reformes notamment sur le plan politique et économique. En ce qui concerne ce dernier point, il y a eu entre autres :

- l'ouverture du pays au système financier international et son entrée au programme économique et financier avec les institutions de Brettons Wood en vue d'un accompagnement pour l'assainissement de ses finances publiques ;

[163] Parmi les créanciers bilatéraux le document fait une distinction entre ceux du Club de Paris et les créanciers bilatéraux officiels. Quant aux Créanciers commerciaux, l'augmentation du stock de la dette commerciale à hauteur de 337 millions d'USD fait suite à l'inclusion des créances non prises en compte auparavant dans la Banque de données du point de décision.

- la création des conditions d'une meilleure mobilisation des ressources extérieures pour un ambitieux programme de construction des infrastructures.

Le gouvernement a ainsi renforcé et consolidé ses relations avec les Institutions de Brettons Wood pour accéder au financement des partenaires traditionnels et des pays émergents dont la Chine et l'Inde. Le gouvernement congolais était conscient que les pays riches d'aujourd'hui notamment les USA, la France, le Royaume Uni, l'Italie, la Belgique ont construit leur développement en s'appuyant non pas seulement sur leur fiscalité, mais aussi et surtout sur le produit de la dette publique ; la fiscalité ayant été utilisée principalement comme levier de remboursement de ladite dette. Ainsi, aujourd'hui la dette publique de ces pays représente presque les 100% de leurs PIB alors que celle de la République démocratique du Congo représente 13% de son PIB.

A. Muzito expliquait que les USA ont une dette de près de 17.650 milliards USD, représentant le 110% de leur PIB qui est de 16.160 milliards USD ; la France a une dette de près de 2.400 milliards, représentant le 94% de son PIB s'élevant à 2.800 milliards USD ; le Royaume Uni a une dette de près de 2.400 milliards USD, représentant le 90 % de son PIB de 2.670 milliards USD. Tous ces pays ont construit leurs infrastructures, boosté leurs économies, leur croissance et réduit leur chômage avec le produit de l'emprunt, sur le marché financier internes et internationaux et très souvent en s'appuyant sur des déficits budgétaires.

De ce point de vue, il se dégage que le Gouvernement de la République démocratique du Congo peut, dans la mesure du possible recourir utilement à l'emprunt international en vue de développer des projets nécessaires pour le développement économique du pays. Elle se doit d'utiliser à bon escient l'argent emprunté en finançant des investissements productifs de sorte que les fonds supplémentaires aient un rendement suffisant pour le remboursement des intérêts et du capital.

Je note qu'à la fin de 2021, l'encours de la dette publique de la République démocratique du Congo s'est élevé à 7 385,02 milliards de dollars dont 4 867,98 milliards USD, soit 9 733,80 milliards de franc congolais, représentent la dette publique extérieure. L'endettement public congolais est principalement d'origine extérieure. La dette extérieure est essentiellement due aux créanciers officiels (96,41 %) notamment aux institutions multilatérales (69, 68% et aux partenaires bilatéraux (26,73%). En valeur nominale, il s'observe une hausse de l'encours de la dette publique entre 2020 et 2021, passant de 6 194,92 milliards USD à 7 385, 02 milliards, soit une variation de 19,21 %[164].

Que dire de l'aide publique au développement ?

§ 2 : L'aide publique au développement

Selon le Comité d'Aide au Développement (CAD) de l'OCDE, l'Aide Publique au Développement (APD) est l'ensemble des ressources fournies par les Etats industrialisés dans le but exprès de promouvoir le développement et d'améliorer les conditions de vie de la population dans les pays en développement.

Pour que l'aide extérieure soit admise comme une APD, elle doit répondre aux caractéristiques suivantes : (i) provenir d'organismes publics y compris des Etats et des autorités locales ou de leurs agences d'exécution ou d'organismes agissant pour le compte d'organisme publics ; (ii) être acheminée vers les pays ou les territoires en développement ou à défaut à une institution multilatérale qui sera chargée d'acheminer cette aide vers de tels pays, en leur octroyant des prêts à des conditions très préférentielles ; (iii) avoir pour but essentiel de favoriser le développement économique et l'amélioration du niveau de vie des populations dans les pays bénéficiaires ; (iv) prendre enfin, la forme de dons ou de prêts assortie de conditions de faveur (comportant un élément de libéralité d'au moins 25% du total) ou d'apports d'assistance technique[165].

De la lecture de ce qui précède, il se dégage que les prêts accordés aux pays en développement par les Etats industrialisés ou les institutions financières internationales sont considérés comme des APD, à l'instar de dons qu'ils octroient. Dans l'esprit de beaucoup, l'aide étrangère sert principalement à construire des infrastructures (routes ou barrages, par exemple) ou à dispenser un soutien d'urgence aux réfugiés, mais de fait elle poursuit fréquemment des objectifs plus divers. Pour l'essentiel, elle est conçue pour répondre à au moins l'un de quatre objectifs généraux, dans les domaines de l'économie et du développement :

- stimuler la croissance économique par la construction d'infrastructures, l'appui à des secteurs productifs comme l'agriculture ou l'apport d'idées et de techniques nouvelles ;
- promouvoir d'autres objectifs de développement, comme le renforcement des systèmes d'éducation, de santé et d'environnement ou des structures politiques ;

---

[164] Zoom-eco.net, République démocratique du Congo: à fin 2021, la dette publique s'est établie à hauteur de 7,3 milliards USD, rédaction du 7 octobre 2022.

[165] *Journal of Economics, Finance and Accounting Studies* (JEFAS), « impact de l'aide publique sur la croissance économique et la réduction de la pauvreté en République Démocratique du Congo », novembre 2021, p.1

- favoriser la consommation, dans des conditions de subsistance, de produits notamment alimentaires, en particulier dans des situations d'urgence faisant suite à des désastres naturels ou à des crises humanitaires ;
- contribuer à stabiliser une économie à la suite de chocs économiques.

Trois thèses générales s'expriment sur le rapport entre l'aide, la croissance et le développement. En premier lieu, certains observateurs estiment que l'aide favorise la croissance et le développement en ajoutant à l'investissement et aux réserves de capital, en contribuant aux transferts de technologies, en appuyant des programmes majeurs dans les domaines de la santé et de l'éducation et en renforçant la stabilité économique. En deuxième lieu, d'autres considèrent que l'aide n'a aucun impact sur la croissance, qu'elle pourrait saper en réduisant les incitations à la production privée, en favorisant la corruption, en élargissant les structures gouvernementales ou en créant une dépendance à son égard. En troisième lieu, certains soutiennent que l'aide fonctionne dans certaines conditions mais non dans d'autres, selon la politique et le contexte institutionnel du pays bénéficiaire, l'objectif de l'aide ou les pratiques et les procédures du donateur.

Selon une certaine thèse favorable à l'octroi de l'aide étrangère, les pays pauvres sont dans l'incapacité de générer des montants d'épargne interne suffisants pour financer les investissements nécessaires au démarrage de la croissance, ou, dans le cas contraire, ils n'ont les moyens de financer qu'une croissance très lente. Dans cette version la plus rigoureuse, cette thèse soutient que les pays les plus pauvres risquent de se trouver bloquer dans un piège de pauvreté, leur revenu étant trop faible pour générer l'épargne nécessaire au démarrage du processus d'une croissance soutenue. Une version plus modérée estime que les pays les plus pauvres peuvent être en mesure de collecter une épargne suffisante pour commencer à enregistrer une croissance, mais seulement à des taux extrêmement lents. Par la suite, les flux d'aide offrent un moyen d'augmenter l'épargne intérieure et d'accélérer le processus de croissance[166].

Les statistiques de l'aide recouvrent un ensemble relativement hétérogène d'actions en faveur des infrastructures de santé, d'éducation, d'habitat, d'accès à l'eau, de lutte contre la pauvreté, c'est-à-dire des domaines visés par les OMD, mais également aux domaines de l'organisation de l'Etat (gouvernance, justice, sécurité) et du soutien aux associations de la société civile. Avec le temps, on a assisté aux déclins des appuis aux secteurs productifs, notamment à l'agriculture, devenue le parent pauvre de l'aide, et au financement des infrastructures d'énergie, de transport et de communication[167].

---

[166] *Idem*, pp. 617-620

[167] Pierre JACQUEMOT, *Economie politique de l'Afrique contemporaine*, Paris, Armand Colin, 2013, p.278

La République démocratique du Congo a, depuis longtemps, bénéficié de l'aide au développement de la part des partenaires multilatéraux et bilatéraux, qui l'accompagnent dans ses objectifs de croissance économique et de réduction de la pauvreté. Entre 1960 et 1990, l'APD en direction de la République démocratique du Congo a connu un accroissement irrégulier certes mais réel. Elle est passée de 71,2 millions en 1960 à 715,3 millions USD en 1990. Elle a doublé en 2002-2003 à cause de la reprise de la coopération structurelle avec les institutions et elle a représenté en 2005, 40% du PIB (PNUD, 2010) après une tendance baissière observée de 1990 à1999. Elle a atteint un record historique de 5,526 milliards de dollars américains en 2011. Bien qu'elle ait connu une baisse depuis 2012, elle demeure très importante. Elle est estimée à plus de 2 milliards de dollars américains en 2018, soit près de 27 dollars d'aide par habitant.

Entre 2010 et 2018, la République démocratique du Congo a bénéficié de 8,5 milliards de dollars de donateurs multilatéraux dont les cinq grands donateurs ont été la Banque mondiale, l'Union Européenne, le Fonds mondial, la Banque africaine de développement et les Nations unies avec les versements effectifs représentant respectivement 43 %, 22,9%,12%, 10,7% et 8,6% du total des versement effectifs. Du côté bilatéral, on peut retenir le Royaume-Uni, les Etats Unis, la Belgique, la Chine et l'Allemagne comme grands donateurs bilatéraux avec respectivement 30,5%, 18,5%, 13,3%,8,1% et 6,8% de participation effective sur un montant de 6,7 milliards de dollars américains (ministère des Affaires étrangères,2020)[168].

En dépit de ces aides, force est de constater que beaucoup d'indicateurs socioéconomiques que cible l'APD ne connaissent pas une évolution favorable et significative en République démocratique du Congo. Le PIB par habitant est l'un de plus faible au monde (moins de 500 dollars américains) (PNUD, 2016 ; BCC, 2018 ; Banque mondiale, 2018). Entre 2015 et 2019, le nombre de personnes souffrant de l'insécurité alimentaire aigue est passé de 5,9 à 15,6 millions de personnes, soit une hausse de 164,40%. L'accès aux soins décents et à l'eau ainsi qu'à l'électricité est resté déficitaire pour la population congolaise. Le taux d'accès de la population à l'électricité est estimé à 6 % malgré son gigantesque potentiel hydroélectrique évalué à 13 % du potentiel mondial et dont la production est en très grande partie destinée à l'exportation. Seulement 22% de la population accède à l'eau potable, alors que son réseau hydrographique représente le ¼ des ressources en eau douce du continent africain.

L'équipe des consultants du Journal of Economics, Finance and Accounting studies, a analysé les effets de l'Aide publique au développement sur la croissance et la réduction de la pauvreté en République démocratique du Congo. Les résultats de leur étude ont démontré la forte dépendance de la

[168] *Journal of Economics*, « Finance and Accounting Studies (JEFAS) », *Op.Cit,* p.2.

République démocratique du Congo à l'APD. Celle-ci a théoriquement contribué positivement à la croissance économique et à la réduction de la pauvreté en République démocratique du Congo. Cependant, les observations directes sur terrains et de nombreux travaux soutiennent que la croissance économique cache encore beaucoup d'inégalités et de la misère dans la société congolaise.

Conclusion

Les observations ci-haut mentionnées mettent en relief les limites posées par les sources traditionnelles de financement du développement. Certes, il est reconnu que l'aide publique au développement a aidé les efforts de développement de la République démocratique du Congo. Nous avons vu au chapitre 6 de la deuxième partie du livre, portant sur l'apport d'autres partenaires multilatéraux dans la reconstruction de la République démocratique du Congo, qu'effectivement l'appui des bailleurs de fonds traditionnels de la République démocratique du Congo à la réalisation des projets tendant au développement socio-économique du pays n'est pas à négliger. Toutefois, au regard de l'immensité du pays qui a plusieurs défis à relever pour son développement, il se trouve que les besoins de la République démocratique du Congo en investissement et en financement nécessaire pour sa transformation exigent davantage des mécanismes plus élaborés pour obtenir les résultats escomptés.

En effet, à l'instar des plusieurs pays africains, la République démocratique du Congo a longtemps compté sur l'aide extérieur, qui n'est pourtant pas la source primordiale de financement des programmes de développement. Au vu des résultats obtenus avec l'aide publique au développement dont la République démocratique du Congo bénéficie, lesquels résultats comme nous l'avons vu plus haut n'ont pas conduit à la croissance inclusive en dépit de sommes injectées au pays depuis la reprise de la coopération multilatérale, il est important de trouver de nouveaux mécanismes financiers complémentaires pour parvenir à cette fin.

Il est admis que la transformation de l'Afrique en général et de la République démocratique du Congo en particulier doit, en un mot, reposer principalement sur les ressources financières mobilisées à l'intérieur des pays et s'appuyer, dans un deuxième temps, sur des sources externes, mais face à l'ampleur des besoins du pays en ressources financières et à l'étendue des priorités, notamment celui de la réduction des déficit élevés en matière d'infrastructure et d'énergie, qui est indispensable pour l'industrialisation du pays, les voix s'accordent qu'il faille développer de nouvelles formes de partenariat. Les pages suivantes portent sur le modèle de financement en évolution.

Chapitre 2

Le modèle de financement en évolution

Le présent chapitre a pour matrice le modèle de financement en évolution. J'évoque les partenariats public-privé, les formes de partenariats expérimentées dans le monde, les formes et nature juridique des contrats de partenariat public-privé en République démocratique du Congo, le modèle innovant du contrat de partenariat : les infrastructures financées par les ressources naturelles.

Section 1 : Les partenariats public-privé

Le Partenariat Public-Privé (PPP) est un concept qui s'est généralisé malgré l'absence d'une définition claire. Plusieurs définitions sont données au sujet de ce concept.

L'OCDE définit le PPP comme étant un accord entre l'Etat et un ou plusieurs partenaires privés (parmi lesquels figurent éventuellement les opérateurs et les financiers) en vertu duquel les partenaires privés fournissent un service selon des modalités qui permettent de concilier les buts de prestation poursuivis par l'Etat et les objectifs de bénéfice des partenaires privés, l'efficacité de la conciliation dépendant d'un transfert suffisant du risque aux partenaires (OCDE, 2008).

Dans le cadre de cette relation, l'Etat détermine la qualité et la quantité des services qu'il requiert de son ou ses partenaires privés. Celui-ci peut être chargé de concevoir, de construire, de financer, d'opérer ou de gérer un actif en capital pour fournir un service au gouvernement ou directement à l'usager final. En outre, le partenaire privé peut recevoir soit des flux de paiement de l'Etat soit des charges prélevées directement, ou bien une combinaison des deux. Tout paiement du gouvernement dépend du respect par le partenaire privé des termes par lesquels le premier a défini la qualité et la quantité de service (OCDE, 2011)[169].

Selon le Fonds monétaire international (FMI 2006, p.1 et 2004, p.4), l'expression partenariat public-privé (PPP) se réfère à des formules dans

---

[169] OCDE, Les Partenariat Public-Privé dans la région MENA : Manuel pour les décideurs publics, p.24

lesquelles le secteur privé fournit des infrastructures et des services qui étaient traditionnellement assurés par l'Etat. Outre l'exécution et le financement privés d'investissements publics, les PPP ont deux autres caractéristiques importantes : d'abord, l'accent est mis sur la prestation de services et l'investissement par le secteur privé ; ensuite, une part significative du risque est transférée de l'Etat au secteur privé.

De nombreux gouvernements se tournent vers les PPP car ils reconnaissent qu'un investissement plus important dans l'infrastructure est nécessaire, mais n'ont pas les moyens financiers d'entreprendre des projets supplémentaires dans le secteur de l'infrastructure à l'aide d'une procédure traditionnelle de passation de marchés. Bien qu'il s'agisse de la motivation la plus couramment utilisée pour expliquer le recours aux PPP, c'est aussi l'une des raisons suscitant le plus de controverse. La mesure dans laquelle les PPP permettent véritablement aux gouvernements d'accroitre les dépenses dans le secteur de l'infrastructure dépend de la nature du projet en question et des contraintes de financement particulières auxquelles fait face un gouvernement.

De manière générale, les PPP jouent un rôle crucial dans la mobilisation des ressources supplémentaires de financement des projets d'infrastructures. Cependant, les opinions divergent quant à l'intérêt de recourir au PPP. Selon l'OCDE, il y a de bonnes mais aussi de mauvaises raisons de recourir à un PPP selon les circonstances. Les projets lancés dans de mauvaises conditions ont peu de chances d'être concluants[170].

Je parle des bonnes et mauvaises raisons de recourir au PPP et quelques problèmes qui se posent au sujet du PPP.

§1. Les bonnes raisons de recourir au PPP

Comme bonnes raisons de recourir au PPP, je cite notamment le bon rapport coût-bénéfice, Les PPP favorisent une réduction des coûts et une amélioration de la fourniture des services publics grâce à l'innovation et à l'expertise du secteur privé, Articuler construction et exploitation favorisent de meilleures conception et construction.

1. *Les PPP peuvent avoir un bon rapport coût-bénéfice*

Les PPP ne sont que l'une des possibilités offertes à un Etat qui entreprend de construire des infrastructures ou de fournir un service. Ils sont en règle générale associés à des procédures traditionnelles de marchés publics, dans le cadre desquelles le secteur public passe le contrat pour la construction d'un actif, la relation avec le constructeur ou l'entrepreneur de

[170] *Idem*

secteur privé prend fin après la construction, à la suite de quoi l'Etat opère et entretient l'installation ou fournit le service. Les PPP ne sont pas une fin en soi ; ils doivent être considérés en regard des autres options existantes en matière d'infrastructures ou de services. La décision d'investir devrait être fondée sur une perspective interministérielle, et prise indépendamment de considérations sur la manière de s'approvisionner et de financer le projet (OCDE 2012, Recommandation du Conseil sur les Principes applicables à la gouvernance publique des partenariats public-privé).

Ce n'est que lorsque la décision a été prise de construire une infrastructure ou de fournir un service conformément aux objectifs stratégiques et aux capacités budgétaires du gouvernement, que le choix de la méthode d'approvisionnement la plus adaptée peut être fait. Le rapport coût-bénéfice peut être défini par ce que le gouvernement estime être la meilleure combinaison de quantité, qualité, caractéristiques et prix (coût) souhaitables pour la totalité du cycle de vie du projet. Le concept de rapport coût-bénéfice tente de cerner les intérêts des citoyens, en tant que contribuables mais aussi bénéficiaires des services publics. Les PPP et les méthodes traditionnelles d'approvisionnement ne sont que deux modalités de parvenir à un rapport coût-bénéfice ; l'arbitrage doit favoriser le plus rapport coût-bénéfice (OCDE, 2011)

Aussi, *Les PPP favorisent une réduction des coûts et une amélioration de la fourniture des services publics grâce à l'innovation et à l'expertise du secteur privé.*

2 *Les PPP favorisent une réduction des coûts et une amélioration de la fourniture des services publics grâce à l'innovation et à l'expertise du secteur privé*

Les soumissionnaires qui emportent les projets d'infrastructure à grande échelle sont souvent des consortiums associant plusieurs grandes entreprises multinationales dotées d'une longue expérience dans la construction et l'exploitation de ce type d'installation. Cette expérience est le résultat de l'expertise considérable accumulée au cours de décennies de conduite de projets similaires ; les besoins fonctionnels en sont d'autant mieux satisfaits. L'agence, le comité ou le ministère responsable pour le gouvernement d'un projet d'infrastructure hospitalière peut ne pas avoir construit de projet de ce type pendant des décennies, alors que les soumissionnaires candidats à un accord de PPP auront cette expérience. L'Etat, et par extension les contribuables et les usagers de l'installation, tireront le bénéfice.

Autre raison pour recourir au PPP ; articuler *construction et exploitation favorise de meilleures conception et construction.*

3 Articuler construction et exploitation favorise de meilleures conception et construction

Dans le cadre d'un approvisionnement public traditionnel, le secteur privé est impliqué dans la construction ou la rénovation d'un service public. Une fois la construction achevée, la relation entre l'entrepreneur et l'Etat prend fin, si l'on ne tient pas compte des assurances de construction ou des garanties légales. L'entrepreneur privé est donc peu intéressé à la qualité de la construction ou aux coûts d'opération et d'entretien de l'installation sur le long terme.

Articuler la conception, la construction, ainsi que l'exploitation et l'entretien sur le long terme, de l'infrastructure, dans le cadre d'un seul contrat avec une entité de secteur privé, crée des incitations à concevoir et construire un actif ayant des besoins d'entretiens et des coûts d'exploitation faibles tout au long de leur cycle de vie. Nourris par leur expérience de la construction, de l'exploitation et de l'entretien d'installations comparables, les constructeurs cherchent à construire des infrastructures moins coûteuses et plus faciles à exploiter et entretenir tout au long d'un contrat qui peut durer 25 à 30 ans.

Inversement aux bonnes raisons avancées pour justifier le recours aux PPP, l'OCDE relève les mauvaises raisons de recourir à un PPP, dont celles reprises ci-dessous :

§2 : Les mauvaises raisons de recourir au PPP

Les PPP remplaceraient l'investissement/les ressources publiques

Les Etats considèrent parfois les PPP comme une solution de remplacement aux marchés publics lorsque les fonds ou la capacité budgétaire manquent. Ceci montre un manque de compréhension de ce que sont ces transactions. L'Etat achète un actif ou fournit un service, ce qui implique un coût. Les PPP ne fournissent pas une infrastructure « gratuite » puisque par nature le secteur privé ne peut construire et exploiter une installation sans être rémunéré pour les coûts et les risques qu'il supporte.

En effet, d'aucuns pensent que les PPP sont susceptibles d'aider les gouvernements à surmonter les contraintes liées à l'emprunt dans le secteur public. Les gouvernements se trouvent souvent confrontés à des limites concernant le recours à l'emprunt, pouvant résulter de politiques prudentes de gestion des finances publiques, ce qui signifie que même des projets d'infrastructure de type « usager payeur », viables du point de vue commercial, ne peuvent pas être mis en œuvre dans le secteur public. Dans le cadre d'un PPP, le projet est financé par le secteur privé plutôt que par l'emprunt public, ce qui peut, dans certains cas, permettre à un gouvernement de surmonter cette contrainte[171].

Il est admis que dans le cadre d'un PPP de mise à disposition, la principale source de revenu de la partie privée sont les rémunérations versées par l'autorité publique. Ces rémunérations ont trois composantes, correspondant respectivement aux coûts d'exploitation, aux coûts d'entretien sur toute la durée de vie de l'installation, et aux coûts de la construction et du financement de l'infrastructure (coût du capital). En amortissant les coûts du capital sur toute la durée du projet, l'Etat est soulagé de la charge du financement de la construction en un ou deux gros versements lors de la phase de construction, mais il n'en paie les coûts d'opération et d'entretien. Dans le cadre des PPP de mise à disposition, il est évident que l'Etat paie l'actif sur toute la durée de l'accord de PPP. La logique du recours à un PPP n'est pas d'éviter ces coûts mais de les réduire par un rapport coût-bénéfice optimal.[172]

Quels sont les problèmes qui se posent au sujet du PPP ? C'est l'objet du point suivant.

§3. : Quelques problèmes se posant au sujet du PPP

Dans un rapport commandé par l'Internationale de services publics (ISP), David Hall donne les raisons de l'inefficacité des partenariats public-privé tant dans les pays riches que les pays pauvres[173]. Le rapport « démystifie » le processus obscur des PPP qui s'opère pour l'essentiel en se cachant derrière des négociations confidentielles pour protéger les secrets commerciaux. Ce processus brille par l'absence de consultations publiques, les nombreuses fausses promesses et les contrats incroyablement complexes, qui ont vocation à protéger les bénéfices des sociétés. Il comporte également son lot de dessous-de-table, dès lors que les contrats de privatisation peuvent se révéler extrêmement profitables.

- Les ppp « ne génèrent pas d'argent supplémentaire »- conséquences pour les dépenses publiques et pour le consommateur

L'auteur souligne que de nombreux défenseurs des PPP prétendent qu'ils apportent des ressources privées supplémentaires aux services publics ou à l'infrastructure. Quoi qu'il en soit, la population-ou les pouvoirs publics n'a/n'ont pas à payer pour les écoles ou les hôpitaux construits dans le cadre de PPP, de sorte que le gouvernement ou la municipalité disposent de

[171] *Guide de référence des PPP* Version 2.0 p.44
[172] OCDE, *Op. Cit*, p.32
[173] D. HALL, *Op. Cit*,

ressources supplémentaires pour les autres services ; en conséquence, les PPP se traduisent par moins d'emprunts.

Mais dans les PPP qui portent sur des services tels que les hôpitaux ou les écoles, le gouvernement finance le PPP à travers l'impôt-en couvrant le coût de la construction puis les coûts de fonctionnement. Ainsi les PPP sont financés par le secteur public de la même manière que les projets menés directement par les pouvoirs publics. Mais si le PPP est au moins en partie financé par les redevances des usagers, par exemple l'eau ou l'énergie, ces redevances sont toujours acquittées par les usagers de manière identique qu'il s'agisse d'un PPP ou d'un financement public direct.

Dans les deux cas, l'argent est emprunté auprès des mêmes institutions financières-banques, fonds de pension ou autres investisseurs. Les PPP ne donnent pas accès à de « nouvelles » sources de financement particulières. Un PPP peut étaler le coût de la construction d'un nouveau bâtiment sur plusieurs années, comme tout autre emprunt. Mais il ne diminue pas, par exemple, le coût global de construction d'un hôpital : le coût est simplement étalé sur la durée comme pour tout autre emprunt.

Je souligne dans les lignes suivantes l'impact de la corruption, du mensonge et des secrets.

- Corruption, mensonges et secrets

Une concession à long terme pour des services de distribution d'eau, ou une convention d'achat d'électricité (PPA) pour une centrale électrique privée, représente une chance unique de s'assurer une source de revenus garantis par le gouvernement pour une durée de 25 à 30 ans. Cette situation incite fortement à la corruption, à la fois pour s'assurer que les travaux seront réalisés dans le cadre d'un PPP plutôt que dans le secteur public, et pour saisir l'occasion unique d'obtenir le contrat.

Les pots-de-vin et les dons politiques constituent le moyen le plus courant d'obtenir ces avantages, ainsi que le résumait Paul Krugman, Prix Nobel d'économie (parlant des Etats-Unis) : « Alors que de plus en plus de fonctions gouvernementales sont privatisées, les Etats se transforment en paradis du principe de l'utilisateur payeur, selon lequel les contributions politiques et l'attribution de contrats au profit d'amis ou de parents deviennent une contrepartie pour gagner des marchés d'Etat… un lieu corrompu entre privatisation et clientélisme qui décrédibilise le gouvernement aux yeux d'une partie de la nation. »

Que dire sur les prévisions et les mensonges ?

- Prévisions et mensonges

Les entreprises privées sous-estiment systématiquement les coûts des investissements et exagèrent la demande de service attendue. Un projet de construction-exploitation-transfert (CET) pour une usine de traitement de l'eau a plus de chances d'être approuvé si la municipalité est convaincue que le besoin en eau sera supérieur aux capacités des ressources existantes ; un projet de route à péage obtiendra plus facilement le feu vert si le débit routier semble trop dense pour le réseau actuel. Les preuves abondent pour confirmer qu'il s'agit là d'un phénomène très répandu.

Une étude à l'échelle mondiale a conclu que pour 90 pour cent des projets routiers et ferroviaires, les coûts réels dépassaient largement les prévisions des soumissions initiales et le besoin réel était quant à lui inférieur aux prévisions. L'erreur se fait toujours dans le même sens et ne peut donc être le fruit du hasard- elle résulte d'une désinformation systématique-un mensonge. Les auteurs de l'étude ont conclu que « Le problème des informations trompeuses est une question de pouvoir et de profits et doit être abordé en tant que tel, en s'appuyant sur des mécanismes de transparence et de responsabilisation.

Le manque de transparence est caractéristique des PPP car les entreprises privées peuvent dissimuler des informations, et elles ne s'en privent pas, en invoquant la confidentialité commerciale.

Dans le cadre du PSC, il y a eu des accusations portant sur la surfacturation des infrastructures. Selon le rapport de l'IGF, plusieurs infrastructures réalisées dans le cadre du projet SICOMINES ont été surfacturées. Une accusation qui a été réfutée par Le secrétaire du conseil d'administration de la SICOMINES qui du reste avait responsabilisé l'ACGT en ces termes : « la SICOMINES s'occupe tout simplement du financement des travaux. C'est à l'ACGT qui surveille et organise ces travaux. Je pense que c'est l'ACGT qui est mieux placée pour répondre aux accusations de surfacturation.

Suite à la dénonciation de surfacturation de l'IGF, des poursuites ont été engagées par le parquet général de Kinshasa-Gombe à l'encontre de deux anciens directeurs généraux de l'ACGT ainsi que le directeur financier de cet établissement qui ont été accusés de détournement de deniers publics. L'IGF avait, en effet, contesté la réhabilitation de l'immeuble de l'Hôpital du cinquantenaire et son équipement à hauteur de 114 millions de dollars américains. Il en est également le cas de certaines artères dont les Boulevard du 30 juin, Lumumba et Triomphal avec des coûts estimés exagérés[174].

Quelles sont les formes de partenariats expérimentées dans le monde ?

Section 2 : Les formes de partenariats expérimentées dans le monde

Le PPP a connu un fort succès à l'échelle internationale. Il a été utilisé dans plusieurs grands projets d'investissement en infrastructures à travers le monde. Au Canada, les PPP ont été utilisés dans de grands projets de transport, comme l'autoroute 407, une autoroute à péage électronique dans le Sud de l'Ontario et le pont de la Confédération qui relie le Nouveau-Brunswick et l'Ile-du-Prince-Edouard, sans compter les petits projets au niveau des municipalités (Woodman, 2006). Le Royaume-Uni, à la base de ce modèle récence, pour la période allant de 1987 à 2006, pas moins de 590 projets totalisant environ £ 53 milliards (McQuaid et Scherrrer 2010). L'Australie possède également une vaste expérience des PPP d'une valeur totale estimée à plus de AUD $20 milliards (Malone, 2005)[175].

Au sujet des formes de partenariats, le Professeur G. Bakandeja explique[176] que mis à part la France dont l'histoire a été évoquée ci-avant, l'histoire révèle que les formules de partenariats public-privé ont été plus utilisés dans les pays de tradition anglo-saxonne, ce qui n'exclut pas des tentatives dans les pays latino-américains de tradition juridique romano-germanique et même des pays asiatiques.

a. Modèle britannique de Private Finance Initiative (PFI)

Du point de vue historique, cet outil se situe dans un contexte de libéralisation de l'économie britannique dirigée par des gouvernements conservateurs qui se sont succédé pendant dix-huit ans, de 1979 à 1997. Cette période a débouché sur la privatisation de nombreux services comme d'entreprises publiques. C'est en 1992 qu'est né le concept de PFI, parfois considéré par l'opposition de l'époque comme une deuxième vague de

---

174 www.adiac-congo.com/content/Justice -des- arrestations- opérées-lACGT-147229

175 J. KETO NSINGANI, *Op.Cit*, p. 9.

176 Communication du Professeur G. Bakandeja wa Mpungu au séminaire UIA cinquantenaire du Barreau/RDC, « *le financement des projets issus des contrats de partenariat public-privé : différents montages, instruments financiers, outils d'optimisation du plan de financement,* Kinshasa, juillet 2018.

privatisations rampantes du gouvernement conservateur. Le gouvernement a promu et mis en œuvre les premières initiatives de ce type dès 1994.

Quelles sont les racines de PFI ? La rénovation des services publics s'est heurtée depuis le début des années 90 à une inadaptation du système contractuel et à des problèmes de qualité et de productivité du secteur du BTP au Royaume-Uni, le taux d'investissement dans le secteur public a chuté dans les années 80 pour atteindre le minimum historique de 0,6% du PNB en 1997. Le PFI, accueilli chaudement par les hommes politiques, a apporté une respiration nécessaire.

La stratégie de PFI se fonde sur la notion « value for money », - le contribuable devant obtenir le meilleur service possible pour le prix optimum. Le Private Sector Comparator (PSC) consiste en une évaluation de coût du projet, dans le cas où celui-ci serait intégralement mené par le secteur public. Dans le cas où le prix ainsi déterminé est supérieur à celui estimé par des intervenants privés, la légitimité du recours à la formule PFI est alors établie et ce mode de financement sera privilégié.

Les premières expériences britanniques du PFI datent de 1994 et concernent le domaine des infrastructures routières. Plusieurs infrastructures routières ont été mises en œuvre en utilisant la technique des « Shadow tolls »[177].

Les Royaume-Uni a fait appel au PPP pour tout un éventail de bâtiments et équipements, d'infrastructure- hôpitaux, établissements scolaires, routes, voies ferrées, défenses et bureaux du gouvernement.

Que retenir des modèles canadiens ?

b. Les modèles canadiens

Depuis le début du siècle, un certain nombre de provinces canadiennes se sont engagées dans des expériences de PPP. Le Canada s'est officiellement engagé dans les PPP depuis le discours du Trône du 24 septembre 1997 : le gouvernement voulait s'acquitter de ses mandats dans un

---

[177] Péage invisible car payé par l'Etat lui-même et non – comme c'est le cas en France dans les cadres des concessions autoroutières – par les usagers. § 3, p.309 P. LIGNIERES, Partenariats publics privés 2e éd., Paris, Litec, 2005.

esprit de collaboration et de partenariat avec tous les partenaires de la société canadienne.

Un des ouvrages importants, le pont de la Confédération[178] a été construit en PPP du type « conception-construction-exploitation-transfert » (CCET) par un consortium international du secteur privé (SCDI). Contractuellement il a été prévu que SCDI exploite et entretienne le pont pendant 35 ans après quoi il sera transféré à l'Etat. Comme le financement était prévu de manière indirecte (le gouvernement n'a pas emprunté des ressources financières directement), c'est une entreprise privée Strait Crossing Finance du Nouveau-Brunswick qui a fourni les capitaux par émission d'obligations. Le gouvernement a garanti l'émission des obligations et s'est engagé à les rembourser par le biais d'une série de paiements annuels de 41,9 millions de dollars, sur 35 ans. Ce montant est une estimation de la valeur de la subvention annuelle qui, auparavant, était versée au service de ferries entre Borden et le Cap Tourmente. SCDI a droit à tous les revenus du péage provenant du pont pendant 35 ans. Les revenus du péage serviront à payer l'exploitation et l'entretiens du pont au cours de cette période.

Pour le gouvernement fédéral, l'entente du PPP à l'origine de la construction du pont présentait les caractéristiques suivantes : le recours à un promoteur canadien, une efficience et une rapidité de construction accrues, l'absence de coût additionnel pour les contribuables, une plus grande responsabilisation des acteurs, un transfert de risques et du coût vers le secteur privé et des paiements annuels très importants versées par le gouvernement du Canada à SCDI pendant 35 ans – formule moins onéreuse que les coûts payés par le gouvernement pour le service des ferries.

Quant aux syndicats de la fonction publique, le gouvernement et SCDI ont dissimulé des renseignements financiers et économiques relatifs au pont, sans doute pour éviter un tollé général quant aux coûts réels de la construction et aux profits élevés que SCDI pourrait recevoir grâce aux péages du pont. Le consortium privé qui a construit le pont et qui l'exploite actuellement est étranger dans la proportion de 85%. A l'origine, les péages devraient être établis pour correspondre à peu près aux coûts du traversier,

[178] Situé entre Prince Edward Island et New Brunswick, projet lancé en 1997 ; - http://www.confederationbridge.com/

mais pendant les négociations, le gouvernement a permis à SCDI d'augmenter les péages pour emprunter le pont. Le gouvernement fédéral a garanti au SCDI un minimum de 13,9 millions de dollars par année en revenu de péage. Le revenu de péage que SCDI peut toucher grâce au pont est illimité.

Les mécanismes financiers indirects du PPP devraient permettre au gouvernement de Canada d'éviter de déclarer sa dette aux détenteurs d'obligations. Cela a entrainé une augmentation des coûts de financement du pont de quelques quarante-cinq millions de dollars. Selon les autorités financières de l'Etat, l'estimation de la subvention pour le traversier, utilisée dans les mécanismes financiers, a été gonflée comparativement à d'autres estimations de la subvention pour le traversier. Le projet présente une bonne sécurité multirisque. Cependant, presque aucune des garanties ne se prolonge au-delà des quelques années de la construction du pont. De fait, le gouvernement fédéral assume le risque financier et SCDI les risques de construction et d'exploitation. Aucune preuve de meilleurs services par rapport à une formule classique ne peut être trouvée.

Il y a aussi les modèles australiens à évoquer au point suivant.

c. Les modèles australiens

Depuis de nombreuses années il existe des structures type : *Build Own Operate Transfer (BOOT) et Build Own Operate (BOO)*. Aussi, si en tant que membres de Commonwealth, les Australiens s'inspirent des PFI britanniques, les contrats PPP élaborés chez eux constituent plus une évolution des anciens contrats nationaux qu'une copie rigoureuse des contrats anglais. Ils présentent notamment la particularité de délais relativement longs d'instruction et de décision.

En 2000, Victoria a été le premier Etat à instaurer une véritable politique de PPP, connue sous le nom *Partnerships Victoria*. Depuis 2000, quatorze projets de ce type ont été contractualisés pour un montant de quatre milliards de dollars d'investissements, et cinq nouveaux projets étaient choisis pour le financement pour un montant de 1,5 milliard de dollars[179].

---

179 LAFITTE M. (2006) « Les Partenariats Public-Privé une clé pour investissement public en France », *Revue Banque* Edition, Paris, p.78.

Cette contractualisation a concerné ou concernera principalement des hôpitaux, mais aussi des centres correctionnels, des centres d'urgence et de traitement des eaux. Le Casey *Community Hospital*, autrefois appelé le projet *Berwick Hospital*, a couté 120 millions de dollars et a été à la fois livré dans les délais et dans les budgets impartis. C'est un centre hospitalier important, ouvert en 2004, qui peut traiter trente mille patients par an. Il a sensiblement amélioré l'accès aux soins de la population, située dans la zone sud-est de Melbourne.

Les autres Etats australiens ont suivi l'exemple de l'Etat de Victoria afin de légiférer sur les PPP « à l'australienne ». Parmi les nombreux exemples, on citera la Tasmanie, le *Western Australia*, la Nouvelle-Galles du Sud (NSW), le Queensland et le *Northern Territory.*

Il me semble important de rappeler les scénarios de l'Amérique latine et de l'Asie dans les lignes suivantes.

d. Les scénarios de l'Amérique latine et de l'Asie

Ces initiatives concernent des pays dont l'état de développement est moins avancé que dans les exemples précédents. Il est nécessaire de les examiner dans une autre perspective, la demande d'infrastructures et de services publics y étant beaucoup plus importante et les ressources budgétaires nettement plus faibles que dans les pays développés. Vu la capacité faible à lever des fonds sur les marchés de capitaux dans ces pays, le recours au PPP présente deux types d'intérêts : il constitue une possibilité d'introduire des méthodes de fonctionnement issues du privé, susceptibles d'améliorer sensiblement la qualité de fonctionnement des services publics ; il n'obère pas significativement les efforts consentis par ces pays pour réduire leur dette, la part des engagements publics étant plus limitée.

Il importe de souligner que dans les pays en voie de développement, les banques de développement et les multinationales ont encouragé la multiplication des PPP dans les années 90 dans les secteurs de l'eau et de l'énergie, dans le cadre de la politique générale de promotion de la privatisation et pour contourner les contraintes budgétaires imposées par les IFI à ces pays en développement.

L'Amérique latine s'est fortement avancée dans la mise en œuvre des contrats PPP (après l'Europe et Amérique du nord), sa part a néanmoins décrue de 80% à 40% du stock des investissements privés, de 1990 à 2001. Cette décroissance relative est due à la crise argentine de 2001, à l'annulation de nombre des contrats et aux investissements importants dans les années 90 liés à des opérations de privatisation des télécoms ou de l'électricité. Le Mexique, l'Argentine, le Brésil et le Chili sont parmi les principaux titulaires de ce type de contrats.

Les lignes suivantes ont pour matrice les formes et nature juridique des contrats de partenariat public-privé en République démocratique du Congo.

Section 3 : Formes et nature juridique des contrats de partenariat public-privé en République démocratique du Congo

Suivant la particularité et les conditions qui entourent la réalisation du projet, les contrats de partenariat public-privé prennent la forme de contrats de délégation de service public ou de contrat de partenariat portant sur les infrastructures du domaine public comme celles du domaine privé de l'Etat.

Le contrat de délégation de service public porte obligatoirement sur un service public et prend notamment l'une des formes ci-après : la concession, l'affermage et la régie intéressée.

Le contrat de partenariat porte notamment sur une mission globale de financement d'une infrastructure, sa conception, sa construction, son exploitation, son entretien à charge du partenaire privé.

Cette section s'articule sur les régimes juridiques de contrat PPP et les caractéristiques des contrats de partenariats public-privé.

§ 1 : Des régimes juridiques de contrat PPP

Le contrat de PPP est conclu selon l'un des régimes juridiques suivants :

1. concession de service public qui est un mode de gestion d'un service public dans le cadre duquel un concessionnaire, partenaire privé, a le droit d'exploiter l'ouvrage en son nom et à ses risques et périls pendant une durée déterminée, en recouvrant les prix du service auprès des usagers. Il peut s'agir de la concession de service public

soit des travaux publics, ou les deux à la fois ; il s'agit ainsi d'une forme de PPP fondée sur le paiement par les usagers.

Dans cette catégorie, une autorité publique accorde à un partenaire privé le droit de concevoir, construire (ou réaménager ou développer), entretenir, exploiter et financer une infrastructure appartenant au service public.

2. L'affermage qui est un contrat par lequel l'Autorité contractante[180] charge le fermier, personne privée, d'assurer l'exploitation du service et d'entretenir les ouvrages qui lui sont remis. Le fermier verse une redevance à l'Autorité contractante au titre de l'exploitation de l'ouvrage affermé et est rémunéré par les recettes versées par les usagers. L'autorité contractante assure le financement, la réalisation des ouvrages et l'acquisition des équipements en vue de l'exploitation du service.

3. La régie intéressée est un contrat par lequel l'Autorité contractante finance elle-même l'établissement d'un service public, mais en confie la gestion à une personne privée qui en est rémunérée par ladite Autorité, tout en étant intéressée aux résultats en termes soit des économies réalisées, soit des gains de productivité ou soit encore de l'amélioration de la qualité du service. Le service public continu d'être exploité au nom de l'Autorité contractante qui assure les investissements et en assure le risque d'exploitation.

4. Le contrat de partenariat est celui par lequel l'Autorité contractante confie à un tiers, partenaire privé, pour une période déterminée, une mission globale ayant pour objet le financement partiel ou total de construction ou de transformation, d'entretien, de maintenance, d'exploitation ou de gestion d'ouvrages, d'équipements ou de biens immatériels nécessaires au service public ou à l'exploitation de l'activité, à l'exception de toute participation au capital. Le

[180] Par Autorité contractante la Loi n°18/016 du 09 juillet 2018 relative au partenariat public-privé définit toute personne morale de droit public ou personne morale de droit privé dûment mandatée par une autorité compétente qui, dans le cadre de ses attributions confie à un tiers les opérations rentrant dans le cadre du partenariat public-privé dont le régime juridique est mentionné ci-haut.

partenaire privé est rémunéré par l'Autorité contractante pendant toute la durée du partenariat conformément au contrat.

Dans le contrat de partenariat, nous voyons que c'est l'autorité publique qui effectue des paiements au partenaire privé, et non les usagers. Ces paiements sont effectués à partir du moment où un service public (et non pas une infrastructure) est disponible. En fait, de ces différents régimes de contrat de partenariat public-privé, il ressort deux sortes de montages contractuels :

1) Le montage en délégation de service public (DSP) par lequel l'opérateur privé rend directement service à des usagers finaux et se rémunère par des recettes d'exploitation ;

2) Le montage en Partenariat (contrat de Partenariat) où la rémunération du contractant provient de loyers qui correspondent au versement échelonné d'un prix forfaitaire versé par l'administration contractante, elle-même utilisatrice de cette infrastructure.

Quelles sont les caractéristiques des contrats de partenariats public-privé ?

§ 2 : Caractéristiques des contrats de partenariats public-privé

Comme caractéristiques, les contrats de partenariat public-privé sont des contrats globaux (a.) de longue durée (b.) et assorties de modalités de rémunération originales (c.)

a) contrats globaux

Les contrats de partenariat public-privé sont des contrats globaux par lesquels un opérateur privé se voit confier une mission incluant nécessairement au minimum les trois éléments suivants, à savoir : (i) le financement d'investissement immatériels, d'infrastructures ou d'équipements publics ; (ii) la construction ou la transformation des infrastructures ou des équipements et (iii) leur entretien, leur maintenance, leur exploitation ou leur gestion.

Il est aussi question de contrat de longue durée.

b) un contrat de longue durée

Les contrats de partenariat public-privé sont nécessairement des contrats de longue durée en raison de leur objet et de leur caractère. Cette durée est déterminée en fonction de la durée de l'amortissement des investissements et des modalités de financement retenues.

Je parle au point qui suit de contrat aux modalités de rémunération originales.

c) Un contrat aux modalités de rémunération originales

Aux contrats de partenariat public-privé est aussi reliée la rémunération de l'opérateur privé. En effet, cette rémunération présente les trois propriétés caractéristiques du contrat de partenariat public-privé suivant : (i) elle fait l'objet d'un paiement par la personne publique pendant toute la durée du contrat ; (ii) elle peut être liée à des objectifs de performances assignés au cocontractant ; et (iii) elle peut intégrer des recettes annexes.

De ce qui précède, il y a de relever premièrement que contrairement au marché public, les contrats de partenariat public-privé permettent à l'autorité contractante de rémunérer la prestation globale par l'intermédiaire de redevances périodiques. Les investissements initiaux ne sont pas obligatoirement payés à leur réception, mais peuvent donner lieu à des règlements tout au long de leur exploitation.

La deuxièmement, l'autre caractéristique de la rémunération dans les contrats de partenariat public-privé est que celle-ci peut être liée aux objectifs de performance qui sont assignés au cocontractant privé par l'administration, notamment en ce qui concerne la qualité des prestations de services, la qualité des infrastructures et des équipements, les conditions dans lesquelles ils sont mis à la disposition de la personne publique et, le cas échéant, leur niveau de fréquentation, et qui doivent faire obligatoirement l'objet d'une clause dans le contrat de partenariat public-privé.

Troisièmement, la rémunération du cocontractant privé peut faire intervenir des recettes accessoires, en particulier celui-ci peut être autorisé à s'en procurer en exploitant les infrastructures ou équipements pour répondre à d'autres besoins que ceux de la personne publique cocontractante.

Au sujet des contrats globaux, Y. Gaudemet explique qu'en France ceux-ci ne sont pas une nouveauté. Ils se sont d'abord imposés dans la pratique sous le nom de « marchés d'entreprise de travaux publics » très pratiqués dans les années 80. Puis des textes dont l'objet principal était de donner une sécurité juridique suffisante aux investisseurs privés sur le domaine public ont été interprétés et appliqués comme le support de contrat de contrats globaux passés avec les investisseurs.

Raymond Muzellec et M. Conan renseignent que c'est par ordonnance du 17 juin 2004 que ce nouvel outil (contrat de partenariat) a été créé en France. Il y est défini comme un contrat administratif par lequel une personne publique confie à un tiers, pour une période déterminée en fonction de la durée de l'amortissement des investissements, des modalités de financement retenues, une mission globale relative au financement d'investissements immatériels, d'ouvrages ou d'équipements nécessaires au service public, à la construction ou transformation des équipements ainsi que leur entretien, maintenance, exploitation, gestion. Le contrat est attribué au candidat qui présente l'offre économiquement la plus avantageuse par application de critères prédéfinis. Ce contrat global de longue durée comprend au moins trois éléments : le financement privé d'investissements nécessaires au service public ; la construction ou la transformation des ouvrages, investissements y compris immatériels ; leur entretien, leur maintenance et/ou leur exploitation[181].

Ce n'est qu'en 2018, que la République démocratique du Congo s'est dotée d'une loi relative au partenariat public-privé. Cette loi définit le régime juridique applicable aux contrats de partenariat public-privé, lesquels contrats concernent primordialement la réalisation d'infrastructures publiques majeures à travers des projets complexes financés à long terme par le secteur privé.

L'exposé des motifs de cette Loi indique en effet que les besoins du pays en termes d'infrastructures et d'équipements, l'impact de ces derniers sur son développement et les coûts importants que requiert leur construction, leur réhabilitation et/ou leur acquisition amènent le Gouvernement à solliciter la participation du secteur privé à leur conception, leur financement et/ou leur exploitation. Le secteur privé est donc appelé à jouer un rôle

---

[181] Raymond MUZELLEC et M. CONAN, *Op.Cit*, p.467

moteur dans le développement du pays. Celui de la création de richesses nationales et de l'emploi.

Ainsi, pour attirer les partenaires privés à épouser cette vision, le gouvernement a mis en place ce cadre juridique et institutionnel sécurisant en offrant plusieurs avantages permettant notamment aux partenaires de rentabiliser leurs investissements. Pour le gouvernement, les partenariats public-privé constituent la solution innovante importante dans la mesure où ils permettent la rencontre des intérêts respectifs de l'Etat et des partenaires privés dans une optique de gagnant-gagnant.

Spécifiquement, le contrat de partenariat constitue aux yeux du législateur congolais une innovation majeure répondant à la nécessité de sécuriser les conventions de collaboration que l'Etat congolais entend conclure avec des personnes privées, à l'instar de la Convention de Collaboration conclue avec le Groupement d'Entreprises Chinoises.

Il faut noter qu'entre la concession et le contrat de partenariat la différence majeure réside dans le fait que dans le premier modèle la rémunération du concessionnaire provient du recouvrement du prix de ses prestations auprès des usagers tandis que dans le contrat de partenariat le partenaire privé est rémunéré par l'Autorité contractante pendant toute la durée du partenariat conformément au contrat. Tel qu'indiqué ci-haut, ce contrat peut prévoir une rémunération du partenaire privé basée sur le résultat de l'exploitation de l'activité et ou les recettes annexes. (Articles 72 et 92 de la Loi n°18/016 relative aux PPP).

A côté de ces partenariats entre puissance publique et entreprises privées, émergent de nouveaux modèles économiques tels que les infrastructures financées par les ressources que nous allons voir dans la section suivante.

J'évoque au point suivant le modèle innovant du contrat de partenariat : les infrastructures financées par les ressources naturelles.

Section 4 : Le modèle innovant du contrat de partenariat : les infrastructures financées par les ressources naturelles

La République démocratique du Congo a introduit dans son arsenal juridique, précisément dans la loi n°18/016 du 09 juillet 2018 relative aux partenariats publics-privés une forme particulière de financement des infrastructures. Il s'agit des infrastructures financées par les ressources naturelles (IFR), autrement qualifié RBL.

Au demeurant, l'exposé des motifs de la loi n° 13/005 du 11 février 2014 portant régime fiscal, douanier, parafiscal, des recettes non-fiscales et de change applicables aux conventions de collaboration et aux projets de coopération met en évidence les raisons pour lesquelles la République démocratique du Congo se tourne vers ce modèle de partenariat en ces termes : « la République démocratique du Congo s'est engagée dans un vaste programme de reconstruction et développement destiné à doter le pays d'infrastructures de base visant à améliorer le bien-être social de la population. Pour la réalisation de ce programme, la mise en place d'une stratégie basée sur un partenariat public-privé visant la mobilisation des fonds importants pour les projets de coopération dans divers domaines créateurs de richesses notamment les infrastructures de base et les ressources naturelles, entre autres les substances minérales, les hydrocarbures, la forêt et l'eau, s'avère indispensable ».

« Ce partenariat permettra à la République démocratique du Congo de réaliser l'incorporation, par anticipation, dans ses finances, des revenus provenant de l'exploitation future des ressources naturelles ».

Le modèle IFR est un mécanisme de financement dans le cadre duquel l'Etat s'engage à verser des revenus qui seront générées à une période future dans le cadre d'un projet de mise en valeur des ressources naturelles pour rembourser un prêt contracté afin de financer la construction des infrastructures (Halland et al, 2014). L'accord « Ressources pour infrastructure (RFI) est assez typique dans le contexte sino-afro : dans la forme la plus simple, la Chine aide à financer et à construire des projets d'infrastructure en retour des ressources naturelles[182].

Pour financer leurs projets, les pays en développement doivent inévitablement trouver les moyens de relever un bon nombre de défis. L'un des problèmes majeurs auxquels ces pays sont confrontés est que les investisseurs les perçoivent souvent comme présentant un risque financier élevé, ce qui limite leur capacité à accéder aux marchés internationaux de capitaux. Lors de la période de boom des ressources naturelles amorcée au

[182] J. KETO NSINGANI, *Op.Cit*,

début du millénaire, un nouveau modèle de financement s'est popularisé afin de contourner ces risques. En vertu de ce modèle de financement dénommé « prêt adossé à des ressources naturelles » (en anglais resource-backed loan, ou RBL), les pays se voient accorder un accès à des fonds en échange de futurs flux de revenus provenant de leurs richesses naturelles, ou bien en échange d'une garantie s'appuyant sur ces ressources[183].

Dans le cadre de l'étude menée pour le compte de Natural Resource Governance Institute concernant les prêts adossés à des ressources naturelles, David Mihalyi, Aisha Adam et Jyhjong Hwang ont répertorié 52 RBL conclus entre 2004 et 2018 en Afrique subsaharienne et en Amérique latine. Sur les 52 RBL (sans que les données ne soient exhaustives), 30 ont été conclus par des pays d'Afrique subsaharienne, et les 22 autres par des pays d'Amérique latine. Les banques de développement chinoises sont à l'origine des prêts dans la majorité des cas étudiés (38 RBL). Les autres organismes prêteurs sont des négociants en matières premières (7 RBL), des entreprises d'Etat chinoises (4RBL), la Banque d'import-export de Corée (Korea Exim) (1RBL), le Gouvernement nigérian (1 RBL) ainsi que Rosneft, une entreprise d'Etat russe. La majorité des prêts étudiés sont adossés au pétrole.

Ces auteurs soulignent qu'en Afrique subsaharienne, cette pratique a tout d'abord été bien documentée en Angola au milieu des années 1990. L'Angola est le plus grand bénéficiaire de RBL. Entre 2000 et 2016, les prêteurs chinois ont accordé plus de 24 milliards de dollars US en prêts et lignes de crédits adossés au pétrole angolais, dont la plupart ont été décaissés. A cet égard, la compagnie pétrolière nationale SONANGOL a joué un rôle important. Outre les RBL chinois susmentionnés, SONANGOL a emprunté parallèlement de larges sommes auprès de prêteurs chinois au cours de la même période.

La République du Congo est le deuxième plus grand bénéficiaire de RBL en Afrique subsaharienne, avec un total de 5,1 milliards USD. Le Gouvernement a emprunté environ la moitié de ce montant (2,6 milliards USD) auprès de CHINA EXIMBANK par les de deux lignes de crédits consécutives. La Société Nationale des pétroles du Congo (SNPC), compagnie pétrolière nationale, a emprunté l'autre moitié de cette somme à

183 David MIHALYI, Aisha ADAM, Jyhjong HWANG, *Op. Cit*, p.2

des négociants en matières premières tels que TRAFIGURA (1milliard USD), GLENCORE (850 millions USD) et GUNVOR (625 millions USD). Ces prêts ont pris la forme d'avances sur les expéditions de pétrole.

Suivant les clauses financières de la Convention de Collaboration du 22 avril 2008, telle qu'amendée et complétée à ce jour, la République démocratique du Congo est répertoriée comme le troisième plus important bénéficiaire de RBL en Afrique subsaharienne avec une ligne de crédit de 3 milliards de USD prévue pour la réalisation de divers projets d'infrastructures publiques. Cette ligne de crédit de 3 milliards, dont seulement environ 1 milliard USD ont été décaissés à ce jour, sont à rembourser grâce aux profits futurs que généreront la société minière commune créée entre la GECAMINES et le Groupement d'Entreprises Chinoises (SICOMINES) comme nous l'avons vu plus haut.

Cette section porte sur une brève historique des conventions de collaboration publique-privée en République démocratique du Congo, les forces et faiblesses du modèle de financement des infrastructures par les ressources naturelles.

§1 : Brève historique des conventions de collaboration publique –privée en République démocratique du Congo

La coopération entre les pouvoirs publics et l'initiative privée de type infrastructures financées par les ressources naturelles, en RDC, n'est pas en soi une nouveauté comme on peut le croire. Déjà en 1901, l'Etat Indépendant du Congo avait dressé un vaste programme de construction de chemin de fer à travers les territoires du Congo, dans une convention passée avec Robert Williams et arrêta ainsi les bases de la Compagnie du Chemin de fer du Katanga, qui, fondé en 1902, se vit assigner pour objet : « l'étude complète d'un chemin de fer reliant un point de la frontière de l'Etat Indépendant du Congo à un point situé sur le Lualaba au Sud du confluent de cette rivière avec la Lufira [184]».

D'autres nouveaux projets avaient été élaborés : celui d'une ligne de chemin de fer destinée à relier le Bas-Congo au Katanga et celui du raccordement du chemin de fer du Katanga à la ligne portugaise de

[184] Institut Belge de Droit comparé, section des sciences morales et politiques, revue trimestrielle, Tome XXI, n°3 1950

Benguela. La Société Générale de Belgique et Robert Williams s'ingénièrent ensemble à résoudre ce problème. Le 31 octobre 1906 fut créée la Compagnie du Chemin de Fer du B.C.K., dont le capital fut souscrit à concurrence des trois quarts par la Société Générale de Belgique. La société se vit confier l'étude, la construction et l'exploitation d'un chemin de fer du Bas-Congo au Katanga ainsi que d'une ligne reliant le chemin de fer du Katanga à la ligne portugaise de Benguela et la construction du chemin de fer du Katanga.

La Compagnie obtint en outre le droit de se livrer à des recherches minières dans une concession étendue. En cas de découverte de minéraux, elle pouvait procéder à l'exploitation des mines ou confier celle-ci à des sociétés filiales.

Dans la partie orientale du pays, Th. Heyse[185] montre que face aux difficultés et manques des ressources nécessaires pour financer le développement économique du Kivu, un Comité National du Kivu fut créé. Il s'est agi d'une association à participation dans laquelle l'Etat intervint en faisant apport d'un droit de gestion des terres vacantes et dans laquelle des organismes privés intervinrent également en faisant apport du capital espèce.

Composé de trois catégories de membres, à savoir (i) la Colonie ; (ii) la Compagnie des Chemins de fer des Grands Lacs et (III) les membres agréés, souscripteurs du capital espèce, ce Comité avait un rôle « d'intérêt général » d'aménagement de la région du Kivu, comprenant notamment l'établissement de routes, de voies navigables, de circonscriptions urbaines etc.

L'association ou lc Comité National du Kivu avait notamment pour objet :

- L'exploitation des forêts, en vue des besoins industriels et autres, soit directement, soit par des concessionnaires auxquels l'association concédera le droit de couper le bois ou d'exploiter les forêts ;
- L'exploitation des carrières et des mines, dans les territoires bien déterminés ;

[185] Th. HEYSE, *Op.Cit*, pp. 156-159

- L'aménagement de circonscriptions urbaines comportant le droit de concéder des distributions d'eau et l'électricité à des conditions et selon un cahier des charges approuvés, dans chaque cas, par arrêté royal

Ces genres de conventions qui englobent les activités minières ainsi que d'autres ressources naturelles et l'aménagement des infrastructures datent de longtemps. Le roi Léopold II, ayant beaucoup investit dans les missions d'explorations, se trouva devant d'énormes difficultés financières lorsque la mise en valeur des terres congolaises exigea de nouveaux capitaux. Il adopta dès lors, avec l'aide de banquiers belges et étrangers, les principes de compagnies à charte en accordant à des entreprises privées créées en Belgique, des droits d'exploitations, de recherches minières, de mises en valeur agricole et d'organisation des transports sur de vastes territoires. Dans certains cas même, et toujours contre versement de royalties, ces compagnies ajoutaient à leur commerce et autre activités lucratives, la mise en place d'un embryon d'administration.

La première de ces compagnies, que tous les coloniaux et même les milieux financiers surnommèrent « la Douairière », fut fondée en février 1887. C'était la compagnie du Congo pour le Commerce et l'Industrie, la C.C.C.I.

En 1910, lorsque le Congo devint belge, une douzaine de grandes Compagnies se partageaient plus d'un tiers de son territoire. Elles s'appelaient : American-Congo Compagy, C.C.C.I., Compagnie du Kasaï, Compagnie du Katanga, Compagnie du Lomami, Compoir Commercial Congolais, Société anversoise de Commerce au Congo, Compagnie des Chemins de Fer du Congo Supérieur aux Grands Lacs africains et Union Minière du Haut-Katanga, pour ne citer ici que les plus importantes.

Certaines, comme le C.C.C.I., la Compagnie des Chemins de Fer du Congo Supérieur aux Grands Lacs africains ou l'Union Minière du Haut-Katanga, avaient l'obligation d'établir des liaisons ferrées ou, du moins, de participer à leur construction. C'était un des objets de leurs statuts. D'autres, face aux problèmes aigus que posaient les transports dans l'immense congolais, demandèrent et obtinrent des concessions de construction et d'exploitation de voies ferrées, souvent pour leur bien propre, parfois aussi dans un but lucratif, avec ouverture au public[186].

Il se dégage que l'octroi des concessions minières à ces sociétés qui, au départ avaient pour mission d'assurer la construction des ouvrages publics notamment le chemin de fer, tendaient à « compenser les investissements de ces sociétés, qui devaient recouvrer leur mise de la bonne manière. Ce qui n'est pas foncièrement différent du modèle du contrat chinois sous étude.

Fort malheureusement, l'élan de la construction des infrastructures en République démocratique du Congo a été stoppé depuis les années 60, alors qu'un plan décennal routier a été mis en chantier dès 1950. Ce plan visait la construction d'un réseau de 10.000 km de routes bitumées.

Quelles sont les forces et faiblesses du modèle de financement des infrastructures par les ressources naturelles ?

§2 : Forces et faiblesses du modèle de financement des infrastructures par les ressources naturelles

Selon certaines analyses, l'avantage majeur de ce modèle est qu'un gouvernement peut obtenir des infrastructures plus tôt qu'il aurait été capable s'il devait attendre un projet de ressources pour générer des revenus (Halland et al.2014). Le succès ou l'échec de ce modèle dépend, selon Konijn et Tulder, (2015) principalement de quatre facteurs à savoir : la nature des relations entre le pays d'origine (des investisseurs) et le pays hôte ; la taille et l'objectif du contrat, la capacité à sélectionner et à mettre en place un groupement des acteurs du marché et étatiques (entreprises publiques) dans le marché hôte et, enfin, la stabilité des relations avec l'élite du pays hôte.

L'analyse FFOM du modèle IFR effectué par Halland, H.[187] fait ressortir plusieurs points forts, mais aussi des faiblesses. Le modèle offre de nouvelles possibilités de financement au pays hôte riche en ressources. En revanche, sans compétences, expérience et expertise nécessaires, tant sur le

[186] C. BLANCHART, J. DE DEURWAERDER, G.NEVE, M.ROBEYNS et P. VAN BOST, *Le rail au Congo belge*, Tome I, Bruxelles, coll. MRAC, 1993, p. 40

[187] HALLAND, H, *Resource financed infrastructure : A discussion on a new form of infrastructure financing*, Word Bank Publications , cité par Keto Nsingani, *Op.Cit*, p.22

plan juridique que financier, il y a de fortes chances que le projet ne produise pas les résultats escomptés.
Forces et opportunités

- Le modèle offre de nouvelles opportunités de financement aux autorités des pays riches en ressources qui ont besoin d'infrastructures de base ;
- Les autorités peuvent promettre des flux de revenus qui seront tirés à l'avenir des ressources naturelles pour obtenir un mécanisme de crédit qui leur permettra de construire des ouvrages d'infrastructures ;
- Lorsque l'Etat ne peut obtenir de crédit sur une base souveraine pour financer la construction de ses infrastructures, une transaction basée sur le modèle IFR offre une nouvelle opportunité de développement et de croissance économique ;
- Le modèle IFR est mieux adapté aux projets dont les impacts sur la croissance économique ou les avantages sociaux sont supérieurs aux coûts de l'emprunt de l'Etat ;

- Les recettes tirées par l'Etat de la composante des ressources au-delà des ressources nécessaires pour rembourser l'emprunt, demeurent la propriété de l'Etat et versées au Trésor public.

Faiblesses

- Le nouveau modèle n'est pas encore bien connu ou utilisé par la plupart des prêteurs et des investisseurs ; il n'existe donc que peu d'exemple de mise en œuvre réussie ;
- Le recours à un emprunt pour construire un ouvrage d'infrastructure, dont le remboursement est effectué au moyen de flux de revenus générés par l'exploitation des ressources, peut avoir pour effet de produire des intérêts capitalisés d'un montant plus élevé que dans d'autres modèles ;
- Le modèle IFR ne peut être utilisé durant la phase de prospection des ressources parce que les flux de revenus qui seront générés par la production des ressources doivent être suffisamment certains pour pouvoir appuyer le remboursement du mécanisme de crédit dont a bénéficié l'Etat.

Menaces

- L'Etat doit assumer la responsabilité de veiller à la bonne conception, à la bonne supervision et à la bonne exécution de la composante de l'infrastructure ;

- L'imposition des conditions de marché aux fins de l'acquisition d'infrastructure dans le cadre du mécanisme de crédit de l'Etat pourrait encourager le recours à des entrepreneurs moins compétents ou par des coûts de construction d'un montant inutilement élevé.

Par ailleurs, l'étude menée par les consultants recrutés par NRGI démontre que ce modèle de partenariat pèse souvent très lourdement dans l'économie du pays bénéficiaire [188]. Les RBL, ont-ils soutenu, ont contribué à la détérioration de la viabilité de la dette dans de nombreux pays. Etant donné que le remboursement des RBL s'effectue souvent en nature, les garanties affectées à ces prêts peuvent entraîner un désavantage pour les autres prêteurs traditionnels. Ces derniers peuvent donc hésiter à accorder d'autres crédits ou bien à flexibiliser les conditions associées à leur octroi, rendant de manière générale l'obtention d'emprunts plus difficile pour les pays.

Outre le risque que comporteraient les RBL sur la viabilité de la dette, ces consultants expliquent que les RBL peuvent aggraver les difficultés financières en ces termes : les modes de financement traditionnels permettent à un gouvernement de solliciter une « procédure ordonnée de défaut de paiement » en cas d'insolvabilité et d'incapacité de rembourser sa dette. Dans le cadre d'une telle procédure, un gouvernement peut négocier avec ses créanciers en vue de restructurer ou rééchelonner sa dette. L'objectif est d'obtenir l'accord de tous les créanciers sur le rééchelonnement de la dette, pouvant potentiellement signifier une réduction des taux d'intérêts et/ou une annulation partielle de dette en vue de rétablir la solvabilité du pays.

La place des RBL peut s'avérer problématique au sein de cette architecture de surendettement. Comme explication fournie pour soutenir cette thèse ces analystes soulignent qu'étant donné que la Chine n'est pas membre du Club de Paris (le forum au sein duquel les créanciers publics coordonnent le rééchelonnement de la dette) et les sociétés de négoce de matières premières ne sont pas du Club de Londres (un forum destiné aux créanciers privés ou organismes représentant des préteurs privés) dès lors, si les RBL proviennent de l'une ou l'autre de ces sources, cela complique davantage toute tentative de rééchelonnement des obligations financières.

En plus de cette question de surendettement, ils estiment qu'il se pose la question du rang de la dette et de la coordination avec d'autres créanciers en ce sens que les RBL peuvent occuper un rang supérieur à celui d'autres dettes. Ceci signifie que le remboursement des RBL devra être opéré avant celui d'autres prêts en raison des sources de revenus affectées à ce

[188] David MIHALYI, Aisha ADAM, Jyhjong HWANG, *Op. Cit,* pp. 29 – 34.

remboursement. D'autres complications peuvent survenir lorsque les RBL bénéficient d'une protection juridique sous forme d'actifs supplémentaires apportés en garantie. Les créanciers peuvent saisir ces actifs dans le cas où le gouvernement cesse ses remboursements, notamment lorsque des cargaisons particulières sont cédées en garantie à un négociant en matière première.

Il faut rappeler que cette thèse de surendettement a été fortement soutenue par le FMI et la Banque mondiale, au lendemain de la conclusion de la Convention de Collaboration de 2008. Ces institutions financières internationales arguaient que ladite convention avait pour effet de créer un nouveau cycle d'endettement et mettaient en garde la République démocratique du Congo sur l'alourdissement de sa dette qui pouvait hypothéquer l'avenir de la reconstruction et augmenter le risque du dérapage du cadre macro-économique.

Si cette thèse qui était à la base de la renégociation de la Convention Sino-Congolaise en 2009 semblait être valable à l'époque, compte tenu du poids de la dette de la République démocratique du Congo vis-à-vis de ses différents partenaires internationaux qui s'opposaient au surendettement de la République démocratique du Congo, il se fait que le pays a vu le poids de sa dette être substantiellement réduit grâce à l'allègement consenti au titre de l'Initiative PPTE. Ce qui lui enlève le chapeau longtemps porté de pays pauvre très endetté.

De ce fait, il apparait illogique à l'heure actuelle de fustiger la convention de partenariat conclu avec la Chine sous prétexte du risque de surendettement, ou bien de considérer un tel modèle de convention comme étant susceptible de compromettre le cadre macro-économique du pays pour le même motif dès lors qu'il s'avère, comme nous l'avons vu plus haut qu'après l'allègement de la dette de la République démocratique du Congo ses partenaires traditionnels continuent à lui consentir des prêts. Si nous devons nous en tenir à cette thèse refusant que la République démocratique du Congo ne tombe dans un nouveau cycle de dettes extérieures, les institutions internationales ne s'emploieraient plus à lui prêter d'importantes sommes d'argent qu'elle qualifie de l'aide publique au développement.

Compte tenu de l'analyse qui vient d'être faite, soutenir absolument l'idée selon laquelle le RBL présente le risque de surendettement pour le cas de la République démocratique du Congo, c'est un peu comme si on jouait aveuglement le jeu de ceux qui ne veulent pas voir le pays s'affranchir de leur joug en concevant et/ou adoptant d'autres moyens (modèles) de développement.

En effet, la République démocratique du Congo pour son émergence, en tant que pays souverain, a le droit de choisir de conclure tel ou tel autre accord ne nuisant pas aux intérêts d'autrui. A ce titre, nous pensons que c'est avec raison qu'A. Muzito estimait qu'après l'allègement de sa dette la République démocratique du Congo pouvait s'ouvrir au système financier international et faire son entrée au programme économique et financier avec les institutions de Brettons Wood en vue d'un accompagnement pour l'assainissement de ses finances publiques.

Conclusion

Considérant cependant que les ressources financières traditionnelles octroyées principalement par ces institutions à titre de prêts ou des dons ne constituent pas la source dominante ou principale de développement de pays africains en général et la République démocratique du Congo en particulier, comme le soutiennent les membres de la Commission Economique des Nations Unies pour l'Afrique qui soutiennent qu'il est erroné de penser que l'aide extérieure est le moteur du développement de la région. Il est donc légitime pour la République démocratique du Congo de mettre en œuvre des nouveaux projets de collaboration s'inspirant de la Convention Sino-Congolaise conclue en 2008 pour booster les différents projets d'infrastructures tant routières, ferroviaires, portuaires, aéroportuaires, énergétiques que tant d'autres pour le développement socio-économique.

Fort malheureusement, il est constaté qu' à part la Convention de Collaboration conclue avec le Groupement d'Entreprises Chinoises, laquelle convention bat de l'aile, la République démocratique du Congo n'a plus conclu un autre partenariat du genre alors que plusieurs mesures incitatives tant sur le plan légal qu'institutionnel ont été prises pour reproduire ce modèle dans le but de remédier au déficit d'infrastructures qu'elle connait.

Toutefois, tenant compte des résultats peu satisfaisant du Programme Sino-Congolais, il est important d'analyser dans le chapitre qui suit les obstacles et limites d'un tel modèle en République démocratique du Congo.

Chapitre 3

Obstacles et limites du modèle sino-congolais pouvant empêcher sa reproduction en RDC.

Ces pages ont pour pierre de touche les obstacles et les limites du modèle Sino-congolais pour éviter sa reproduction en R.D. Congo. J'évoque les obstacles en lien avec la méconnaissance du potentiel géologique du pays, au manque d'énergie, les autres facteurs conditionnant les contrats de partenariat public-privé

Section 1 : obstacles liés à la méconnaissance du potentiel géologique du pays

Le modèle technico-économique du projet de coopération entre la République démocratique du Congo et le Groupement d'Entreprises Chinoises peut être schématisé comme suit :

- Le financement des infrastructures et de développement minier dont le remboursement est garanti par l'exploitation de gisements miniers ;
- La constitution d'une joint-venture minière entre les parties, celle-ci ayant pour rôle :
    - D'exploiter des gisements miniers ;
    - De constituer une partie de la garantie au financement chinois ;
    - D'être co-emprunteur avec les entreprises chinoises ;
    - D'assurer le remboursement de prêts obtenus grâce aux bénéfices dégagés par ses activités minières.
- L'engagement pris par le Gouvernement congolais de faire céder, par l'entremise de son entreprise publique, en l'occurrence la GECAMINES et avec la participation de cette dernière, les droits et titres miniers sur les gisements préalablement identifiés appartenant à cette dernière ;
- La réalisation des revenus à tirer de l'exploitation minière prenant en compte le rendement des minerais, le coût opératoire, le cours du cuivre ainsi que celui du cobalt sur le marché international, lesquels revenus serviront au remboursement des prêts et à payer les intérêts, à rémunérer les actionnaires et à assurer un minimum des recettes au

Trésor public en termes d'impôts et taxes après la période de remboursement.

Ce montage suggère que les ressources naturelles du pays puissent constituer des garanties pour le remboursement de prêts consentis ou à consentir à l'Etat congolais par les partenaires privés, un autre Etat ou des institutions financières.

La République démocratique du Congo dispose d'un potentiel énorme en matière de ressources naturelles, notamment en mines, hydrocarbures, hydroélectricité, eau douce. En ce qui concerne les ressources minérales, le sous-sol de la République démocratique du Congo regorge du diamant, du cuivre, du cobalt, de l'étain, de l'or, de niobium, de l'uranium etc. ces ressources minérales sont essentiellement concentrées dans la partie Sud et Sud-Est du pays (cobalt, cuivre, zinc, argent germanium et uranium), à l'Est allant vers le Nord-Est (Or, tantale, niobium, étain) au Centre et au Sud-Ouest (diamant, platine), dans la zone littorale à l'Est (phosphates, aluminium, phosphore, sel, diamant, or, plomb, zinc), à l'Ouest (aluminium, phosphore, sel, diamant, or, plomb, manganèse, fer , marbre, calcaire à ciment, sables asphaltiques, pétrole, gaz naturel, minéraux industriels).

En dépit de ses abondantes ressources naturelles, la méconnaissance du réel potentiel géologique du pays constitue, la République démocratique du Congo, l'un des obstacles pouvant empêchant la reproduction de ce modèle « innovant » de financement des infrastructures publiques. En effet, Quoiqu'il soit admis que la République démocratique du Congo est un « scandale géologique », il s'avère que l'étendue réelle de ses ressources, en termes de minéralisation, de quantités réelles des minerais n'est pas ou est peu documentée compte tenu du fait que les grandes prospections générales datent d'avant l'indépendance.

Au lendemain de la conclusion de la Convention Sino-Congolais, certains Etats comme la Corée du Sud, s'étaient présentés au portillon de la République démocratique du Congo pour conclure les projets de coopérations similaires à ladite convention. Cependant, ces initiatives n'ont jamais abouti. Parmi les obstacles ayant empêché l'aboutissement de ces démarches, il se compte notamment la non-maîtrise des informations sur la structure du sol et sous-sol qui empêche le développement ou la mise en œuvre de ce genre des projets de coopération.

Cet argument est corroboré par les propos de M. Ekanga qui avait notamment répondu comme suit aux questions lui posées par le journaliste H. Leclercq de la Libre Afrique[189] :

« A vous entendre, ce contrat du siècle (Convention Sino-Congolaise) est très avantageux pour toutes les parties. Pourquoi ne pas avoir multiplié ce genre d'initiative avec d'autres partenaires ? »

En réponse à cette question M. Ekanga avait affirmé : « Nous avons reçu des demandes mais nous sommes bloqués parce que nous ne disposons pas à ce jour de concessions minières ayant des réserves prouvées. Nous savons que nous disposons d'un potentiel important mais nous ne pouvons pas le chiffrer scientifiquement ».

De ce qui précède, il se dégage que la République démocratique du Congo ne peut guère compter sur la GECAMINES pour obtenir de gisements à céder aux partenaires pouvant éventuellement manifester l'intérêt à conclure ce genre de contrat de partenariat. Elle ne peut non plus compter sur d'autres entreprises publiques du secteur minier qui se trouvent dans la même situation voire pire.

Dans le secteur minier, la République démocratique du Congo compte 8 entreprises publiques, à savoir : i(i) la société de développement industriel et minier du Congo, SODIMICO en sigle, créée en 1969 et détenue à 100% par l'Etat ; (ii) la société minière de Kilo-Moto, SOKIMO en sigle, créée en 1966et détenue à 100% par l'Etat ; (iii) la Minière de Bakwanga, MIBA en sigle créée en 1961et détenue à 80% par l''Etat ; (iv) la Générale de carrières et des Mines, GECAMINES en sigle, créée en 1906 et détenue à 100% par l'Etat ; (v) la Société commerciale la Minière de Kisenge manganèse, SCMK-Mn SA en sigle, créée en 1951et détenue à 100% par l'Etat ; (vi) la Société aurifère du Kivu et du Maniema, SAKIMA SA en sigle , créée en 1997 sous la cendre de SOMINKI créée en 1905. Elle est détenue à 99% par l'Etat ; (vii) la Congolaise de l'exploitation minière, COMINIERE en sigle, créée en 2010 sous la cendre de Zaïre Etain, détenue à 90% par l'Etat et (viii) la société Anhui Congo d'investissement minier, SACIM SARL en sigle, créée en 2013 sous la cendre de la SENGAMINES, et détenue à 50 % par l'Etat Congolais.

---

[189] La Libre Afrique, http://alternance.cd/2020/08/21/coopération-belgo-congolaise-moise-ekanga-une interview-qui-fait-bouger-les-lignes/

Ces entreprises minières parapubliques, qui avaient longuement dominé le secteur de la production minière du pays, sont aujourd'hui presqu'en faillite et non productrices. La quasi-totalité de ces sociétés minières, si pas l'ensemble, ont un dénominateur commun, à savoir : elles ont cédé la majeure partie de leurs concessions minières auprès des partenaires privés avec lesquels ils ont créé des joint-ventures dans lesquelles elles ont des participations minoritaires. Les périmètres miniers qui sont cédés contiennent des très riches gisements. Il se pose par ailleurs un sérieux problème de certification des gisements de ces entreprises.

En effet, ces entreprises n'ont pas renouvelé leurs ressources par la recherche des nouveaux gisements dont la majorité est enfouie dans le sous-sol. Le pays demeure ainsi sous-exploré, créant ainsi une inadéquation entre les gisements découverts et sa qualification de scandale géologique. Ce qui constituent vraisemblablement un problème pour la reproduction et/ ou multiplication du modèle sino-congolais.

Le même problème de certification des gisements se pose également dans le secteur des hydrocarbures. Conscient de cette situation, le Gouvernement congolais avait lancé en 2016 un appel d'offre ouvert pour certifier des réserves minières, pétrolières et gazières du pays.

A la suite de cet appel d'offre, un contrat a été signé le 17 février 2017 avec la société de droit espagnol spécialisée dans les investigations du sous-sol X-calibur pour : (i) la réalisation de la cartographie aérienne géophysique, géologique et géochimique d'aires géographiques choisies (blocs prioritaires) de la République démocratique du Congo(*étude des phénomènes physiques et de leurs relations avec la Terre, des caractéristiques terrestres, de la nature, distribution et du comportement des éléments chimiques de l'écorce terrestre*) ; (ii) la construction d'un laboratoire d'analyse chimique, pétrographique et métallogénique (*origine, disposition, structure et histoire des roches pétrolifères et minérales*).

Le premier, objet de ce contrat, dit *volet prioritaire (A),* doit être réalisé en 7 phases. Il consiste à collecter des informations géophysiques, géologiques et géochimiques, les documenter et former le personnel technique du ministère. Le second, dit *volet optionnel (B),* propose plusieurs activités du fournisseur sur le reste du territoire pour compléter sa couverture géophysique et géologique. Il étudiera notamment la cuvette centrale (gaz et pétrole). Le travail du fournisseur permettra à la République démocratique du Congo de posséder des cartes géologiques détaillées aux 1/100.000ème et 1/200.000ème, pour une meilleure valorisation de son domaine minier.

A l'issue de la signature de l'avenant numéro 2 au contrat relatif à la cartographie géophysique aéroportée et géologique de la République démocratique du Congo intervenue le 5 avril 2022, son ministre des Mines A. N'Samba affirma qu'à : « il s'agit de réaliser un volet très important du programme d'action du Gouvernement 2021-2023 en vue de mieux soutenir les financements des infrastructures, la valorisation et la protection des actifs miniers grâce à un programme de la certification, la quantification en vue de connaitre la valeur des minerais.

Pour A. Blanco, directeur général de la société X-calibur, ce projet est très important pour la République démocratique du Congo dans ce sens « qu'il permettra au pays de connaitre le potentiel en ressources naturelles en utilisant la meilleure technologie pour obtenir des données détaillées afin de pouvoir négocier avec les investisseurs pour planifier l'économie ».

Il est à noter que, dans le but de promouvoir la recherche et l'exploration géologique, la République démocratique du Congo a, par décret n°17/016 du 4 décembre 2017, créé le Service géologique national, « SGN-Congo » qui est notamment de procéder à:

- La cartographie géologique assistée par la télédétection, les levées géophysiques et les études géochimiques ;
- L'investigation du sol et/ou du sous-sol en vue de l'identification des indices des gites minéraux et des produits de carrières pour entreprendre des études géologiques de base faisant appel à géologie générale et la géotechnique, la géométrie ;
- La compilation, l'archivage, l'étude, la synthèse, la publication et la vulgarisation de l'information sur la géologie nationale et internationale et, général, la promotion de l'investissement en recherche géologique en République démocratique du Congo.

Cependant, ce service qui est appelé à jouer un rôle crucial tendant à améliorer et accroître substantiellement le taux des connaissances géologiques de la République démocratique du Congo dans le but d'attirer les investissements dans le secteur minier connait d'énormes problèmes pour son fonctionnement et pour la réalisation de ses actions techniques, notamment le suivi des actions menées par X-calibur, dus au manque des moyens financiers[190].

Il convient de signaler aussi les obstacles liés au manque d'énergie dans les pages suivantes.

---

[190] La Banque mondiale qui entendait appuyait le SGN-C par (i) la construction d'un immeuble de 12 étages où il devait partager les bureaux avec le cadastre minier ; (ii) l'équipement en matériel et la prise en charge du personnel pendant 5 ans n'a pas concrétiser ce projet et ce, subséquemment à l'arrêt du projet PROMINES.

Section 2 : Obstacles liés au manque d'Énergie

Outre ce problème de la méconnaissance des informations sur la structure du sol et sous-sol, il existe aussi un défi majeur à relever portant sur la fourniture de l'énergie faisant défaut et qui constitue un handicap pour le développement de ce type de contrat de partenariat associant l'exploitation des ressources naturelles du pays en garantie de financement des infrastructures publiques.

M. Ekanga avait fait état de la situation dans l'interview qu'il avait accordé à H. Leclercq de la Libre Afrique en ces termes :

« en 2007, quand nous avons commencé les discussions avec la Chine, nous pensions leur vendre du chrome et du nickel. Les Chinois étaient intéressés. Ils sont allés dans le Kasaï, où se trouvent ces matières premières. Ils ont fait des prélèvements qui étaient positifs. Mais, il n'y avait pas d'électricité du tout au Kasaï, le projet n'est pas allé plus loin et nous nous sommes tournés vers le cuivre et le cobalt. Ce qui signifie que lorsque nous aurons de l'électricité, il y a là un vrai potentiel »

Cette problématique de l'énergie électrique en République démocratique du Congo est très bien connue des autorités congolaises qui se sont succédé. En 2008, le Gouvernement avait même publié le Document de politique de l'énergie électrique en vue de rendre opérationnel son programme de relance et de développement du sous-secteur de l'électricité.

Ce Document s'inspire du DSCRP pour l'atteinte des Objectifs du Millénaire pour le Développement (OMD) et s'articule autour des points suivants :

- La réalisation des investissements prioritaires pour fiabiliser et réhabiliter les infrastructures électriques existantes et développer des nouvelles infrastructures ;

- La promotion du développement du site d'Inga et la construction des réseaux de transport associés ;

- L'accélération de la mise en œuvre des réformes institutionnelles du sous-secteur de l'électricité de la République Démocratique du Congo.

Les différents projets adoptés ont été identifiés pour exécution et augmentation de la desserte à l'horizon 2025. Cela avec une mobilisation de fonds et l'implication de tous les partenaires, tant au niveau local qu'international.

Malgré l'adoption de ces différents projets tendant à l'augmentation de la desserte en électricité, le bilan énergétique est très sombre. En plein 21ème siècle, la part du bois de chauffe et du charbon consommé sous forme d'énergie primaire occupe 83%, les hydrocarbures consommés sous forme d'énergie non transformée en énergie électrique représentent environ 4%, l'hydroélectricité 5% et les résidus agricoles interviennent à 7% dans ce bilan.

Pourtant, la République démocratique du Congo regorge de ressources énergétiques naturelles abondantes et variées non encore totalement inventoriées notamment, les chutes d'eau et les rapides, l'ensoleillement, le pétrole, les gaz naturels, le charbon, le vent, le bois, les schistes bitumeux, les minéraux radioactifs, les sources d'énergie endogène (les potentialités géothermiques) et les plantes énergétiques.

Pour l'électricité, l'énergie hydraulique constitue la source la plus importante estimée à au moins 100.000 MW dont 44.000 MW sont concentrés au seul site d'Inga, dans la province du Kongo central. Le potentiel hydroélectrique de la République démocratique du Congo représente 37 % du potentiel du continent africain et 8 % du productible mondial.

Malgré ce potentiel hydroélectrique, les taux d'accès aux services de l'électricité sont très faibles. Ce qui constitue un handicap majeur pour le développement économique et social du pays et la réduction de la pauvreté. L'électrification rurale reste embryonnaire et ce, compte tenu de sa faible rentabilité, reléguée au second plan au niveau de l'investissement et de l'approvisionnement par rapport au secteur industriel et/ou l'exportation vers les pays voisins.

Et pourtant, comme nous l'avons mentionné ci-haut, dans son Document de politique de l'Energie électrique élaboré en 2008, la République démocratique du Congo avait adopté une cinquantaine des projets prioritaires d'infrastructures du secteur de l'électricité dont les sources de financement sont diverses. Parmi ces 55 projets, la China Development Bank intervient à elle seule dans 22 projets comme financier. Pour la réalisation de ces différents projets notamment la construction de la centrale hydroélectrique de Zongo 2 au Kongo central, Mugomba au Nord-Kivu, Lukeni au Kasaï-Oriental, construction de la ligne HT Kisangani-Bafwasende-Mambasa-Beni dans la Province-Orientale, construction de la ligne Gbadolite-Businga-Gemena, des protocoles d'accord ont été signés entre le Gouvernement congolais, via le ministère des Travaux Publics et Infrastructures et la SINOHYDRO et SHENG LIN INTERNATIONAL selon le cas. Cependant, à ce jour, il n'y a pas de réalisation remarquable de ces projets connus du grand public.

En considération de tout ce qui précède, il est important que le Gouvernement mette en œuvre la Politique énergétique nationale en assurant la mise en valeur globale des ressources énergétiques nationales afin d'assurer leur accès à tous les secteurs d'activités (ménages, industries, transport, agricultures, etc.) en effet, il est reconnu que l'un des facteurs permettant à la population d'un pays de parvenir aux objectifs du développement socio-économique est l'énergie sans laquelle, il est quasiment impossible de produire, transporter, transformer et commercialiser les produits issus de l'activité humaine et ce, tant à un niveau artisanal qu'industriel[191]. C'est dans ce but qu'a été créée l'Agence nationale des services énergétiques rural et péri-urbain de la RDC, « l'ANSER ».

Quels sont les autres facteurs conditionnant les contrats de partenariat public-privé ?

Section 3 : Autres facteurs conditionnant les contrats de partenariat public-privé

La situation macroéconomique d'un pays, son climat d'investissement, sa capacité de prêt ainsi que son savoir-faire institutionnel et financier sont autant d'éléments nécessaires pour attirer et appuyer les

[191] Draft de la politique nationale de l'énergie de la République démocratique du Congo, version du 18 aout 2022, p.5.

investissements d'infrastructures à long terme. Ces facteurs ont un impact réel sur la capacité des pouvoirs publics à soutenir un programme de partenariats public-privé ainsi que sur la capacité des marchés financiers locaux et internationaux à financer un tel programme[192].

En outre, la stabilité politique et les institutions civiles solides sont des conditions préalables essentielles pour attirer les investissements à long terme dans les projets en PPP. La situation politique pèse sur les perspectives de la réalisation de projet en PPP. Les bouleversements politiques, accroit l'incertitude et l'instabilité, incitent sans doute les investisseurs à regarder avec prudence les perspectives de PPP et à attendre une clarification de la situation.

Abordant la question des partenariats public-privé et le climat économique, B. Masheke explique[193] que le gouvernement congolais s'est résolument engagé, depuis quelques années, dans un vaste programme de réformes fondamentales et multisectorielles destinés à améliorer en continu le climat des affaires et des investissements dans notre pays : restaurer la paix, reconstruire un Etat moderne, résorber les déséquilibres macroéconomiques, relancer la croissance inclusive et faire face aux besoins urgents créés par les conflits et les catastrophes naturelles.

La forte dynamique des réformes installées au pays et récemment reconnue sur le plan international a hissé la RDC dans le cercle des pays réformateurs à l'échelle mondiale consécutivement aux différents rapports Doing Business (2011à 2020) de la Banque mondiale.

Conclusion

Grâce à son appui technique et financier, une structure avait été créée pour la mise en œuvre et le suivi de l'exécution de la matrice des réformes relatives aux climats des affaires dont le Comité de Pilotage pour l'Administration du Climat des Affaires et Investissements (CPACAI). Ce travail est actuellement poursuivi et exercé par l'Agence Nationale de Promotion des Investissements.

---

[192] Rapport de Banque européenne d'investissement, *Etude sur les cadres juridiques et financiers des PPP dans les pays partenaires méditerranéens*, Vol.1, 2011

[193] B. MASHEKE NABULINGI, *Op.Cit.* pp. 65-66

Cependant, le problème n'est pas seulement de miser sur les critères Doing Business pour booster l'économie et la rendre attractive et compétitive par rapport à d'autres pays, mais réellement de faciliter les activités des opérateurs économiques et de sécuriser leurs investissements dans le pays par l'implication effective du Gouvernement dans ce processus ainsi que l'appui indéfectible de l'appareil judiciaire avérés nécessaires pour que les PPP décollent et que le pays soit comptés, à l'horizon 20230, parmi les économies les plus attractives et intermédiaires.

Enfin, les capacités institutionnelles nécessaires à la bonne élaboration des projets du type RBL font grandement défaut dans la plupart de pays africains dont la RDC. Il convient de les renforcer pour attirer les investisseurs et éviter les renégociations au stade d'exploitation telle que voulue dans le cadre de la convention Sino-Congolaise.

Il me paraît important de poser la question sur la vision chinoise de l'Afrique : qu'est-ce qu'en tire la RDC ?

Chapitre 4

La vision chinoise de l'Afrique : qu'est-ce qu'en tire la RDC ?

Ce chapitre a pour matrice la question de savoir ce que tire la République Démocratique du Congo de la vision chinoise de l'Afrique.

La 8ème conférence ministérielle du Forum sur la coopération sino-africaine, tenue du 29 au 30 novembre 2021 au Sénégal, avait mis en relief la Vision 2035 de la coopération Chine-Afrique en fixant les orientations et objectifs à moyen et long terme tendant à promouvoir « une communauté d'avenir partagé ». Parmi les 36 orientations stratégiques énoncées nous relevons essentiellement les 5 points suivants[194] :

1. La Chine devient un partenaire majeur dans la concrétisation du programme de développement de l'Afrique. Elle soutient l'Agenda 2063 de l'UA[195] et l'exécution de ses projets phares. A ce titre, elle appuie activement la mise en œuvre des initiatives continentales comme le programme détaillé pour le développement de l'agriculture en Afrique (PDDAA), le programme pour le développement des infrastructures en Afrique (PIDA), la Vision minière africaine (AMV), la Stratégie pour l'innovation dans les sciences et technologie en Afrique (STISA), la Promotion du commerce intra-africain (BIAT), le Plan d'action pour le développement industriel accéléré de l'Afrique (AIDA), et l'Agence de développement de l'UA-Nouveau Partenariat de l'Afrique (AUDA-NEPAD) ;
2. La Chine et l'Afrique forment un partenariat plus étroit dans la mise en œuvre de l'initiative « la Ceinture et la Route ». Fidèles aux principes de « consultations, coopération et bénéfices pour tous » et à la conception du développement vert, ouvert et propres, la Chine et l'Afrique œuvrent ensemble pour une synergie entre l'initiative « la Ceinture et la Route » et l'agenda de développement de l'Afrique.

194 www.focac.org/focacdacar/fra/hyqk_2/202112/t20211210_10466708.htm

195 L'Agenda 2063 est défini comme un plan d'action destiné à faire de l'Afrique, tout au long des cinquante prochaines années, un continent uni, prospère et pacifique. Pour y parvenir, cet Agenda se fixe trois objectifs : le renforcement des coopérations intra-africaines, l'achèvement des intégrations régionales et l'industrialisation.

Tout en mettant à profit le rôle de guide du Forum sur la Coopération sino-africaine (FCSA), elles renforcent la coopération dans les secteurs structurants et émergents pour accélérer la transformation et la montée en gamme de leur coopération, et en améliorer la qualité et le volume afin que ses fruits bénéficient au peuple chinois comme au peuple africain ;

3. Une augmentation soutenue des investissements croisés. D'ici à 2035, les nouveaux investissements directs chinois en Afrique atteindront 60 milliards de dollars américains, consacrés notamment au développement de l'agriculture, de l'industrie, des infrastructures, de la protection de l'environnement, de l'économie numérique, l'économie bleue et à d'autres activités.
4. Une coopération financière plus soutenue. La Chine continue à fournir l'Aide à l'Afrique, dans la mesure de son possible, et s'engage à améliorer sensiblement son efficacité globale.
5. Construire une Afrique plus stable. La Chine et l'Afrique approfondissent les échanges d'expériences en matière de gouvernance et renforcent la synergie de leurs visions et de leurs conceptions du développement. La Chine soutient les pays africains dans leur recherche d'une voie autonome de développement adaptée à leurs réalités nationales, dans le renforcement de leurs capacités de gouvernance, et dans l'édification d'une société prospère, ouverte et inclusive afin d'assurer une stabilité durable.

Rappelons par ailleurs qu'en prélude du sommet Chine-Afrique tenu du 4 au 5 décembre 2015 le président chinois Xi Jinping avait annoncé en date du 3 septembre 2015 à Pékin que son pays consacrerait 60 milliards de dollars supplémentaires au développement économique des pays africains. Dix grands programmes dont la réalisation devait intervenir dans les 3 prochaines années (soit à fin 2018), ont été retenus. Ces programmes couvraient les domaines de l'industrialisation, de la modernisation de l'agriculture, de la construction des infrastructures, des services financiers, du développement vert, du commerce et la facilitation des investissements, de la réduction de la pauvreté et le bien-être, de la santé publique, des échanges entre les peuples ainsi que de la paix et la sécurité.

Au sujet de cette promesse d'allocation de la somme de 60 milliards de dollars aux pays africains, M. Ekanga avait affirmé que « la République démocratique du Congo entendait présenter des projets qui ont un bon profil et espérait arracher un minimum de 10% de ce qui a été annoncé par le Président chinois. Cependant, ce qui manque au pays, ce sont les études de faisabilité ».

Au regard de ce qui est mentionné ci-haut, on peut aisément comprendre que la République démocratique du Congo compte ou a beaucoup compté sur la Chine avec laquelle elle a signé plusieurs accords pour son développement. Cependant, il se constate que les choses ne marchent toujours pas comme le Gouvernement congolais l'espérait. Il nous semble que le manque de concrétisation de ces promesses à l'égard de l'Afrique dénote le manque de sincérité ainsi que de la volonté de la part de la Chine qui, à l'instar des occidentaux, se complairait à promettre mont et merveille aux pays africains pour ne pas le réaliser sous prétexte que ces derniers ne font preuve de la capacité d'absorption des lignes de crédit ouvert en leur faveur.

Si la Chine ne fait preuve d'aucun empressement pour réaliser ses différentes promesses, il y a lieu de se poser la question sur ses réelles motivations dans la conclusion de ses différents partenariats avec les pays africains en général et la République démocratique du Congo en particulier.

Ce chapitre s'articule sur les sections portant sur la stratégie d'approvisionnement intégrée à la politique chinoise d'aide au développement, la stratégie d'enracinement chinoise : l'influence politique et diplomatique, la présence chinoise en RD Congo.

Section 1 : Stratégie d'approvisionnement intégrée à la politique chinoise d'aide au développement.

Plusieurs auteurs ont mis en relief les motivations des investissements de la Chine en Afrique. Le principal objectif de ces investissements, soutiennent-ils, est de garantir la sécurité de ses approvisionnements en matières premières essentielles, celles qui viendraient à lui manquer pour soutenir son essor.

La chine développe une politique intensive d'approvisionnement en ressource minières. Son économie, centrée sur l'industrie manufacturière, nécessite une grosse quantité de matières premières pour permettre aux usines de fonctionner. Ses besoins en ressources minières en 2010 représenteront 30 à 40% de la demande mondiale des principaux métaux. L'exemple le plus significatif de la dépendance chinoise dans ce domaine est celui du fer dont la Chine représente à elle seule 50% de la demande mondiale. Cette proportion n'a rien d'étonnant puisque la chine est le plus gros producteur mondial d'acier[196].

---

[196] Frédéric TRIEST, Rigobert MINANI BIHUZO, *Op.Cit*, pp. 12à 17

Sur ce point, Pierre JACQUEMOT précise que près de la moitié des investissements réalisés par les entreprises chinoises en Afrique sont dirigés vers le secteur minier. Les destinations de l'investissement chinois sont l'Afrique du Sud qui fournit du charbon, du platine et du vanadium, la Zambie et la RD Congo qui apportent du cuivre et du cobalt. Les entreprises chinoises sont engagées dans des projets pour l'exploitation du minerai de fer au Gabon, en Sierra Léone, au Liberia ; la bauxite au Guinée, le chrome au Zimbabwe. Le pétrole est le second secteur d'intervention des entreprises chinoises en Afrique. Le tiers des importations de la Chine en pétrole vient d'Angola, du Soudan et du Nigeria. Les sociétés chinoises ont également investi dans le Golfe de Guinée, au Tchad et au Niger.

La construction d'infrastructures, avec une prédilection visible pour les routes bitumées et les grands édifices publics, est pour la Chine souvent la contrepartie de contrats assurant l'accès aux ressources énergétiques, minières ou agricoles. Depuis le milieu de la décennie 2000, la Chine remporte la plupart des appels d'offres pour les grands contrats de construction (routes, ponts, aéroports, lotissements, barrages). Synohydro Corporation est la firme la plus active pour les chantiers hydrauliques. Pour les transports et la construction, le leadership revient à China Railway Construction Corporation[197].

Parlant des impacts des investissements chinois, l'auteur soutient que pour les pays africains, le bilan et surtout les perspectives ouvertes par la coopération sino-africaine sont ambiguës. Elle présente des avantages évidents : accroissement des possibilités de financement, apport en infrastructures de base qui font tant défaut, la diversification des partenaires pour les économies à rente et à revenu intermédiaire. L'orientation vers le secteur des infrastructures donne une visibilité à l'action du gouvernement bénéficiaire et sert ainsi le projet politique des classes dirigeantes, alors que les opérations d'allégement de la dette des pays occidentaux engagées depuis dix ans au titre du PPTE n'ont aucune visibilité.

Ce bilan tel qu'il est dressé nous semble être calqué sur les réalités de la République démocratique du Congo lorsque l'on considère que les projets de sociétés de l'ancien Président J. Kabila qui se déclinait, après les élections de 2006, à cinq axes, appelés cinq chantiers prioritaires, à savoir : (i) les infrastructures ; (ii) l'emploi ; (iii) l'éducation (iv) l'eau et l'électricité et (v) la santé s'appuyait sur les réalisations du programme sino-congolais qui devait sans nul doute assurer une certaine visibilité de l'action du gouvernement au moment où le pays ne disposait pas des ressources financières importantes pour réaliser ces ouvrages publics.

---

[197] P. JACQUEMOT, *Op. Cit,* Armand Colin, 2013, pp. 296-297

Cependant, contrairement aux affirmations de P. Jacquemot, il se trouve que le bilan des réalisations des Chinois dans le cadre de projets de coopération Sino-Congolaise n'est guère satisfaisant. Dire dans la situation actuelle où se trouve le projet tant minier que celui d'infrastructures que cette coopération sino-congolaise présente un avantage certain quant à l'accroissement des possibilités de financement, c'est surestimer ce partenariat qui stagne depuis un certain temps. Les beaux discours que nous avons entendus au sujet de la Chine et de ses investissements en faveur de l'Afrique basés sur le modèle de coopérations du programme sino-congolais apparaissent un peu plus comme de la poudre aux yeux.

Instrument financiers

L'aide que la Chine apporte à l'Afrique s'insère dans ce que certains auteurs appellent, un « package deal ». Autrement dit, la Chine envisage conjointement la coopération au développement, les investissements et les échanges commerciaux et sa stratégie d'approvisionnement en ressources minières. La stratégie d'approvisionnement en ressources minières de la Chine est globale. Elle permet à la Chine de développer une stratégie d'influence politique vis-à-vis des gouvernements dans le but d'obtenir des contrats d'exploration et/ou d'exploitation dans le secteur minier. Le jumelage de l'aide au développement de la Chine avec sa politique d'approvisionnement en ressources naturelles explique pourquoi la grande majorité des gouvernements africains qui bénéficient de cette aide sont à la tête des pays riches en ressources.

A ce sujet, il est affirmé dans un éditorial[198] que si la dimension économique a pris le dessus sur la dimension idéologique dans la relation sino-africaine, la logique de coopération et les modalités de l'aide chinoise à l'Afrique n'en témoignent pas moins d'une remarquable continuité sur le plan des principes et du discours.

L'aide chinoise est fortement adossée à d'autres types de flux (échanges commerciaux, investissements, etc.), au point qu'il est difficile de démêler ce qui relève de l'aide au développement stricto sensu, de la coopération économique ou encore de simples intérêts privés. Multiformes, l'aide chinoise à l'Afrique s'insère en fait dans un écheveau compliqué d'interventions, de relations et d'engagements, mêlant logique « opportuniste » de l'intérêt et logique « altruiste » du don, dimension politique et dimension économique. De là, la difficulté de cerner les montants exacts de cette aide selon les critères du CAD (Comité d'aide au développement regroupant les bailleurs de fonds membres de l'OCDE).

---

[198] L. Delcourt, *Op. Cit,* pp. 13-16

Prenant l'exemple de la République démocratique du Congo, Daniel Guérin, cité dans ledit éditorial, explique comment fonctionnent ces accords, « les fonds ne sont pas directement prêtés au gouvernement africain, mais le gouvernement chinois mandate une entreprise publique chinoise de construction-recevant généralement le soutien de l'Exim Bank- pour réaliser des projets d'infrastructures avec l'accord du gouvernement africain concerné. Ensuite, en contrepartie de la provision de ces infrastructures, le gouvernement africain accorde à des entreprises chinoises (privées la plupart du temps), le droit d'extraire des ressources naturelles (pétrole, minerais, etc.), à travers l'acquisition des parts dans une entreprise nationale et de licences.

Cette approche de l'aide ou coopération parait suspicieuse aux yeux des occidentaux qui mettent en évidence les vraies intentions qui animent la Chine au regard d'énormes avantages qu'elle en tire.

Que retenir sur la stratégie d'enracinement chinoise : l'influence politique et diplomatique ?

Section 2 : La stratégie d'enracinement chinoise : l'influence politique et diplomatique

Parler de la vision de la Chine actuellement nécessite qu'une bonne analyse soit faite dans le continent africain, surtout en Afrique subsaharienne pour en déceler les intentions « l'expansionnistes chinoises » vis-à-vis de l'Afrique.

A en croire certains éditorialistes occidentaux, la Chine serait littéralement en train de dévorer et d'inféoder l'Afrique. Galvanisée par sa formidable croissance économique et mue par sa quête éperdue de matières premières, la recherche de nouveaux débouchés et son désir d'accroitre sa sphère d'influence, la Chine ferait primer la seule poursuite de ses intérêts sur toutc autre considération. Derrière le voile rhétorique d'une nouvelle « solidarité Sud-Sud », elle poursuivrait une stratégie mûrie et planifiée de longue date, visant à imposer à l'Afrique un nouveau rapport de type colonial. Son souci affecté pour l'Afrique masquerait ni plus ni moins un autre agenda[199].

Tenant compte du principe selon lequel il n'y a rien pour rien. Il est important de comprendre le pourquoi de l'enracinement de la Chine en Afrique pour asseoir ses relations en connaissance de cause au lieu de se faire berner par des crédos qui n'ont parfois rien avoir avec la réalité. L'Afrique en général et la RD Congo en particulier doit anticiper certaines

[199] L. DELCOURT, *Idem*, p. 8

situations lors de la conclusion de ses accords en se fondant non seulement sur le droit ou sur les discours politiques qui ne sont parfois qu'un écran de fumée. Elle doit se baser sur des théories des relations internationales sur lesquelles s'appuient largement les Etats puissants lorsqu'ils traitent avec les pays qu'ils considèrent à tort ou à raison comme sous-développés.

Nombreux pensent que la présence actuelle de la Chine sur le marché africain est le résultat d'un changement de cap, à partir de l'année 2000, de ce pays dans sa relation avec l'Afrique. Sa nouvelle stratégie d'enracinement va l'amener à proposer aux pays africain un nouvel axe de coopération[200].

Par stratégie d'enracinement il faut comprendre le fait que dans le cadre de la coopération sino-africaine, l'investisseur chinois part de l'hypothèse selon laquelle le gouvernement central, les officiels et les entrepreneurs chinois posent les actes qui leur permettent de s'enraciner dans le continent avec pour objectif accroître leur influence en Afrique. Une des caractéristiques de cette nouvelle orientation est que les Chinois se focalisent sur une relation Sud-Sud qu'ils estiment basée sur le principe « gagnant-gagnant ».

Huit mesures visant à contribuer au développement de plusieurs secteurs d'activités en Afrique ont été énoncées par le président chinois Hu Jintao. Les principes et objectifs de la stratégie chinoise pour l'Afrique se présente comme suit, selon les déclarations officielles :

- *« entretenir une amitié sincère et se traiter d'égal à égal. Adhérer aux cinq principes de la coexistence pacifique, respecter le libre choix des pays africains quant à leur développement, soutenir les pays africains dans leurs efforts pour s'unir en vue d'accroitre leur puissance ;*
- *Assurer les avantages réciproques en vue d'un développement partagé. Soutenir les Africains dans leur développement économique et leur reconstruction nationale. Développer avec eux une coopération multiforme dans les domaines économique, commercial et au progrès social, et promouvoir un développement partagé ;*
- *Se prêter mutuellement soutien et agir en étroite coordination. Renforcer la coopération sino-africaine au sein de l'ONU et des autres instances multilatérales et soutenir mutuellement les revendications légitimes et les propositions raisonnables. Continuer*

---

200 Julien BOKILO, *La Chine au Congo-Brazzaville, stratégie de l'enracinement et conséquences sur le développement en Afrique*, Paris, l' Harmattan, 2012, pp.18-19

de pousser la communauté internationale à accorder une haute importance à la paix et au développement en Afrique ;

- *Apprendre mutuellement et explorer en commun les voies du développement. S'inspirer des expériences en matière de développement et l'administration publique ; intensifier la coopération et les échanges sur les plans éducatif, scientifique, culturel et sanitaire. Soutenir les pays africains dans le renforcement de leur capacité et explorer ensemble des voies appropriées pour le développement durable [201] ».*

Au sujet de ces principes susmentionnés, J. Bokilo soutient ce qui suit : « les discours officiels sont une chose, la réalité en est une autre. De fait, la stratégie chinoise change radicalement : elle est aujourd'hui un pays communiste à vocation capitaliste. En devenant une grande puissance économique, elle change de politique extérieure et agit désormais comme toutes les grandes puissances en mettant l'intérêt économique au premier plan de ses relations. Des troupes sont présentes sur le sol africain dans le cadre de la paix, et ses navires- de même que ceux des occidentaux-surveillent les côtes somaliennes à la recherche des pirates, afin de protéger les approvisionnements qui lui sont nécessaires ».

C'est particulièrement sur le principe de la non-conditionnalité de l'assistance économique que se base le Consensus de Pékin à la différence de l'approche occidentale. A travers lui, la Chine prétend apporter une aide au développement sans conditionnalité au nom d'autres principes : le respect de la souveraineté et la non-ingérence dans les affaires intérieures des pays bénéficiaires de l'aide. Cette attitude traduit la préoccupation première de la Chine de s'assurer de la stabilité des régimes partenaires, qu'ils soient antidémocratiques ou non, assurant la pérennité sur le long terme des accords commerciaux conclus.

Selon Jean-Raphael Chaponnière, « par-delà les discours légitimateurs, le consensus de Pékin poursuivrait ni plus ni moins « les mêmes objectifs que le consensus de Washington en les déclinant différemment : le premier donne la priorité à la stabilité et au développement, alors que le second fait des reformes un préalable au développement. A ceci près la Chine ne cherche pas à universaliser son modèle et moins encore à l'imposer. Plus sans doute que les bailleurs occidentaux, elle a conscience que son modèle n'est guère transposable comme tel, reconnait l'hétérogénéité du contexte africain et accepte la

[201] Le livre blanc, principe Chine-Afrique, « la Chine, un nouveau partenaire de développement de l'Afrique », Gouvernement chinois, janvier 2006, M. Hu Changchun, porte-parole de l'ambassade de la Chine en France, interviewé le 07 11. 2009, cité par Julien BOKILO., *Op. Cit,* p.19

cohabitation des stratégies de développement et la complémentarité des orientations »[202].

Il parait évident que le penchant déclaré de la Chine envers l'Afrique n'est pas guidé par un esprit purement altruiste. La quasi-totalité des activités que mène la Chine en Afrique actuellement est influencée par des raisons économiques. La Chine est donc en Afrique prioritairement pour ses propres intérêts. Ce qui est à la fois injuste mais légitime pour la Chine puisque la scène est comparable à une salle de classe où les élèves se livrent à une concurrence pour être en première position. Dans cette course, les élèvent les plus studieux qui se battent pour obtenir le meilleur résultat ne sont pas disposés à travailler ou à livrer leurs feuilles d'examen à leur camarade qui se trouvent en dernière place de peur que ces derniers « leurs volent la vedette ». Il appartient donc à ces derniers de travailler plus durement, de prendre au sérieux leurs études pour bousculer les lignes. Ainsi, l'Afrique ne doit pas attendre que la Chine lui offre tout sur un plateau d'or. Les africains doivent tourner de plus en plus leur tête ; ils doivent durement bosser et se montrer plus sérieux dans l'administration ainsi que la gouvernance pour aboutir au développement tant espérer surtout que leur continent contient d'énormes richesses potentielles qui peuvent, avec la bonne gouvernance, être transformées en richesses réelles.

Prenant l'exemple de la République démocratique du Congo, il se trouve que le Programme Sino-Congolais, initialement très ambitieuse et présentant une face angélique de la Chine, est devenue utilitariste en se recentrant sur la production d'électricité au profit du secteur minier. En outre, les structures chinoises comme CREC 7 et autres qui étaient venues en République démocratique du Congo pour essentiellement exécuter ce programme sont affairées à l'exécutions d'autres travaux qui n'ont rien avoir avec la Convention Sino-Congolaise et ce, parfois au détriment de la main d'œuvre ainsi que de l'ingénierie congolaises.

La Convention Sino-Congolaise a servi à la Chine d'un moyen d'enracinement de sa présence en République démocratique du Congo. Plutôt de matérialiser le projet « Route de soie » mutuellement profitable, la Chine semble se cantonner au vieux système qui maintient la République démocratique du Congo au rôle de réservoir des produits miniers où l'on en puise à souhait sans laisser grand-chose derrière tant pour la population locale que pour la nation toute entière.

Il convient de souligner que la chine déploie sa stratégie africaine avec encore plus de vigueur que jamais depuis qu'en octobre de l'an 2000 elle a institué un Forum bilatéral et tissé des liens de coopération accrus avec le

---

[202] L. Delcourt, *Op.Cit,* p.17

continent à travers la mise en place de chambres de commerces sino-africaines conjointes. Selon les vielles règles qui veulent que celui qui fixe les procédures contrôle le jeu, qu'il s'agisse de sport ou de politiques, on peut affirmer que la chine, instigatrice des plates-formes politico-économiques qui la lient à l'Afrique, tient les rênes de leur coopération. Elle en dirige les opérations, avec l'inconvénient que ces initiatives qui ne sont pas bien connues en Afrique risquent, donc, de ne pas générer le soutien populaire et politique indispensable à leur réussite[203].

A propos du Forum de Coopération Sino-Africaine, M. Ekanga a expliqué que la République démocratique du Congo n'a pas encore tiré bénéfice de différents financements mis en place lors du sommet de Johannesburg. Notamment, faute de produire de sérieuses études de faisabilité, elle ne peut recevoir les 7 milliards USD que lui a réservés la Chine sur les 60 milliards octroyés à l'ensemble du continent noir[204].

A l'en croire, l'absence des études de faisabilités constitue un obstacle qui empêche la Chine d'accorder autant de milliards voulus par la République démocratique du Congo en vue de réaliser ses différents projets de développement, précisément ceux que nous avons indiqués plus haut. Comme conséquence de cette absence d'étude de faisabilité signalée ce dernier cite :

1. Longs délais entre la disponibilité du financement et le démarrage effectif des travaux ;
2. Difficultés de maîtriser les coûts des projets ;
3. Difficultés d'accès au financement annoncé au sommet de Johannesburg

Cette triste réalité étale les faiblesses de notre pays frisant l'insulte puisqu'il est inexplicable et inconcevable qu'un pays comme la République démocratique du Congo qui est à la recherche des moyens financiers nécessaires pour réaliser des travaux publics tendant à combler le manque d'infrastructures nécessaires pour son développement loupe l'occasion d'en obtenir faute d'études de faisabilité. Sur ce point, il faut se poser la question de savoir où se trouve encore le problème. Le Gouvernement n'a-t-il pas les moyens de financer ces études ? ; N'est-il pas convaincu de pouvoir le

---

203 Adama GAYE, *Chine–Afrique : le dragon et l'Autriche*, Paris, L'Harmattan, 2006, p. 253

204 Intervention de M. Ekanga au colloque international sur les enjeux de la Coopération Sino-Africaine en République démocratique du Congo tenu à Kinshasa les 5 et 6 octobre 2017, extrait de l'ouvrage le Programme Sino-Congolais pour le développement des infrastructures en République démocratique du Congo de Jean Mpisi, p.527

faire ? ; N'a-t-il pas trouvé d'experts pour réaliser ces études de faisabilité ou c'est tout simplement le laxisme ?

Force est de noter qu'à part cette question d'études de faisabilité, d'autres difficultés bloquent la mise à disposition de ces financements. Il s'agit notamment de l'exigence de réunir les conditions de concessionnalité exigées par le Ministère des Finances pour les projets au financement d'Exim Bank of China ainsi que les difficultés de libérer la contrepartie de 15% exigés au bénéficiaire du financement.

La section suivante porte sur la présence chinoise en RD Congo.

Section 3 : La présence chinoise en RD Congo

La Coopération Chine-RDC ne date pas de la dernière pluie. En effet, le 24 novembre 2022, la République démocratique du Congo et la Chine avaient commémoré les 50 ans de coopération, depuis la normalisation des relations diplomatiques établies par les deux gouvernements, après la rencontre historique entre les Présidents Mobutu et Mao Zedong.

A cette occasion le président chinois M. Xi « s'est déclaré prêt à travailler avec le président Tshisekedi pour saisir le 50ème anniversaire comme une occasion d'approfondir la confiance politique mutuelle, de renforcer la coopération dans le cadre de l'Initiative la Ceinture et la Route et d'ouvrir conjointement de nouvelles perspectives pour les relations Chine-RDC ».

Pour sa part, le Chef de l'Etat congolais s'est dit prêt à approfondir « l'amitié traditionnelle » entre les deux pays et à promouvoir de nouvelles réalisations dans le partenariat stratégique entre la République démocratique du Congo et la Chine au profit de leurs peuples », rapporte l'Agence congolaise de presse[205].

Il est important de noter que l'Initiative la Ceinture et la Route autrement appelée la nouvelle route de soie est définie comme un ensemble de liaisons maritimes et de voies ferroviaires entre la Chine, l'Europe et l'Afrique passant par le Kazakhstan, la Russie, la Biélorussie, la Pologne, l'Allemagne, la France, le Royaume Unie, la République de Djibouti et le Somaliland.

La Nouvelle route de soie a été dévoilée à l'automne 2013 par le gouvernement chinois ; elle est l'une des priorités de la diplomatie chinoise, sous la présidence de Xi Jinping. Cette politique titanesque chinoise de

[205] Acpcongo.com »index .php » 2022/11/24

constructions d'infrastructures portuaires, ferroviaires, terrestres dans le bassin méditerranéen, lui permettra de s'approvisionner en matières premières et de se mettre sur le devant de la scène internationale. En mars 2015, le terme apparait dans des documents officiels. Il devient alors clair qu'il ne s'agit pas d'un simple investissement, mais d'un projet évolutif qui pourrait devenir un nouveau cadre de référence pour la mondialisation.

Earl Conth-Morgan est d'avis que le fait que la Chine modernise l'infrastructure longtemps négligée ou la construction de routes flambant neufs, des aéroports, des ports maritimes ou des stades, entre autres, ne semble pas impressionner les critiques de sa présence croissante en Afrique. Ces projets d'infrastructures sont en fait considérés comme un moyen pour la Chine de faciliter le transport des matières premières africaines vers leur pays, comme le faisaient les colonialistes[206].

La conclusion de l'analyse d'E. Conth-Morgan ne surprend guère puisque les objectifs de la construction de ces Routes de Soie projetée ne sont pas du tout cachés. La Chine les a si clairement déclinés. En dépit de l'intérêt prioritaire de la Chine, qui privilégie les voies d'acheminement de matières premières qu'elle vient puiser en Afrique subsaharienne en général, mais pour la République démocratique du Congo elle aurait pu, plus de 15 ans après la signature de la convention de 2008 avec cette dernière, honorer ses engagements en dotant le pays des voies de transports digne de son nom. Ce qui n'est pas malheureusement le cas. Ce concept, Ceinture et Routes, ou Route de soie, du reste méconnu de nombre des Congolais, ne dit jusque-là presque rien pour la République démocratique du Congo. Cependant une question qui vaut la peine d'être aborder dans cette section c'est la présence de la Chine dans le secteur minier.

Je parle de la présence chinoise remarquable dans le secteur minier congolais et dans d'autres secteurs.

§1 : Une présence chinoise remarquable dans le secteur minier congolais

Comme nous l'avons vu dans la seconde partie, les reformes du secteur minier ont entraîné la reconfiguration de la Gécamines et ont favorisé l'ouverture à des entreprises étrangères. En vue d'une exploitation commune rentable des ressources minérales, l'Etat congolais et/ou les entreprises minières qui relèvent de son portefeuille ont signé des contrats de partenariat tant avec les entreprises chinoises que celles d'autres nationalités et ce, sous forme de joint-venture.

---

[206] E. CONTEH-MORGAN, PHD, *Op.Cit*, p. 4

Parlant des entreprises chinoises, dans un article publié le 20 mars 2019, le Service Economique Kinshasa[207] dépendance structurelle de la République démocratique du Congo à l'égard de la Chine découle de sa forte présence dans le secteur minier. Les Mines et l'électricité peuvent être considérées comme les deux voies congolaises des « routes de soie » vers Pékin.

Selon la Chambre des mines de la RD Congo, les investissements chinois contrôlent en effet 70% du secteur minier congolais et l'ex-province du Katanga abrite à elle seule une trentaine d'entreprises chinoises. Il importe de préciser que la République démocratique du Congo détient 60% des réserves mondiales du cobalt, minerai stratégique utilisé dans le processus de fabrication des batteries automobiles et des Smartphones[208].

Nonante pourcents (90%) du cuivre congolais et du cobalt (produit dérivé résultant de la première transformation des cuivre et autres minerais) est exporté vers la Chine. L'industrie chinoise de transformation, qui concentre l'immense majorité des fabrications de batteries à l'échelle mondiale s'emploie à sécuriser ses approvisionnements en République démocratique du Congo.

Outre la SICOMINES, qui est une joint-venture créée entre la GECAMINES et les entreprises chinoises mieux spécifiées plus haut, plusieurs acteurs chinois de taille internationale exploitent les plus grandes mines de l'ex province du Katanga aux côtés d'acteurs de taille moyenne.

§ 2 : La présence chinoise en République démocratique du Congo dans d'autres secteurs

Outre le secteur minier, la présence chinoise est également remarquable dans d'autres secteurs clés des infrastructures, et notamment dans les travaux publics et le génie civil (CREC, SINOHYDRO, principalement). Les chemins de fer comme les routes sont des secteurs d'intérêts pour les entreprises chinoises. Ces derniers ont été adjudicataires

---

[207] La Chine en RD Congo : présence économique, financements et les créances. www.tresor.economie.gouv.fr

[208] La République démocratique du Congo est le pays producteur de ce minerai avec une position de quasi-monopole au niveau mondial

Que dire de la présence chinoise dans d'autres secteurs en R.D. Congo ?

dans le cadre du programme « Pro Route » de la Banque mondiale pour la réfection de 1000 kms du réseau routier dans l'Est de la RD Congo. La nouvelle aérogare de l'aéroport de Kinshasa est revenue à la société WIETEC. Pour le projet de barrage d'Inga 3, d'un coût de 14 Mds USD[209].

Conclusion

Il y a lieu de rappeler que la société chinoise CREC-7 est en République démocratique du Congo depuis 2008, dans le cadre du Programme Sino-Congolais. Cependant, il se constate que cette société est en train d'exécuter des travaux de construction de plusieurs infrastructures routières dans le pays dans le cadre d'autres types de partenariats, en dehors du PSC[210].

A part les travaux d'infrastructures, Il sied de noter qu'en 2018 les investissements chinois ont occupé la première place dans le top 15 des investissements directs en République démocratique du Congo avec un coût d'investissement de l'ordre de 2.092.145.476 USD, soit 52, 57% de l'ensemble du coût total des investissements. Les investissements nationaux viennent en second position avec 55 projets d'investissement pour un coût d'investissement de l'ordre de 1. 152.967.717 USD. En effet, 96 projets d'investissements ont été admis aux avantages du code des investissements pour un coût total de 3.979.345.147 USD. Sur ce montant, le coût total des IDES est de 2.830.396.658 USD représentant 71,12% et la différence qui en découle représente la part des investissements nationaux[211].

Le chapitre suivant soulève la question sur le contrat chinois face à la mondialisation de l'économie : quelle est encore la place des partenaires traditionnels et tant d'autres ?

---

[209] La Chine en RD Congo : présence économique, financements et les créances accessible sur www.tresor.economie.gouv.fr/articles/2019/03/20/la-chine-en-rd-congo-presence-economique-financement-et-les-creances

[210] A propos des travaux exécutés par CREC-7, le journal 7sur 7.cd dans son article paru le 7 janvier 2023 rapportait l'indignation du PCA de l'OVD qui se plaignait du fait que « tous les projets confiés le à CREC-7, dans le cadre du Projet Tshilejelu, n'avancent pas ».

[211] ANAPI, *volume des investissements directs étrangers (IDEs) accessible sur* www.investindrc.cd/fr/Volume-des-investissemnts-directs-etrangers-IDEs-en-sigle

Chapitre 5

Le contrat chinois face à la mondialisation de l'économie : quelle est encore la place des partenaires traditionnels et tant d'autres ?

Dans ce chapitre, il est important de se poser la question sur le contrat chinois face à la mondialisation de l'économie : quelle est encore la place des partenaires traditionnels et tant d'autres ?

La Convention de Collaboration conclue en 2008 entre la RD Congo et la Chine avait suscité tant des remous que des commentaires, à la fois positifs que négatif, tels que nous l'avons relevé dans l'introduction du livre. L'enracinement de la Chine en République démocratique du Congo semble, dans une certaine mesure, inquiéter certains partenaires de la République démocratique du Congo.

Une certaine opinion pense que la polémique autour du contrat sino-congolais, sur le plan international, dénote de la crispation des pays occidentaux face à l'expansion de la Chine, en Afrique en général et en RD Congo en particulier.

En fait, ces critiques et commentaires négatifs envers la Convention Sino-Congolaise serait dus à la rivalité entre grandes puissances qui se trouvent être en concurrence. Parlant de l'Afrique de manière générale, E. Conth-Morgan soutient que « cette rivalité sino-occidentale est perçue comme une concurrence entre dictature capitaliste représentée par la Chine et la démocratie capitaliste représentée par l'Occident ».
Et de poursuivre, « beaucoup de commentaires critiques, explicites ou implicites, dépeignent la Chine comme une menace à l'hégémonie occidentale en Afrique, et en particulier aux objectifs américains sur le continent. Il n'est donc pas surprenant que certains observateurs voient la présence de la Chine en Afrique comme une menace pour les Etats-Unis[212].

Au travers de ce récit qui met en lumière la « jalousie des Occidentaux » vis -à vis de la Chine, qui est arrivée à briser leur monopole

---

[212] E. CONTH-MORGAN, *Op. Cit*, pp. 19-22.

géoéconomique, la question de savoir les vraies motivations du FMI qui avait su réduire l'enveloppe que comptait allouer la Chine à la République démocratique du Congo pour la réalisation des infrastructures à une portion congrue sous prétexte que la Convention Sino-Congolaise était de nature à alourdir davantage la dette de la RD Congo mérite d'être posée.

Au sujet de l'alourdissement de la dette de la République démocratique du Congo, à l'époque, l'ambassadeur de la Chine Wu Zexian avait rétorqué en taxant le FMI d'être de mauvaise foi en déclarant : « Le FMI est de mauvaise foi. Ses représentants se sont même déplacés à Beijing pour nous dissuader de nous entendre avec la République démocratique du Congo. Et cela alors que la Chine est sollicitée pour engager des milliards de dollars dans le refinancement du FMI lui-même ».

Si les déclarations de cet ambassadeur sont vraies, il faut chercher à comprendre la raison pour laquelle cette méga institution financière internationale s'opposait à la coopération sino-congolaise. Est-ce uniquement pour éviter à la République démocratique du Congo le risque de tomber dans un piège d'un autre cycle d'endettement ? Ou c'est parce que les occidentaux qui les chapeautent veulent demeurer les seuls maîtres à pouvoir contrôler la politique financière ainsi que le marché de l'Afrique en général et de la République démocratique du Congo en particulier, particulièrement en ce qui concerne son secteur extractif ?

Tous ces remous de la part des occidents autour de la convention sino-congolais semble avoir d'explication sincère que du fait que le lien que la Chine et l'Afrique tente de resserrer est susceptible de changer littéralement les paradigmes.

Selon Henri Mova Sakanyi, l'extension de la Chine en Afrique n'est pas uniquement un phénomène économique. Il est total et global en ce qu'il s'insère dans le cadre de la globalisation et participe à la reconfiguration de la géopolitique mondiale. Il entretient une corrélation, en tant que phénomène géopolitique, avec l'irruption de la géoéconomique et la géo-finance.

Sur ce dernier aspect, on peut d'ores et déjà noter que la mondialisation et la globalisation des stratégies des Etats et des entreprises élèvent le niveau de l'incertitude et de la complexité. Le facteur risque s'en trouve aggravé car il contribue à des choix nouveaux et à des retournements de situation, il restructure les rapports de puissance, il peut, en changeant les orientations stratégiques, être responsable de situation de dépendance et de domination[213].

A l'ère de la mondialisation et de la globalisation des échanges et des marchés, la crainte ou les incertitudes des pays occidents face à l'extension de la Chine parait être justifiées. En effet, jadis, à la recherche de débouchés pour leurs produits industriels et de matières premières, les pays industrialisés s'étaient accaparés de marchés essentiels dans le pays sous-développés ou ils avaient instauré, outre l'exploitation économique, le monopole commercial, faussant ainsi au détriment de ces derniers, le jeu de fixation des prix et de répartition équitable des recettes de commerce extérieur.

La course pour l'exploitation et le contrôle des sources de matières premières, notamment les minéraux, était l'une des principales motivations de l'invasion, puis la partition coloniale de l'Afrique durant le dernier quart du XIXe siècle. Entre 1870 et la crise de 1929, les modes de production et de consommation des produits miniers dans les régions où ces activités étaient ancrées et intégrées à l'économie locale ont été radicalement modifiés et remplacés par des modes de type colonial dans lesquels la plupart des économies africaines étaient dominées par des enclaves minières appartenant à des étrangers.

Les colonies britanniques, belges et portugaises ont été à l'avant-garde de l'émergence de l'industrie extractive coloniale africaine, en raison de la richesse des gisements et des politiques coloniales menées en la matière. Ces opportunités dans l'industrie extractive ont attiré un important flux migratoire vers les colonies où les politiques favorisaient les immigrants au détriment des Africains, aussi bien pour l'accès aux droits d'exploitation que pour l'emploi.

Cette situation a évolué lorsque les progrès industriels et techniques dans les pays dominants ont créé une demande de minerai jusqu'alors inutilisés ou sous-exploités et ouvert de nouveaux débouchés pour les minerais connus. Entre 1870 et 1939, les progrès techniques et le développement industriel ont fait exploser la demande de cuivre dont la production a été multipliée par 20. Durant les années 30, les colonies de la ceinture de cuivre de l'Afrique centrale, qu'étaient la Rhodésie du Nord et le Congo belge, figuraient parmi les principaux exportateurs. Le cobalt était

---

[213] Tabournel, J-S., 32 défis géopolitique du XXI ième siècle, chronique social, 2010, cité par Henri Mova Sakanyi, la Chine en Afrique : Grammaire d'un basculement Géopolitique, Revue d'intelligence stratégique et des relations internationales, l'Harmattan, 2009, p.92

également un important minerai associé et la ceinture de cuivre, notamment le Congo belge est vite devenu sa source principale[214].

A partir des années 1990, l'exploitation des richesses nationales de l'Afrique par les « Colons » avait sensiblement baissé. En République démocratique du Congo la politique de nationalisation des entreprises qui jadis appartenaient aux occidentaux, instaurée par le Président Mobutu en 1973, avait conduit au désengagement mieux désinvestissement de ces derniers. Pendant cette période, la Chine connaissait déjà un essor industriel qui nécessitait des approvisionnements conséquents en ressources naturelles, notamment les ressources minières.

L'hégémonie des occidentaux, qui considéraient l'Afrique comme leur chasse-gardée dans les relations économiques et commerciales, a été mise à mal par l'importance sans cesse croissante des échanges entre l'Afrique et les pays émergeants notamment la Chine et l'Inde avec la globalisation des marchés. Cette globalisation est le fruit d'un long processus dont les mécanismes ont été peaufinés au fil des années, à travers la mise en place systématique et planifiée des institutions et des règles internationales régissant les échanges commerciaux entre les Etats.

Dans ce contexte, la Chine essaie de bousculer l'agenda de la gouvernance établi par les grands bailleurs (Banque mondiale, FMI, OCDE, Union Européenne) en Afrique et plus particulière en République démocratique du Congo où elle a été vue à certain moment comme un partenaire alternatif.
Toutefois, Les relations économiques et commerciales que la Chine a tissées avec la République démocratique du Congo ne supplantent pas celles de partenaires traditionnels. Il semble néanmoins y avoir démarcation en termes d'approches et visions.

Aujourd'hui, il apparait comme si les occidentaux sont moins intéressés à entretenir une relation économique et commerciale durable avec l'Afrique. Pour le cas de la République Démocratique du Congo, il suffit de voir les statistiques des investissements étrangers directs (IED) qui démontrent la part insignifiante des investissements des pays occidentaux notamment la Belgique par rapport à la Chine pour s'en convaincre.

Il apparait que les occidentaux se contentent d'interagir avec l'Afrique plus particulièrement la République démocratique du Congo dans le cadre de l'aide publique au développement directs dont l'apport multiforme et

---

[214] Rapport du Groupe d'études international sur les régimes miniers de l'Afrique : Les ressources minérales et le développement de l'Afrique, p.12

multisectoriel est sans cesse croissant et prépondérante depuis un certain temps, comme indiqué plus haut, que celui de la Chine.

Ce qui démontre que les partenaires traditionnels ont toujours leur place de choix dans le cadre de la coopération multilatérale avec la République démocratique du Congo. En ce qui concerne, les relations économiques et commerciales, la République démocratique du Congo aimerait bien renforcer ces relations pour les bénéfices mutuels de leurs peuples respectifs. Cette optique se confirme à travers différents périples effectués par le Président F. Tshisekedi qui n'avait ménagé aucun effort pour lancer un vibrant appel à ces différents interlocuteurs pour venir investir en République démocratique du Congo.

Compte tenu de l'immensité du pays comme la République démocratique du Congo qui accuse un sérieux retard en matière de développement des infrastructures de base, l'apport des différents partenaires sont très importants dans un contexte globalisant des économies mondiales.

Actuellement la Chine et sa nouvelle place dans le concert des nations constituent la bifurcation géopolitique fondamentale de la mondialisation. Certains n'hésitent plus à en appeler à l'avènement d'un G20 (plus conforme à l'équilibre du système fonctionnant avec deux moteurs) et subsidiairement un G20 (expression d'un monde multipolaire).

Dans ce contexte de basculement de force, au lieu de vouloir rivaliser avec la Chine via une stratégie du jeu de la concurrence internationale, F. Triest estime que l'Union européenne devrait plutôt travailler à changer la nature de ses relations avec les pays producteurs du sud, en les rendant moins asymétriques, plus justes et plus respectueuses des besoins de développement propres de ces pays. En redéployant sa coopération sur base d'une philosophie fondée sur le Co-développement non seulement économique, mais aussi politique et social, l'approche de l'UE se doterait d'un réel « avantage comparatif », ou plus-value, qui la démarquerait de ses concurrents. Ce n'est qu'à travers un tel renouvellement de son approche vis-à-vis du Sud que les pays producteurs auront intérêt à se tourner en premier vers le partenaire européen plutôt que chinois[215].

Pour ce qui concerne l'Inde, il faut noter qu'après avoir stagné pendant les décennies suivant les indépendances, les relations commerciales Indo-africaines ont connu une hausse significative. La valeur des exportations de l'Afrique subsahariennes en direction de l'Inde a atteint 26 milliards de dollars en 2012 et les importations se sont élevées à 19,5 milliards. Les échanges se déploient dans le cadre d'une politique affichée

---

[215] Fréderic TRIEST, *Al., Op. Cit.*, p. 39.

de solidarité Sud-Sud, supposée tirer son inspiration dans la pensée de Ghandi. L'Inde n'interfère pas dans les affaires politiques. Son aide, ciblée sur quelques Etats clés n'est pas assortie de conditionnalités politiques. L'essentiel de ses opérations concerne des lignes de crédits (Export-Import Bank of India) liés à des projets économiques et d'infrastructures mis en œuvre par des entreprises indiennes.

Tout comme la Chine, l'Inde s'intéresse au marché africain des matières premières. Le pays a ainsi signé des accords de collaboration avec des pays producteurs pour l'importation de charbon, d'uranium et plus particulièrement de pétrole. Contraint d'importer jusqu'à 80% de son pétrole, il doit sécuriser ses sources d'approvisionnement en les diversifiant. Les investissements indiens ont en général une envergure supérieure à ceux des firmes chinoises. Ils couvrent désormais tous les secteurs, des matières premières à l'industrie automobile, en passant par l'agriculture, les infrastructures, la téléphonie, l'industrie pharmaceutique ou encore les produits de soins et de beauté.

Conclusion

Dans la perspective de coopération économiques et commerciales dont les bases sont assainies par des législations ainsi que des reformes entreprises sous l'égide de la communauté internationale dans le but de sécuriser les investissements étrangers directs, il est incompréhensible que l'appel lancé aux potentiels partenaires de la République démocratique du Congo pour investir dans les secteurs clés du pays qui dispose d'un énorme potentiel en ressources naturelles ne produise pas des résultats escomptés.

Cette situation, tant qu'elle perdure, devra faire réfléchir les autorités du pays qui devraient s'appuyer sur une autre stratégie de développement qui sera par exemple financée par le Trésor public. Pour se faire, il est donc impérieux que le Gouvernement fasse de l'accroissement des recettes financières internes son cheval de batail pour le développement du pays.

Conclusion de la troisième partie

Pour relever le défi de son développement, la République démocratique du Congo se doit de mobiliser d'énormes moyens financiers à même de lui permettre de réaliser les travaux d'infrastructures de grande envergure (construction et/ou réhabilitation des voies routières, chemins de fer, aéroports, hôpitaux etc.) pouvant améliorer les conditions et cadre de vie de la population.

Après avoir analysé et comparé les trois méthodes de financement des ouvrages publics, il se dégage qu'au regard de la modicité de ressources financières internes, la République démocratique du Congo est en droit de compter sur le contrat de partenariat « de type chinois » considéré comme un modèle innovant de financement des projets structurants. Cependant, ce modèle de financement d'infrastructures qui parait très simple lorsqu'on se met en tête qu'il s'agit d'un troc présente certaines difficultés quant à sa mise en œuvre comme nous l'avons vu.

Loin d'être pessimiste ou sceptique quant à la chance de réussite de ce modèle en République démocratique du Congo, nous avons raisonnablement mis en lumière les limites d'un tel modèle qui consiste à céder les ressources naturelles en échanges de financement des infrastructures par les partenaires privés sans toutefois conclure à une impossibilité d'accomplir ou de reproduire avec succès ce modèle à la longue.

Quant aux aides au développement des partenaires traditionnels, il se dégage que celles-ci quoi que nécessaires, constituent des ressources financières incertaines qui dépendent du bon vouloir des bailleurs de fonds.

Au vu des résultats obtenus avec l'aide publique au développement dont la République démocratique du Congo a jusque-là bénéficié, lesquels résultats comme nous l'avons indiqué n'ont pas conduit à la croissance inclusive en dépit d'importantes sommes injectées au pays depuis la reprise de la coopération multilatérale, nous pensons qu'au regard des potentialités fiscales dont dispose le pays les efforts doivent beaucoup plus être fournis pour la maximisation et/ou l'accroissement des ressources financières internes. Et les deux autres ressources ne peuvent venir qu'en complément.

Pour ce faire, il doit notamment être assuré :

- le renforcement effectif des capacités des administrations et des systèmes en charge de la gestion technique, administrative et fiscale des tous les secteurs porteurs du pays ;
- la suppression de niche fiscale, en s'attaquant aux abus des entreprises multinationales en matière de prix de transfert ;
- la lutte contre la corruption sous toutes ses formes qui est de nature à éroder la base imposable et à amenuiser les recettes publiques pourtant indispensables pour booster le développement socio-économique du pays.

Dans tous les cas, il convient de souligner qu'il n'existe pas de modèle universel et exclusif de référence de financement des infrastructures. Tous ces modèles présentent les avantages et inconvénients. La réussite de tel ou tel autre modèle dépend largement de la gouvernance de l'Etat et des mesures d'encadrement juridico-financières pour éviter les dérapages futurs.

Conclusion générale

Plus de 15 ans après la conclusion de la Convention Sino-Congolaise, où en est-on avec les engagements des parties et quelles sont les perspectives d'avenir ?

Cette étude nous a permis d'avoir une idée claire sur les tenants et aboutissants de ce programme.

Dès l'entrée en la matière, nous avons mis en relief le contexte dans lequel cette Convention de Collaboration a été conclue. L'impérieuse nécessité de trouver les ressources financières pour relever le défi de la reconstruction de la République démocratique du Congo dont le tissu socio-économique était complétement délabré avait conduit son Gouvernement à recourir aux partenaires chinois compte tenu que les partenaires traditionnels semblaient trainer les pieds pour octroyer les financements promis pour la reconstruction du pays.

Pendant cette période, les ressources publiques internes insignifiantes ne permettaient pas au Gouvernement d'engager les travaux de construction et/ou de réhabilitation des infrastructures des bases notamment les routes, les chemins de fer, les voies navigables, les ports et les aéroports. Le budget de l'Etat, qui gravitait autour de 5 à-6 milliards de dollars américains, en 2008, ne permettait pas au Gouvernement d'amorcer d'intenses travaux de la reconstruction circonscrits par le fameux concept « cinq chantiers du Gouvernement ».

La conclusion de la Convention de Collaboration entre la République démocratique du Congo et le Groupement d'Entreprises Chinoises avait généré des critiques acerbes, tant au niveau national qu'international.

Alors qu'une certaine opinion voyait dans ce modèle de partenariat une panacée, une solution miracle pour doter la République démocratique du Congo des infrastructures nécessaires pouvant désenclaver le pays et par ricochet l'amener vers la voie du développement, d'aucuns estimaient et continuent d'estimer que cette dernière a été carrément flouée dans ce deal. Ce contrat est taxé de léonin en faveur de la partie chinoise qui en serait sortie la plus grande gagnante.

Eu égard aux controverses soulevées au sujet de cette convention, nous avons mené une analyse froide pour comprendre les avantages qui découleraient d'un tel modèle de partenariat pour la République démocratique du Congo.

Dans cette optique, nous avons, dans la première partie du livre, mis en exergue les notions clés du développement socio-économique d'un pays, en relevant notamment l'objet, les politiques, les stratégies et les moyens du développement. Au sujet du moyen de développement, nous avons utilement noté autant qu'aucun facteur n'est à lui seul responsable du sous-développement, aucune politique ou stratégie ne peut non plus, à elle seule, initier le processus complexe du développement économique.

Cette partie du livre met également en exergue le modèle de développement proposé par la Chine aux pays en voie de développement et sa mise en œuvre en République démocratique du Congo.

Une analyse comparative du projet SICOMINES avec un autre projet quasiment de la même envergure, en l'occurrence le projet TFM y est faite. Cette étude nous a permis de forger notre opinion selon laquelle le projet de Coopération Sino-Congolaise ne présente pas un très grand intérêt pour la République démocratique du Congo si ce n'est que l'anticipation des paiements effectués qui peuvent être régulièrement perçus par l'Etat congolais à titre d'impôts, taxes, droits et redevances qui lui sont dus.

Dans la deuxième partie de l'ouvrage, nous avons évalué le niveau d'exécution des différents engagements de chaque partie. Nous avons relevé, en ce qui concerne le Projet Minier, que la République démocratique du Congo a bel et bien honoré son engagement substantiel en amenant son entreprise publique « GECAMINES » à céder ses droits et titres miniers au profit de la joint-venture SICOMINES.

Quant au projet d'infrastructures, cette étude met en exergue le bilan mitigé du Programme Sino-Congolais. Ce projet qui aurait pu désenclaver le pays et par conséquent contribuer, pour ne pas dire accélérer son développement, se révèle illusoire à ce jour en dépit de quelques réalisations qui ont été accomplies durant les cinq premières années de la conclusion de la Convention.

En évaluant les réalisations des toutes ces infrastructures par rapport aux projections initiales et compte tenu des besoins du pays qui accuse un déficit criant en matière de transport et voies de communication, d'infrastructures énergétiques (électricité et eau potable), d'habitat et autres, le contrat sino-congolais qui a été lancé avec tambours et trompettes rend le congolais perplexe compte tenu du flou artistique qui l'entoure.

Cherchant des pistes de solutions à même d'aboutir à transformation structurelle de la République démocratique du Congo, notamment celles tendant à la réduction des déficits en matière d'infrastructures et d'énergie, composantes utiles pour son industrialisation, nous avons dans la dernière partie de l'ouvrage comparé les trois modèles des financements des ouvrages publics, à savoir (i) les ressources publiques intérieures (ii) les sources extérieures du financement (iii) le partenariat public-privé pour dégager lequel de ces modèles convient le mieux possible dans le contexte de la République démocratique du Congo.

Enfin, dans le dernier chapitre de l'ouvrage nous avons mis en exergue la vision de la chine ainsi que ses différentes stratégies d'insertion en Afrique en général et la République démocratique du Congo en particulier. Il y est relevé que le principal objectif des investissements chinois en République démocratique du Congo est de garantir la sécurité de ses approvisionnements en matières premières essentielles. La chine développe une politique intensive d'approvisionnement en ressource minières. Son économie, centrée sur l'industrie manufacturière, nécessite une grosse quantité de matières premières pour permettre aux usines de fonctionner. Il se trouve que la coopération Sino-Congolaise qui s'est révélée au départ très ambitieuse et bienveillante semble devenir utilitariste.

En considération de tout ce qui précède, il est important de tirer des conclusions tant en ce qui concerne l'avenir de cette convention qu'en ce qui concerne la gouvernance de nos ressources naturelles, particulièrement les ressources minières.

I. Stratégie globale de développement basée sur la bonne gouvernance de ressources naturelles.

La Bonne gouvernance, clé principale du développement du pays

La République démocratique du Congo est immensément riche en ressources naturelles et particulièrement en ressources minières dont son économie est largement tributaire. Cependant, le pays peine à transformer ses richesses minières en vecteur de croissance économique et du développement. Une partie du problème serait due à la faible gouvernance et à l'absence de transparence. Autrement dit, il n'y a pas de développement réel est durable sans la bonne gouvernance.

La gouvernance est, de façon générale, un concept représentant la manière dont un domaine d'activités est gouverné. Elle renvoie à un système d'entités décisionnelles qui dirige un certain domaine d'activités, impliquant notamment une structure de gouvernance et un dynamisme de système (processus de gouvernance, activités de gestion etc.)[216].

[216] Fr.m.wikipedia.org » wiki » Gouvernance

Croissance du secteur minier et réduction de la pauvreté

L'exploitation minière contribue au développement économique et à la réduction de la pauvreté. Dans de nombreux pays de tradition minière- Chili, Argentine, Botswana, Tanzanie, Afrique du Sud, Australie et Canada par exemple- le secteur minier contribue énormément à l'économie nationale et régionale. Les études du Conseil international des mines et des métaux ont confirmé la capacité de ce secteur à relancer le développement économique. Toutefois, le défi ultime des Etats est de traduire l'accroissement de la production minière et des rentrées de recettes en une amélioration concrète du bien-être des populations.

L'utilisation judicieuse des recettes du secteur minier pour l'amélioration du bien-être des populations n'est pas une action automatique. De nombreux pays ne parviennent pas à faire bon usage des recettes tirées des industries extractives. Malheureusement, la RD Congo en fait partie en dépit de sa longue tradition minière et une masse critique d'activités concernant un grand nombre de métaux lourds ferreux et non ferreux. La revue des industries extractives (EIR), commandée par la Banque mondiale en 2004, a conclu que celles-ci peuvent contribuer au développement économique mais seulement si les conditions idoines sont en place. Il s'agit de conditions générales à savoir la stabilité politique et la paix, l'application des principes de bonne gestion macroéconomique, et les facteurs exogènes tels que les marchés extérieurs favorables[217].

Il est reconnu que les ressources minérales incarnent un potentiel intrinsèque de croissance qui, à condition d'être correctement exploité et géré, peut modifier la situation économique affligeante de l'Afrique. L'expérience de la Finlande, de la Suède et de l'Australie montre que la réalisation des résultats souhaités passe par la création de liens économiques. Il existe quatre types de liens fondés sur les minéraux le long de la filière minérale : liens en amont, liens en aval, liens spatiaux et liens latéraux[218].

Par liens en amont on entend les diverses relations interentreprises directes et indirectes établissant un lien entre une industrie et ses fournisseurs ou sa chaine d'approvisionnement. Les entreprises concernées sont des fabricants spécialisés, des fournisseurs d'intrants, des agents, des distributeurs et des prestataires de services. Les liens en amonts sont les

[217] Document de la Banque mondiale, Rapport n° 43402-ZR, République Démocratique du Congo : la bonne gouvernance dans le secteur minier comme facteur de croissance, mai 2008 pp. 6 à 11

[218] African Minerals Development Centre, Guide de la vision nationale de l'industrie extractive : adapter la vision africaine du régime minier, 2014, pp.136-137

premiers à apparaître dans un projet minier et les premiers à disparaitre à la fin de ce projet.

Les liens en aval reflètent les interconnexions entre un secteur donné et d'autres secteurs qui consomment sa production. La valeur de la ressource minérale (en poids) par rapport à sa valeur initiale augmente généralement à chaque stade des liens en aval, cette valorisation pouvant, pour certaines ressources, atteindre le facteur 400. Par exemple, la valeur unitaire du cuivre dans un moteur peut être 117 fois supérieure à celle du cuivre cathode, cette valorisation pouvant atteindre le facteur 173 dans le cas de pierres précieuses en joailleries, voire 5000 par carat dans le cas d'un diamant poli.

Compte tenu de l'échelle et de l'importance des activités concernées, l'exploitation minière crée également un besoin d'autres industries (ou liens latéraux) tels que les marchés boursiers, les services financiers, les services publics, la logistique, les communications, le développement des compétences et de la technologie et l'innovation (RDI).

Toutefois, en Afrique, malgré ces avantages financiers, économiques et sociaux, les liens en amont et en aval entre le secteur minier et l'économie locale sont faibles. Les produits minéraux sont généralement exportés à l'état brut ou partiellement transformés. Par ailleurs, pour les activités liées au secteur minier, les facteurs de production sont en grande partie importés.

Parmi les obstacles au développement des liens en amont, en aval et latéraux, pierre angulaire de la diversification économique, l'on note notamment :

- L'absence générale de stratégies et de cadres politiques appropriés comme catalyseurs du programme d'industrialisation, de valorisation et d'enrichissement ;
- L'inexistence d'objectifs clairs, de calendriers et d'indicateurs de réalisation en matière d'enrichissement et de valorisation ;
- La faible existence ou utilisation collatérale de l'infrastructure (électricité, réseau routier, chemin de fer et port).

Il faut reconnaitre que la République démocratique du Congo se trouve littéralement dans ce tableau représentatif de la gestion des ressources minières en Afrique qui est caractérisé par l'absence des liens en amont et en aval. En effet, depuis l'époque coloniale, la République démocratique du Congo est érigée en réservoir des matières premières, jadis de la métropole et en même temps un marché pour des produits manufacturés en provenance de celle-ci. Après l'indépendance, l'industrie minière congolaise n'a pas échappé à cette réalité. A la seule différence qu'aujourd'hui ses relations économiques et commerciales dans le domaine minier sont tournées vers la

Chine auprès de laquelle elle exporte 70 à 80 % de sa production minière. En dépit de ses intentions affichées, la Chine semble reproduire un scénario des colons belges bien connu en réduisant la République démocratique du Congo dans son statuts de terre exploitée et exploitable. N'est-ce pas ce que le Pape François qualifie de colonialisme économique ?

Cette situation a pour conséquence, l'absence des produits miniers marchands sur le territoire national susceptible d'alimenter l'industrie de transformation locale. L'absence des liens en aval n'est pas à démontrer car même les sociétés minières installées en République démocratique du Congo soumettent à chaque phase de leurs activités minières une liste des biens, équipements, outillages, carburants et autres intrants à importer sous les régimes douaniers privilégiés. Ce qui veut tout simplement dire que la République démocratique du Congo est dépourvue d'entreprises ou industries qui produisent tous ces biens alors que la gestion orthodoxe des recettes fiscales du pays qui est largement renflouées par les recettes générées par l'exportation des produits miniers devrait amener le Gouvernement à investir plus dans les secteurs porteurs en vue de la diversification de l'économie dont on ne cesse de parler avec acuité depuis longtemps sans pouvoir la concrétiser.

Avec tout ce que nous avons vu plus haut concernant le Programme Sino-Congolais qui n'a pas produit les résultats escomptés, cela doit nous servir de leçon comme quoi, il ne faut pas fonder ses espoirs sur les autres pays, comme qui dirait en relation internationale, il n'y a pas d'amitié, c'est l'intérêt qui prime. Et dans cette course expansionniste, la République démocratique du Congo avec toutes ses potentialités naturelles doit éviter de servir d'escalier pour l'élévation de n'importe quel Etat. Elle doit tirer profit de ses relations. Pour se faire, il est impérieux que le Gouvernement se saisisse de l'occasion à chaque embellie des cours des métaux, au regard des potentialités minières dont regorge le pays, pour affecter une bonne partie des recettes issues de l'exploitation de nos ressources naturelles aux financements des travaux d'infrastructures essentielles pour l'industrialisation du pays (énergies, routes, ponts, chemins de fer).

Ainsi, à la place du modèle chinois qui n'est pas mauvais en soi, mais dont la volonté de bonne exécution semble manquer de la part des partenaires de la République démocratique du Congo rendant ainsi ce modèle non viable et, pour ne pas dépendre des caprices de ceux qui pensent être incontournable dans le schéma de la reconstruction du pays, il y a lieu de focaliser nos efforts sur l'accroissement de nos recettes publiques internes lesquelles recettes semblent constituer les meilleurs sources de financement pour le développement socio-économique du pays.

Néanmoins, Compte tenu de l'immensité des défis de la reconstruction qu'un pays à la dimension sous continentale comme la République démocratique du Congo est appelé à relever, il y a lieu d'accepter la cohabitation des stratégies de développement et la complémentarité des orientations. Il n'est nullement question d'opposer le modèle chinois de financement des projets de développement basé sur l'exploitation des ressources naturelles au modèle de financement « à l'Occidental » fondé sur les paiements des impôts, taxes, droits et redevance dus à l'Etat, paiements censés servir à la mise en œuvre des différents projets tendant également au développement socio-économique du pays. Du reste, il faut reconnaitre que les deux modèles semblent avoir la même finalité.

Dans les deux cas, il est donc question que l'Etat congolais sache faire respecter ses lois et/ou convention pour obtenir les résultats escomptés.

Bibliographie

Ouvrages et articles

1. ACP « La centrale hydro-électrique de Busanga, premier barrage hydroélectrique du Katanga grâce à la SICOMINES SA », *Agence congolaise de presse,* Kinshasa, janvier 2022. Accessible sur acpcongo.com/index.php/2022/01/10/la-centrale-hydro-electrique-de-busanga-premier-barrage-hydroelectrique-du-katanga-grace-a-la-sicomines-s-a/

2. Actualité. cd, *La vitale Route nationale n°4 Kisangani à l'abandon,* accessible sur https://actualite.cd/2021/05/18/la-vitale-route-national-ndeg4-kisangani-bunia-rn4-labandon

3. African Minerals Development Centre, *Guide de la vision nationale de l'industrie extractive : adapter la vision africaine du régime minier,* 2014.

4. BAKANDEJA WA MPUNGU, *Les finances publiques : pour une meilleure gouvernance économique et financière en République Démocratique du Congo*, Bruxelles/Paris, Larcier, 2006.

5. *Les finances publiques en République démocratique du Congo: La longue croisade pour une gouvernance financière débarrassée des démons de la corruption et du détournement des deniers publics*, Bruxelles, Bruylant, 2020.

6. BLANCHART C, J. DE DEURWAERDER, G. NEVE, M. ROBEYNS et P. VAN BOST, *Le rail au Congo belge, Tome* I, Bruxelles, coll. MRAC, 1993.

7. BOKILO J, *La Chine au Congo-Brazzaville, stratégie de l'enracinement et conséquences sur le développement en Afrique*, Paris, l'Harmattan, 2012.

8. BOKONDU G., MPOLESHAN J. et TSHIMENA D., *Analyse et potentiel de croissance des revenus du secteur minier en République Démocratique du Congo*, GIZ, juillet 2015

9. BOURDILLON J, Les *Travaux publics français en Afrique subsaharienne et à Madagascar, P*aris, l'Harmattan, 1991.

10. BOYER M, *Défis et embûches dans l'évaluation des PPP : pour un secteur public efficace et efficient*, CIRANO, 2020.
11. BUSANE W., *Le Cadre juridique du Programme Sino-Congolais in Revue d'intelligence stratégique et des relations internationales*, Paris, l'Harmattan, 2009.

12. CTB RD Congo, *Aperçu des interventions de la coopération Belgo-Congolaise de 2010 à 2014*
13. Conférence des Nations Unies sur le Commerce et le Développement, *Contrat d'Etat,* collection de la CNUCED sur les questions des accords internationaux d'investissement, New York et Genève , 2004.
14. Congo Challenge, *évolution de la situation économique et politique en République Démocratique du Congo*, n°56, décembre 2021.
15. Congo Challenge*, Performances apparentes des régies financières dans la collecte des recettes publiques en République démocratique du Congo*, juin 2022.

16. Draft de la politique nationale de l'énergie de la République démocratique du Congo, version du 18 aout 2022,

17. DELCOURT L, « la Chine en Afrique : enjeux et perspectives *», in Alternatives Sud*, Vol 18, juillet 2011

18. DWIGHT H. PERKINS, RADELET S et David L. LINDAUER, *Economie du développement*, Belgique, Nouveaux horizons, 2008.

19. EASTERLY W., *Les pays pauvres sont-ils condamnés à le rester ?,* Paris, Nouveaux Horizons, 2006.
20. ETOYI ESELA F.,*La Chine et le développement en RD. Congo : analyse critique du contrat sino-congolais*, Paris, l'Harmattan, 2021.

21. GAMIAGE Jean et DESCHAMP H., *L'Afrique au XXème siècle*, Paris, éd Sirey, 1966

22. GAUDEMET Y, *Droit administratif,* LGDJ, 19e éd. Paris, 2010
23. GAYE G, *Chine –Afrique : le dragon et l'Autriche*, Paris, l'Harmattan, 2006.

24. Groupe de la Banque mondiale, *Etude sur les écarts fiscaux en République démocratique du Congo,* avril 2017.

25. *Guide de référence des PPP Version 2.0* P.44

26. HALL D, *Partenariats public-privé (PPP) : les raisons de leur inefficacité, Rapport de l'International des Services Publics (ISP*), France, 2015

27. GUITTON H., *Economie politique*, Tome I, quatrième édition, Paris, Dalloz, 1965

28. HEYSE Th, Congo belge et Ruanda-Urundi, Notes de Droit public et commentaires de la Charte coloniale, Bruxelles, 1952

29. *Institut Belge de Droit comparé, section des sciences morales et politiques, revue trimestrielle*, Tome XXI, n°3 1950

30. JACQUEMOT P, *Economie politique de l'Afrique contemporaine*, Paris, éd Armand Colin, 2013.

31. *Jeune Afrique*, « Recettes fiscales : la République démocratique du Congo peut faire mieux », le 17 février 2022

32. *Journal of Economics*, « Finance and Accounting Studies (JEFAS), impact de l'aide publique sur la croissance économique et la réduction de la pauvreté en République Démocratique du Congo », novembre 2021.

33. *La Chine en RD Congo : présence économique, financements et les créances.* www.tresor.economie.gouv.fr

34. KABANGE NKONGOLO C., « la révision par l'Etat des contrats conclus avec les personnes privées : cas des contrats miniers en République démocratique du Congo», accessible sur http://www.llm/UniversityofSouthn_

35. KABANGE NKONGOLA C. *Quelques considérations juridiques sur le deal Sino-Congolais*

36. KABONGO TUNSALA J, *La corruption en République Démocratique du Congo,* Paris, L'Harmattan, 2016.

37. KAMBILA KANKWENDE J.P, *Les Cinq chantiers de la reconstruction de la République démocratique du Congo*, Paris, l'Harmattan, 2009.

38. *La Libre Afrique*, http://alternance.cd/2020/08/21/coopération-belgo-congolaise-moise-ekanga-une interview-qui-fait-bouger-les-lignes/

39. LUKOMBE NGHENDA, *Le règlement du contentieux commercial*, Tome II l'arbitrage, Kinshasa, Publications des Facultés de Droit des Universités du Congo, 2006

40. MARYSSE S., « Le Bras de fer entre la Chine, la République démocratique du Congo et le FMI : la révision des contrats chinois en République démocratique du Congo », in *Afrique des Grands Lacs, Annuaire 2009-2010.*

41. MASHEKE NABULINGI B, *Partenariat public-privé en RC Congo : cadre juridique et pratique, vecteur d'un renouveau de l'action publique*, tome I, ECKI Publications, RD. Congo, 2022

42. MATATA PONYO A., *Qualité des institutions et résultats économiques en République démocratique du Congo*, Paris, l'Harmattan, 2016

43. MIHALYI D, A. ADAM, HWANG J., *Prêts adossés à des ressources naturelles : pièges et potentiels*, Natural Resource Governance Institute, 2020

44. MINISTERE DES FINANCES, *Mobilisation des recettes publiques internes en République démocratique du Congo: Difficultés, défis et pistes de solution,* Congo Challenge, avril 2022

45. MITSHIOPOULOU S., *Le marché des infrastructures de transport : les aéroports et les ports,* l'Harmattan, Paris, 2015,

46. MPISI J., *Le Programme Sino-Congolais pour le développement des infrastructures en République démocratique du Congo*, Paris, l'Harmattan, 2020

47. MPISI J. *La Sino-Congolaise des Mines*, Paris, l'Harmattan, 2020.

48. MULENDA D, *Revuenouvelle.be/la-cooperation-economique-Chine-République démocratique du Congo*

49. MUSOLE J., *Il faut construire la route Bukavu-Kamanyola*, in Kivutimes.com, article du 8 juillet 2022.

50. Le contrat Sino-République démocratique du Congo minier « du siècle » et la « constitution du monde accessible sur www.gis-reseau-asie.org/fr/mai-2015-le-contrat-sino-République démocratique du Congo-minier-du-siecle-et-la-constitution-du-monde

51. MOVA Sakani H., « La Chine en Afrique : Grammaire d'un basculement Géopolitique « in *Revue d'intelligence stratégique et des relations internationales,* Paris, l'Harmattan, 2009.

52. OFRA, *Information concernant la corruption en République démocratique du Congo*, septembre 2016.

53. OCDE, *Les Partenariat Public-Privé dans la région MENA : Manuel pour les décideurs publics*, 2014

54. *Plan National Stratégique de développement 2019-2023 de la République Démocratique du Congo*
55. *Programme de Développement Local des 145 Territoires de la République démocratique du Congo, décembre 2021.*
56. *République démocratique du Congo: Document du point d'achèvement au titre de l'initiative PPTE renforcé*, avril 2011
57. *République Démocratique du Congo, Document de Stratégie de Croissance et de Réduction de la Pauvreté 1*
58. *République Démocratique du Congo, Document de Stratégie de Croissance et de Réduction de la Pauvreté 2*, Ministère du Plan
59. TRIEST F et MINANI BIHUZO, *Les stratégies d'approvisionnement en ressource des pays émergents (Brésil, Inde et Chine) en Afrique,* Kinshasa, éd CEPAS, 2009.
60. U4, EXPERT ANSWER TRANSPARENCY INTERNATIONAL, *Panorama de la corruption et de la lutte anti-corruption en République démocratique du Congo*
61. UNION AFRICAINE –OCDE, *Statistiques des recettes publiques en Afrique 2021-République Démocratique du Congo*
62. USAID, *Stratégie de coopération pour le développement du Pays/République démocratique du Congo2015- 2019.*
63. VUNDUAWE TE PEMAKO. F et MBOKO DJ'ANDIMA J.M, *Traité de droit administratif de la République démocratique du Congo*, 2e éd., Bruxelles, Bruylant, 2020, p.864

64. ZACHARIE A., *La Stratégie DSRP-PPTE en R.D. Congo*, Bruxelles, Centre national de coopération au développement, 2003.
65. https://deskeco.com/index.php/2024/01/27 SICOMINES: un mémorandum d'entente signé entre la RDC et le Groupe d'entreprises chinoises après 9 mois de négociations
66. www.hcp.ma » file : *Les indicateurs du développement économique*
67. www.mediacongo.net/article-actualite-112400_detournement_de_millions_des_francs_congolais_nsingi_pululu_invite_mboso_a_renforcer_le_controle_parlementaire_sur_la_gestion_des_publics.html
68. www.acgt.cd/004/189-route-nzolana-l-espoir-renait-avec-le-coup-d-envoi-le jeudi-20-octobre-2022-des-travaux-de-la-deuxieme-phase
69. www.mediacongo.net » article-actualité-7, " fiscale en République démocratique du Congo: une gangrène qui déstabilise et ruine l'Etat », 23 novembre 2020
70. www.banquemondiale.org, « République démocratique du Congo-Vue d'ensemble »
71. www.trans-lex.org/104717/_/lorfing-pascale-accaoui-la-ren%c3%A9gotiation-des-contrats-internationaux

I. Rapports et communications

- Rapport sur la « révisitation » des contrats miniers.

- Rapport ITIE-RDC, *Etude d'évaluation de la mise en œuvre de la Convention de Collaboration relative au développement d'un projet minier et d'un projet d'infrastructure en RD Congo/ Projet SICOMINES*, décembre 2021.

- Rapport ITIE-RDC 2009 à 2021

- Communication du Secrétaire exécutif du BCPSC M. Ekanga lors de la conférence de presse tenue au Fleuve Congo Hôtel à Kinshasa, le 24 mai 2013 à l'occasion de la commémoration du cinquième anniversaire de la Convention de Collaboration.

- SARW, *La problématique des contrats miniers et pétroliers en République démocratique du Congo*, Kinshasa, CEPAS, 2016.

- Commission économique pour l'Afrique, *Les ressources minérales et le développement de l'Afrique* : *Rapport du Groupe d'études international sur les régimes miniers de l'Afrique*, Addis-Abeba, 2011.

- ITIE-RDC, *Rapport assoupli exercices 2018,2019, 2020* (1er semestre), adopté le 16 mars 2021.

- *Rapport des travaux de la Commission de révisitation des contrats miniers vol. 2 (*partenariats conclus par la GECAMINES), Kinshasa, éd CEPAS, 2009.

- Rapport final du processus de « revisation » et de renégociation des contrats miniers, Kinshasa, éd. CEPAS, 2011, pp107-110

- Rapport annuel de l'Agence Congolaise des Grands Travaux 2011.

- Rapport annuel de l'Agence Congolaise des Grands Travaux 2013

- Rapport annuel de l'Agence Congolaise des Grands Travaux 2018

- Rapport annuel de l'Agence Congolaise des Grands Travaux 2019

- Rapport annuel de l'Agence Congolaise des Grands Travaux 2021
- Conclusion de l'Inspection Générale des Finances sur la Convention de collaboration d'avril 2008 entre la République démocratique du Congo et la Groupement d'Entreprises Chinoises (Contrat chinois) publiée le 15 février 2023.
- Communiqué de l'Ambassade de Chine en République démocratique du Congo sur le rapport de l'IGF sur le contrat chinois publié le 17 février 2023

- Rapport COFED 2015

- Rapport annuel du Bureau Central de Coordination 2003.

- Rapport annuel du Bureau Central de Coordination 2014.

- Rapport Global Witness, *Les forêts de la République démocratique du Congo victimes d'une grande braderie, évasion fiscale, arrangements illégaux : 90% des taxes absentes des caisses publiques*, octobre 2013,

- Rapport Global Witness, *La Chine et le Congo : des amis dans le besoin*, rapport publié le 11 mars 2011

- Rapport de Global witness, *Les paradis fiscaux britanniques et le milliard et demi de dollars disparu du Congo*, 2016
- Rapport d'études conjoint du NEPAD et de la Commission économique des Nations Unies pour l'Afrique, « *Mobiliser les ressources financières intérieures à l'appui de la mise œuvre des programme et projets nationaux et régionaux du NEPAD- l'Afrique compte sur ses propres ressources*
- Rapport de Banque européenne d'investissement, *Etude sur les cadres juridiques et financiers des PPP dans les pays partenaires méditerranéens*, Vol.1, 2011
- Rapport de la Commission économique des Nations Unies pour l'Afrique, *Financements novateurs et Transformation économique en Afrique*, Addis-Abeba, 2015

- Rapport et recommandation de la Direction du Groupe de la Banque au Conseil d'administration concernant le Don à la République démocratique du Congo pour le Projet d'Appui à la Mobilisation des Ressources Internes et à la modernisation des Finances publiques
- Rapport du Groupe de haut niveau sur les flux financiers illicites en provenance d'Afrique, Flux *financiers illicites,* Addis-Abeba, 2004
- Synthèse du Rapport de contrôle de l'inspection générale des Finances sur la gestion de la GECAMINES
- Rapport du Groupe d'études international sur les régimes miniers de l'Afrique : Les ressources minérales et le développement de l'Afrique,
- Document de la Banque mondiale, *Rapport n° 43402-ZR, République démocratique du Congo: la bonne gouvernance dans le secteur minier comme facteur de croissance*

II. Textes juridiques

- Loi n°007/2002 portant Code minier telle que modifiée et complétée par la Loi n°18/001 du 09 mars 2018.

- Loi n°11/011 du 13 juillet 2011 relative aux finances publiques.

- Loi n°18/016 du 09 juillet 2018 relative au partenariat public-privé

- Loi n°13/005 du 11 février 2014 portant régime fiscal, douanier, parafiscal, des recettes non fiscales et de change applicables aux conventions de collaboration et aux projets de coopération

Table des matières

Structures éditoriales du groupe L'Harmattan

L'Harmattan Italie
Via degli Artisti, 15
10124 Torino
harmattan.italia@gmail.com

L'Harmattan Hongrie
Kossuth l. u. 14-16.
1053 Budapest
harmattan@harmattan.hu

L'Harmattan Sénégal
10 VDN en face Mermoz
BP 45034 Dakar-Fann
senharmattan@gmail.com

L'Harmattan Cameroun
TSINGA/FECAFOOT
BP 11486 Yaoundé
inkoukam@gmail.com

L'Harmattan Burkina Faso
Achille Somé – tengnule@hotmail.fr

L'Harmattan Guinée
Almamya, rue KA 028 OKB Agency
BP 3470 Conakry
harmattanguinee@yahoo.fr

L'Harmattan RDC
185, avenue Nyangwe
Commune de Lingwala – Kinshasa
matangilamusadila@yahoo.fr

L'Harmattan Congo
219, avenue Nelson Mandela
BP 2874 Brazzaville
harmattan.congo@yahoo.fr

L'Harmattan Mali
ACI 2000 - Immeuble Mgr Jean Marie Cisse
Bureau 10
BP 145 Bamako-Mali
mali@harmattan.fr

L'Harmattan Togo
Djidjole – Lomé
Maison Amela
face EPP BATOME
ddamela@aol.com

L'Harmattan Côte d'Ivoire
Résidence Karl – Cité des Arts
Abidjan-Cocody
03 BP 1588 Abidjan
espace_harmattan.ci@hotmail.fr

Nos librairies en France

Librairie internationale
16, rue des Écoles
75005 Paris
librairie.internationale@harmattan.fr
01 40 46 79 11
www.librairieharmattan.com

Librairie des savoirs
21, rue des Écoles
75005 Paris
librairie.sh@harmattan.fr
01 46 34 13 71
www.librairieharmattansh.com

Librairie Le Lucernaire
53, rue Notre-Dame-des-Champs
75006 Paris
librairie@lucernaire.fr
01 42 22 67 13

www.ingramcontent.com/pod-product-compliance
Lightning Source LLC
LaVergne TN
LVHW011156061026
849535LV00003B/759